郑州大学
ZHENGZHOU UNIVERSITY

法律硕士专业学位研究生案例教程系列丛书

主　编◎苗连营
副主编◎王玉辉　李建新

法律职业伦理
案例教程

主　编◎李建新

知识产权出版社
全国百佳图书出版单位
—北京—

图书在版编目（CIP）数据

法律职业伦理案例教程/李建新主编. —北京：知识产权出版社，2024.4
（法律硕士专业学位研究生案例教程系列丛书/苗连营主编）
ISBN 978-7-5130-9251-7

Ⅰ.①法… Ⅱ.①李… Ⅲ.①法伦理学—案例—研究生—入学考试—自学参考资料 Ⅳ.①D90-053

中国国家版本馆 CIP 数据核字（2024）第 030877 号

内容提要

本书以现行的法律职业伦理规范为基础，详细介绍了审判伦理、检察伦理、律师伦理、公证伦理和仲裁伦理的基本内容。同时，借伦理学和心理学对法律职业伦理的养成和教育问题进行较为深入的分析，试图从理论和实践两个层面对现有的法律职业伦理进行梳理、归纳。本书每章末附有相关典型案例和资料作为阅读和思考材料提供给读者，以便读者对深层次的问题进行思考，同时可视为职业伦理认知和应用的训练。

本书可作为法律硕士、法律专业本科学生的教材，也适合从事法律工作的专业人士阅读，同时可作为参加法律职业资格考试的参考用书。

策划编辑：崔　玲	责任校对：王　岩
责任编辑：黄清明	责任印制：刘译文
执行编辑：刘林波	封面设计：杨杨工作室·张　冀

法律硕士专业学位研究生案例教程系列丛书

法律职业伦理案例教程

主　编◎李建新

出版发行：知识产权出版社 有限责任公司	网　　址：http://www.ipph.cn
社　　址：北京市海淀区气象路 50 号院	邮　　编：100081
责编电话：010-82000860 转 8117	责编邮箱：hqm@cnipr.com
发行电话：010-82000860 转 8101/8102	发行传真：010-82000893/82005070/82000270
印　　刷：天津嘉恒印务有限公司	经　　销：新华书店、各大网上书店及相关专业书店
开　　本：787mm×1092mm　1/16	印　　张：14.25
版　　次：2024 年 4 月第 1 版	印　　次：2024 年 4 月第 1 次印刷
字　　数：312 千字	定　　价：78.00 元
ISBN 978-7-5130-9251-7	

出版权专有　侵权必究
如有印装质量问题，本社负责调换。

编 委 会

丛书主编　苗连营

丛书副主编　王玉辉　李建新

本书主编　李建新

本书编委　周　恒　孔小霞　贾　伟

本书审稿人　李建新

本书统稿人　李建新

本书校对　赵　铮　潘新赐　张姚姚　本照清

本书撰稿人分工

李建新：前言、第一章、第二章、第五章、第六章、第八章、第九章

周　恒：第三章

贾　伟：第四章

孔小霞：第七章

总　序

高等院校是培养法治人才的第一阵地，高校法学教育在法治人才的培养中发挥着基础性作用。中共中央印发的《法治中国建设规划（2020—2025年）》明确提出：深化高等法学教育改革，优化法学课程体系，强化法学实践教学，培养信念坚定、德法兼修、明法笃行的高素质法治人才。法学学科是实践性极强的学科，法学实践教学改革是促进法学理论与法学实践有机融合、推动法学高等教育改革的重要路径和抓手。

案例教学是法学实践教学的重要组成部分，以学生为中心，通过典型案例的情境呈现、深度评析，将理论与实践紧密结合，引导学生发现问题、分析问题、解决问题，进而掌握理论、形成观点、提高能力。强化案例教学是培养法律硕士专业学位研究生实践能力的重要方式，也是促进教学与实践有机融合、推动高等院校法学实践教学模式改革、提高法治人才培养质量的重要突破点。《教育部关于加强专业学位研究生案例教学和联合培养基地建设的意见》（教研〔2015〕1号）明确指出，重视案例编写，提高案例质量。通过撰写案例教程，开发和形成一大批基于真实情境、符合案例教学要求、与国际接轨的高质量教学案例，是推进案例教学的重要基础，对法学理论及各部门法的学习与知识创新具有重要意义。

作为国内较早招收法律硕士专业学位研究生的高等院校之一，郑州大学法学院始终致力于培养复合型、应用型专门法律人才，高度重视法律硕士实践教学与案例教学改革，先后组织编写了"卓越法治人才教育培养系列教材""高等法学教育案例教学系列教材"等系列高水平教材。为进一步深化新时代法律硕士专业学位研究生培养模式改革，培养德法兼修、明法笃行的高素质法治人才，我院组织相关学科骨干教师编写了这套"法律硕士专业学位研究生案例教程系列丛书"。

本套丛书内容全面、体系完备，涵盖了《法理学案例教程》《行政法学案例教程》《刑法学案例教程》《民法学案例教程》《商法学案例教程》《经济法学案例教程》《诉讼法学案例教程》《环境法学案例教程》《国际法学案例教程》《知识产权法学案例教程》《法律职业伦理案例教程》《卫生法学案例教程》等法律硕士专业学位教育教学基础课程教学用书。

丛书具有四个特点：其一，坚持思想引领。各学科团队始终以习近平法治思想为指导，努力推动习近平法治思想进教材、进课堂、进头脑，充分保证系列教材坚持正确的政治方向、学术导向、价值取向。其二，理论与实践紧密结合。各教程所涉案例的编写立足真实案情，关注社会热点、知识重点和理论难点，引导学生运用法学理论，分析现实问题，着力培养和训练学生的法学思维能力。其三，知识讲授与案例评析有机统一。各教程既整体反映了各学科知识体系，又重点解读了相关案例所涉及的理论问题，真正做到以案释法、以案说理，着力实现理论知识与典型案例的有机互动。其四，多元结合的编写团队。案例教程的编写广泛吸纳实务部门专家参与，真正实现高等院校与法律实务部门的深度合作，保证了案例的时效性、针对性、专业性。

衷心希望本套丛书能够切实推进法律硕士专业学位研究生教学模式、培养方式的改革，为培养具有坚定的中国特色社会主义法治理念，以及坚持中国特色社会主义法治道路的复合型、应用型高素质法治人才发挥积极作用。

本套丛书的出版得到了知识产权出版社总编及相关编辑的鼎力支持，在此深表感谢！

郑州大学法学院编委会

2022 年 3 月 9 日

前　言

随着全面依法治国的深入推进，法律职业人员的职业道德问题也日渐受到社会的关注。党的十八届四中全会发布的《关于全面推进依法治国若干重大问题的决定》公报中专门提到："必须大力提高法治工作队伍思想政治素质、业务工作能力、职业道德水准，着力建设一支忠于党、忠于国家、忠于人民、忠于法律的社会主义法治工作队伍。"[1] 2017年习近平总书记在中国政法大学考察时强调，立德树人，德法兼修，抓好法治人才培养，[2] 进一步指出法学教育中"德育"的重要性。2018年教育部发布的《普通高校法学本科专业教学质量国家标准》中第一次将法律职业伦理课程列入"法学专业学生必须完成的10门专业必修课"，使其获得了比经济法、知识产权法、商法等各院校根据办学特色开设的其他专业必修课（X类课程）更为重要的地位。

不过，课程或教学上的重要，或者教育主管部门文件的肯定，最多只能说明法律职业伦理课程的应然地位。它是否在事实上被放在重要位置，则取决于该学科知识内容的理论说服力和实践重要性。很多法科院校的法律职业伦理课程基本等同于对法官、检察官、律师及其他法律职业人员职业/执业规范的简单解读，教学过程几乎可以被学生自学完全取代，这在学科意义上显得无足轻重。实际上仍然无法凸显这门课程应该具有的重要性。[3] 问题的关键是理论研究者是否能够提出一套内在融贯的完整理论教学体系和与之相应的面向实践的内容架构。

回顾看来，2001年10月最高人民法院发布《中华人民共和国法官职业道德基本准则》，2002年2月26日最高人民检察院发布《检察官职业道德规范》，在此之前，许多业内人士对司法官职业道德的兴趣大都在于竞相概括法律职业道德准则的具体要求上，而在这些规范性文件对此作出概括后，人们对这方面的兴趣和思考骤减。一个很重要的原因就在于造就"道德人"的职业道德教育指向。基于这种指向，既然已经完成了

---

[1] 新华网. 十八届四中全会公报，http://www.xinhuanet.com/politics/18szqh/.
[2] 人民网. 习近平考察中国政法大学，http://politics.people.com.cn/n1/2017/0503/c1024-29252233.html.
[3] 陈景辉. 法律的"职业"伦理：一个补强的论证 [J]. 浙江社会科学，2021 (1).

寻找和概括职业道德准则的任务，余下的工作自然是宣传和讲授这些准则了。其实，法律职业道德教育的目标不在于直接造就职业上的"道德人"，而在于促进人们对法律职业道德的正确认知。

法律职业道德教育所追求的道德认知，应该有更广泛的内容，而对职业道德准则或标准的认知，不过是其中的一个重要方面。法律职业道德关注的是法律职业者应该如何从事社会法律事务，它不仅要研究职业道德之于法律职业的意义，还要研究决定法律职业行为对错、好坏的标准，以及证明法律职业行为正当与否的适当理由，并合理解决法律职业领域的道德冲突。因此，在明了现代法治社会中法律职业的品质特性的基础上，法律职业道德教育所追求的道德认知，主要应该包括两部分内容：一是法律职业道德的特性及其与法律职业的关系，二是对法律职业道德本身的认知，据此明了法律职业道德教育的主要目标和内容架构。

本教材在编写过程中力图体现上述内容架构，实现上述目标，以现行的法律职业伦理规范为基础，详细介绍了审判伦理、检察伦理、律师伦理、公证伦理和仲裁伦理的基本内容，同时就法律职业伦理的基本范畴、基本规范以及与法律职业伦理有关的法律职业责任、法律职业伦理的养成和教育问题进行了较为深入的分析，力求从理论和实践两个层面对现行的法律职业伦理进行总体描述和归纳。每章末尾附有"案例研习与阅读思考"，引导读者思考案例中包含的深层次法律职业伦理问题，同时借此训练和培养读者在法律职业道德方面的识别能力和推理能力。

美国法学院协会主席、法律职业伦理著名教授罗德总结法律职业伦理课程教育后认为，"专业责任教育的重要性既不该被过分夸张，也不该被低估。事实上，心理研究发现，在成人的早期阶段，处理道德议题的不同教育策略，会对人的成长产生重大影响。教育可以提升学生分析伦理议题、处理情境压力或者面对惩戒失灵而形成的专业伦理能力水准。……设计良好的课程可大幅提升法律人解决道德伦理问题的能力"[1]。

法律职业伦理是伦理学和法学的交叉新兴学科，国内对此的研究起步较晚，理论和学术积淀不深，整体学科建设还处于初创时期，可供借鉴的成果有限。此外，限于编者自身的水平，本教材存在很多不足，敬请方家、读者批判指正。

本教材的成书，首先要感谢郑州大学法学院的领导和老师。院长苗连营教授、副院长王玉辉教授、张嘉军教授等给予了编者大力的支持和帮助，在此深表谢忱！

李建新

2021 年 2 月 20 于郑州大学

---

[1] 布莱恩·甘乃迪. 美国法律伦理 [M]. 郭乃嘉, 译. 台北：商周出版社, 2005.

>> CONTENTS 目 录

第一章 法律职业 ……………………………………………………………… 001
 第一节 法律职业的历史发展 / 002
  一、职业的价值 / 002
  二、法律职业的形成 / 004
  三、法律职业的使命 / 005
 第二节 我国的法律职业分说 / 007
  一、法律职业共同体在我国的形成 / 007
  二、法律职业共同体的构成 / 009
  三、法律职业共同体的性质与特征 / 013
 第三节 其他涉法专业人员 / 015
  一、公证员 / 015
  二、仲裁员 / 016
  三、涉法公务员 / 017
 案例研习与阅读思考 / 018
  儒法之争 / 018

第二章 法律职业与职业伦理 ………………………………………………… 020
 第一节 法律职业与道德 / 020
  一、道德与伦理的概念 / 021
  二、职业伦理 / 022
  三、法律职业伦理 / 023
 第二节 法律职业伦理的基本原则 / 026
  一、忠实于宪法和法律 / 027
  二、严格依据法律和事实 / 027
  三、严明纪律，保守秘密 / 028
  四、互相尊重，相互配合 / 028

　　　　五、勤勉尽责，恪尽职守 / 029
　　　　六、清正廉洁，守法守纪 / 030
　　第三节　法律职业伦理的渊源 / 030
　　　　一、法律职业伦理的规范伦理基础 / 030
　　　　二、法律职业伦理的渊源 / 032
　　第四节　法律职业伦理的教育教学 / 034
　　　　一、法律职业伦理课程教育的目标 / 034
　　　　二、法律职业伦理课程的教学架构 / 036
　　　　三、法律职业伦理课程的教研方法 / 037
　　案例研习与阅读思考 / 039
　　　　法律职业共同体的历史和使命 / 039

第三章　法官职业伦理 ··· 046
　　第一节　法官职业伦理概述 / 046
　　　　一、法官的任职条件 / 047
　　　　二、法官职业伦理的概念与特征 / 047
　　　　三、法官职业伦理的渊源 / 049
　　　　四、法官职业伦理的域外考察 / 049
　　第二节　审判公正规则 / 050
　　　　一、中立裁决纠纷 / 051
　　　　二、遵循司法公开原则 / 052
　　　　三、依法独立行使审判权 / 052
　　　　四、坚守内在良知 / 053
　　第三节　审判效率规则 / 053
　　第四节　审判涵养规则 / 054
　　案例研习与阅读思考 / 056
　　　　案例一　法官受贿、行政枉法裁判、诈骗案 / 056
　　　　案例二　法官因接受被害人家属宴请被申请回避案 / 059
　　　　案例三　法官辞职后代理原任职法院案件被停止执业案 / 061
　　　　案例四　法官从事营利性活动案 / 062
　　　　案例五　"全国模范法官"贪污受贿案 / 064
　　　　案例六　法官泄密案 / 066
　　　　案例七　法官铐律师案 / 067

第四章　检察官职业伦理 ······································· 070
　　第一节　检察官职业伦理概述 / 070

一、检察官职业伦理概述 / 070
　　二、检察官职业伦理的特征 / 071
　　三、检察官职业伦理的功能 / 072
　　四、检察官职业伦理的发展趋势 / 073
　　五、加强检察官职业伦理建设的必要性 / 074
第二节　忠诚规范 / 076
　　一、忠诚于党、国家和人民 / 076
　　二、忠诚于宪法和法律 / 077
　　三、忠诚于事实真相 / 078
第三节　公正规范 / 078
　　一、崇尚法治 / 078
　　二、客观求实 / 079
　　三、依法独立行使检察权 / 079
　　四、法律面前人人平等 / 080
　　五、维护程序公正和实体正义 / 080
第四节　清廉规范 / 080
　　一、不以权谋私 / 081
　　二、不徇私枉法 / 081
　　三、不权色交易 / 081
　　四、不因权废法 / 082
第五节　严明规范 / 082
　　一、严格执法 / 082
　　二、文明办案 / 082
　　三、刚正不阿，敢于监督 / 083
　　四、勇于纠错，捍卫宪法尊严 / 084
案例研习与阅读思考 / 085
　　案例一　检察官与严格执法 / 085
　　案例二　检察官与"自由裁量权" / 086
　　案例三　检察官不能徇私枉法 / 088
　　案例四　检察官严防受贿 / 090

第五章　律师职业伦理 092
第一节　律师职业伦理概述 / 092
第二节　律师与委托人的关系规范 / 095
　　一、律师—委托人关系的建立和终止 / 095
　　二、勤勉尽责规范 / 098

三、保密义务规范 / 099
　　四、利益冲突规范 / 102
　　五、统一收费规范 / 108
　　六、财务保管规范 / 111
　　七、执业推广规范 / 112
第三节　律师在诉讼、仲裁活动中的规范 / 114
　　一、律师的回避义务 / 114
　　二、律师的真实义务 / 114
　　三、诉讼中的行为规范 / 116
　　四、维护司法工作正当性与正派性规范 / 119
　　五、庭外言论规范 / 121
第四节　律师职业内部规范 / 123
　　一、律师在执业机构中的纪律 / 123
　　二、律师与同行之间的行为规范 / 124
第五节　律师与行业管理机构关系中的规范 / 127
　　一、接受行业管理和行政管理的义务 / 127
　　二、重大事项报告义务 / 127
　　三、参与律师协会活动的义务 / 127
　　四、自觉接受调解处理的义务 / 128
第六节　律师执业机构的行为规范 / 128
　　一、对司法行政机关和律师协会的行为规范 / 128
　　二、内部管理上的行为规范 / 128
　　三、对委托人的行为规范 / 129
　　四、同行之间的行为规范 / 129
　　五、其他行为规范 / 129

案例研习与阅读思考 / 130
　　案例一　浙江某律师因利益冲突代理受行业处分 / 130
　　案例二　上海市 H 律师事务所诉某研究院服务合同纠纷案 / 132
　　案例三　湖南 Q 律师事务所及律师喻某某行贿、违规挪用、
　　　　　　侵占委托人财物案 / 134

第六章　公证员职业伦理 ………………………………………… 137

第一节　公证员职业伦理简述 / 137
　　一、公证制度的起源 / 137
　　二、公证员职业伦理 / 138
第二节　公证员与当事人、同行的关系规范 / 140

一、公证员与当事人的关系规范 / 140

　　二、公证员同行之间的关系规范 / 142

第三节　公证员与司法人员、律师的关系规范 / 144

　　一、公证员与司法行政机关的关系 / 144

　　二、公证员与法官的关系 / 144

　　三、公证员与检察官的关系 / 145

　　四、公证员与律师的关系 / 145

第四节　公证职业责任 / 146

　　一、公证行政法律责任 / 146

　　二、公证民事法律责任 / 147

　　三、公证刑事法律责任 / 147

　　四、公证行业责任 / 147

案例研习与阅读思考 / 148

　　"虚假公证"的罪与罚 / 148

第七章　仲裁职业伦理 ……………………………………… 151

第一节　仲裁员职业行为规范概述 / 151

　　一、仲裁制度与仲裁员 / 152

　　二、仲裁员职业道德规范的概念与意义 / 153

第二节　仲裁员职业行为规范的内容 / 156

　　一、诚实守信 / 157

　　二、公正廉洁 / 158

　　三、独立审慎 / 159

　　四、勤勉高效 / 159

第三节　我国仲裁员职业行为规范的完善 / 160

　　一、我国仲裁员职业行为规范的问题 / 161

　　二、完善我国仲裁员职业行为规范的建议 / 162

案例研习与阅读思考 / 165

　　案例一　仲裁员接受一方代理人宴请被解聘 / 165

　　案例二　仲裁员未依规回避导致裁决被撤销 / 166

　　案例三　仲裁员枉法仲裁被追究刑事责任 / 168

第八章　司法职业责任 ……………………………………… 171

第一节　司法责任制度的意义 / 171

　　一、我国历史上司法责任制度的借鉴意义 / 172

　　二、西方法治国家司法责任制度的借鉴意义 / 172

三、在我国建立司法责任制度的意义 / 173
第二节　司法责任制度的现状 / 174
第三节　司法责任制度的改革路径和措施 / 176
　　一、坚持司法独立 / 176
　　二、完善立法，制定相关法律法规 / 179
　　三、加强司法人员的选任与培训 / 179
　　四、建立司法官责任认定机制 / 180

案例研习与阅读思考 / 181
　　案例一　法官周某辉因受贿、枉法裁判罪获刑 / 181
　　案例二　检察院反贪局局长受贿案 / 183

第九章　法律职业伦理的养成 ……………………………………… 185

第一节　法律职业伦理的内化 / 185
　　一、道德内化的含义 / 185
　　二、法律职业伦理的内化含义 / 186
　　三、法律职业伦理的内化条件 / 186
　　四、法律职业伦理的内化阶段 / 187
第二节　法律职业伦理内化的内容 / 189
　　一、法律职业与法律职业伦理之间的内在关联 / 189
　　二、法律职业道德伦理教育的意义 / 190
　　三、法律职业道德伦理教育的内容 / 192
第三节　法律职业伦理内化的影响因素 / 193
　　一、社会环境的影响 / 193
　　二、社会舆论的催化 / 195
　　三、法律运行的作用 / 196
　　四、道德榜样的激励 / 196
　　五、道德情境的制约 / 197
第四节　法律职业伦理内化的养成途径 / 198
　　一、法律职业道德意愿的自我修养 / 198
　　二、法律职业伦理养成的教育引导 / 201
　　三、法律职业环境育人的向善营造 / 203

案例研习与阅读思考 / 205
　　案例一　判决与"以理服人"：一份判决书 / 205
　　案例二　法律教育之目的——燕树棠 / 208

参考书目 ……………………………………………………………… 212

CHAPTER 1 第一章
法律职业

本章知识要点

(1) 职业不同于行业的地方是什么？(2) 法律职业的历史发展说明了什么？形成了什么样的共同职业价值认同？(3) 中国的法律职业共同体包括哪些法律职业？法律职业共同体的具体构成有哪些？

在人类历史上，人们通过自己的劳动技能逐渐形成了不同的行业或者工作，这点中西并无不同，由于中西历史文化以及地理环境的差异，中国传统上重视农耕，注重道德教化，国家治理以"息讼、无讼"为目标，尽管出现过"讼师"这样的法律从业者，但是整体上由于儒家文化的影响，法律职业没有形成规模，讼师的社会地位不高，处于社会的边缘。西方偏重工商业，并在发达工商业基础上形成了各种行业组织，由此产生了职业伦理。西方标准意义上的职业伦理，通常跟某些特定的行业发生关联，比如法律人、医生和教师，但是工人、农民、厨师、运动员等似乎并不会与职业伦理发生关联，这些行业看似并没有特殊的道德要求，只要具备日常道德就可以了。这里显示出"职业"与"工作或者行业"的差别。换句话说，在人类社会的发展过程中，某些工作与主要社会制度和社会的基本善相关联，成为"职业"，[1] 而其他的工作，无论从业者个人具有怎样的重要性，因其工作内容不具备在社会基本善上的重要性，而被排除在"职业"范围之外。职业主义的制度设计要求，从事特定职业者不仅应该是专业人，还应该是道德人。因为职业与一般意义上的"工作"（job）不同，职业是具有专门教育背景、掌握专门技能、承担特殊社会责任，并拥有从业特权的行业。法律职业伦理对于法律职业的重要性，与法律职业本身在社会中担负的社会责任密切相关，这就要求法律人必须具有忠诚于法律的职业伦理的观念。

---

[1] 李学尧. 法律职业主义 [J]. 法学研究, 2005 (06): 3-19.

第一节　法律职业的历史发展

在现代法治社会，法律职业者是法律制度的载体，是拉近法律制度与社会生活之间距离、实现法律对社会生活关系有效调整的中介。从这个意义上，如果说法治是法律的统治，而"徒法不足以自行"，法律统治就可以进一步归结为法律职业者根据法律赋予的职权，依据法律作出判断，从而形成的社会秩序的活动。在一个奉行法治的社会中，法律职业相应地也享有较高的地位，这样，法律的作用才能得以发挥。从法律职业本身来看，这种较高的社会地位与法治社会的发展状态相关联，也就是说，法治社会成形与否决定着法律职业发展的水平。

一、职业的价值

法律职业的产生可以追溯到古罗马时期。随着古罗马法律的建立，一个致力于研究法律并以建立法律体系为使命的群体也就顺势而起。在古罗马共和国的早期，所有古老的习惯法，不管是宗教的还是世俗的，皆由僧侣、祭司控制。他们最初的职责是担任国王的顾问，掌握着法律解释权以及大部分司法权，通过管理历法，决定何日可以起诉；通过制定诉讼令状，影响诉讼过程；通过解答，决定法律如何适用。此后，随着每年的选举，杰出的罗马市民在公共职位和法律事务上不断历练，他们被邻居和其他市民请去提供审判意见或建议，替那些不善言辞的公民代言，由此涌现出一批从事律师和法律顾问的人。在与客户的关系上，他们取代了古老的保护人，在指导法律事务上，他们最初与僧侣和祭司竞争，最终取而代之，形成了富有职业感和自豪感的团体。一批法学家由此成长起来，他们成为最活跃的法律执业者，为客户和官员提供意见和顾问服务，最初，他们的服务是自愿的、非官方的，后来在罗马奥古斯都（Augustus）的统治下，一些著名的法学家被授予提供法律意见的权利。如无其他意见与之冲突，公共官员就应该遵守这些法学家提供的意见，并且这些意见悄然影响了古罗马法律发展的进程，并最终成为罗马法的构成部分。[1]

早期的法律人组成了类似于现代律师协会的团体。他们并不认为自己是一个行会，也不认为自己的工作如其他工作一样是一种交易。他们没有那么多的阶层意识或自私的利益。尽管在罗马帝国建立之初，这些法律人在法律上并未获得职业的法律地位，没有法学院、没有教师也没有法定的准入要求。但是这些早期的法律人团体成员的社会基础是信任，也就是说这些早期的法律人必须具有足够的品质和能力，以获得和保持自信以及他人的信任。这种信任来自早期法律人共同的理想、目标和实践的职业感。其中一个标志性证据就是老成员对新成员的自愿帮助。斯凯沃拉教西塞罗，西塞罗教

---

[1] 罗伯特·N.威尔金. 法律职业的精神 [M]. 王俊峰，译. 北京：北京大学出版社，2013.

凯撒（Caesar）和布鲁图（Brutus），并成为奎恩提连（Qaintilian）以及此后几代人的榜样。奎恩提连教普林尼（Pliny）、拉贝奥（Labeo）和卡皮托（Capito）。拉贝奥和卡皮托又直接影响了罗马皇帝奥古斯都和提比略（Tiberius）以及这两位罗马皇帝统治下的年轻人。这样一代人的成就鼓舞着下一代，职业精神在其中成为主要动力。这些早期的法律先驱，既不是单纯的职业世家，也不是法律工匠。他们显示出广泛的知识兴趣，并且无不与对人类本性之法的理解相关。比如，西塞罗表达了对骗子和皮条客的憎恶；奎恩提连谴责那些"雄辩之士"不去探究人的天性，不去探究人类内心的需求，不去寻找公正或永恒的正义，他认为"伟大的律师不仅应该研究裁判官的告示和法学家的意见，还应该反思幸福的性质、道德的根基，乃至一切的真和善。"奎恩提连认为律师应该和西塞罗一样业绩显著，如加图（Cato）一样道德高尚。这些法律职业先驱在《学说编纂》的开篇明确宣示：法学是研究善和正义的学问。❶

与欧洲罗马隔海相望的英国普通法系的法律职业发展，和诺曼征服之后建立的王室法庭密切相关。最早的普通法出版物《格兰威尔论集》被认为包含了王室法庭中诺曼王朝官员解释和应用法律时所遵循的规则。特别是亨利三世统治的最后时期，普通法的惯例以及法院的组织形式、判例分析收录进布莱克顿（Bracton）的巨著之中。这位伟大的律师和法官的著作成为普通法的基石和公共自由的保障。从那之后，只有投身于专门学习的人才获得解决法律纠纷的能力。法律职业也由此在英格兰成为一个明确的职业。美国学者罗伯特·威尔金认为，与罗马相比，英格兰拥有一个更加明确的职业组织。个中的原因有很多，最主要的是王室法院从政府部门中分离出来后，执业地方化使法律人成为一个整体。对法律的普遍兴趣引导着英格兰的法律人对法律的兴趣和研究。英格兰在十二三世纪就出现了众多神职人员控制的法律学校，这些法律人因为根据普通法反对国王课税和特权而被国王压制，逐出城市。这些法律职业者并未因此销声匿迹，而是在伦敦郊外的威斯特敏斯特厅附近聚集。受《大宪章》施行的影响，法官、教授和学生在霍尔本获得落脚点，组成了类似行会的团体，也就是会馆，此后又在会馆的基础上组成了法律协会之家。福蒂斯丘（Fortescue）将其描述为专门为法律者设立的学院；布莱克斯通（Blackstone）将其描述为"我们的司法大学"。这些学习的学生多是年轻贵族子弟，他们研究法律并非要依赖这种职业生活，因为他们有大笔的遗产可以继承。他们研究法律，只是为了塑造自己处事的方式，并使自己免受罪恶的影响。❷

通过律师会馆，法律职业精神深深影响了英格兰统治阶级和英语文学。法律职业的影响也无处不在，使得英国法在塑造社会和政治发展中意义非凡。❸ 而在这其中，法律职业精神和法律职业道德使得这些法律研习者成为律师后逐渐取代神职人员成为法

---

❶ 罗伯特·N.威尔金. 法律职业的精神［M］. 王俊峰，译. 北京：北京大学出版社，2013：17-18.
❷ 罗伯特·N.威尔金. 法律职业的精神［M］. 王俊峰，译. 北京：北京大学出版社，2013：38-41.
❸ 罗伯特·N.威尔金. 法律职业的精神［M］. 王俊峰，译. 北京：北京大学出版社，2013：42.

官。并且法律职业完成自然发展后,便开始向所有法律岗位提供人才。特别是在《大宪章》颁布之后,世俗律师逐渐升迁为法官。并逐步清除了神职人员对法院的影响,并且,这些世俗的律师、法官特别珍惜他们获得的职权,不久他们便发布禁止侵犯其司法管辖权的命令,明确只有受过法律职业教育的律师才可以成为所有法院的法官。从古罗马以及英格兰法律职业自然发展的过程可以看出,法律职业精神和法律职业伦理为其获得社会认可提供了有力的支撑。

二、法律职业的形成

法律职业的形成可以说经历了一个漫长且复杂的历程。从古罗马的法律人团体到不列颠普通法的律师会馆,欧洲早期的法律人受到古罗马"贵族责任"的理念影响,而后又受到了基督教教义的训诫,特别是天职观念的影响,因此,有学者指出,欧洲早期的法律职业更加注重职务的公共性、单方奉献,重视阶层出身。而这通过英国、法国传统社会中的出庭律师(辩护律师)和事务律师(诉状律师)的严格区分获得有力的佐证。[1]

随着工业革命的到来,法律职业有了新的发展,它在中世纪行业纷纷消失的背景下,依赖于大学的联姻得以延续且获得巨大发展。同时,无论是法治相对发达的西方国家,还是在法治刚刚起步的第三世界发展中国家,律师(法律人)都扮演了重要的政治角色,构成了统治阶层的重要来源。可以说,在某种意义上,法治就是法律人之治。

这里有必要说明一下职业与行业的区别。通常"行业"或者"工作"(job)是指能够带来经济收益、重复特定行为模式且要求掌握特殊技能或知识的持续性活动。这种技能或知识可以通过教育、学习和实践获得。但是职业,英文为 profession,源于拉丁语"profess",意思是"宣告",最初的意思指加入宗教或组织的誓言,后来才发展为指称一些特殊的工作。16 世纪时,职业一词才较为广泛地使用,在 19 世纪以前的西方,"职业"只限于神职人员、律师和医生,到了 20 世纪后,教师、警察、工程师等其他行业才被视为职业。

对于职业的含义,罗斯科·庞德的界定最具代表性并广为接受:专门的职业指一群具有公共服务精神的知识性技术的专业者,不因其也是一种附带谋生的工具而贬低其公共服务的性质。为了公共服务而学习知识性技术是此专业的主要目的。[2] 庞德的话实际上至少指出了职业应该具有三个主要特征:一是基于深奥理论基础的专业技术,以区别于仅满足于实用技巧的工匠专才。二是为公众服务的宗旨,其活动有别于追逐私利的商业或交易。尽管自由职业与其他行业一样需要经济收入,甚至是较高的收入,但是高收入不是首要目的而只是附带的结果,最根本的价值是为公众服务的精神。三

---

[1] 李学尧. 法律职业主义 [J]. 法学研究, 2005 (06): 3-19.
[2] Roscoe Pound. The Lawyer from Antiquity to Modern Time: With particular reference to the development of bar associations in the United States [M]. St. Paul: West Pub. Co, 1953: 1.

是形成某种具有资格认定、纪律惩戒和身份保障等一整套规章制度的自治性团体，以区别于一般的工种（occupation）。[1] 概括而言，职业与一般行业相比，主要的特征在于专业性、公共性和自治性。

职业在现代社会具有重要作用，之所以如此，是因为专门的职业化是现代社会复杂经济秩序的基础之一。美国社会学者帕森斯强调，法律职业行为基本上受到期望规范支配，这同其他的角色和行为是一样的。职业应该满足社会秩序的要求，这些期望本身被视为是由职位所决定的。现行的职业机构是历史的产物，是历经各群体间争夺潜在当事人以满足需求的管辖斗争后产生的结果，这些群体争夺管辖权大致分为三个领域：公共领域，借此树立文化权威；司法领域，塑造排他性专业的解释、建立于执行的官方范围；职场领域，涉及当事人的需求。[2]

在法律活动中，刑事诉讼的被告人可能失去自由甚至生命，民事案件中的当事人可能失去财产或其他利益。可见法律人的工作涉及的利益和风险重大，需要客观冷静的判断力，只有职业人才能胜任。职业与经济活动中商业最显著的区别，在于从业者动机的差异。商业从业者是"经济动物"，可以无视他人利益；而职业人士则一直被认为不唯利是图，致力于奉献一己之力"服务"人民，他们是一个社会良性运转的必要条件。职业人士身份认同与管理结构的一项关键功能，是让较高的社会价值凌驾于职业者自利倾向之上。

三、法律职业的使命

对于法律职业的使命，英国著名法学家阿尔伯特·戴雪（Albert Dicey）很早就指出："当一个有二十人的群体或者两千人、或者二十万人的群体，为了共同的目标，以一种特定的方式把自己约束在一起行动时，他们便创立了一个团体。这个团体不是由法律虚构的，而是事物的本性使然。它不同于组成它的那些个人。"[3] 这实际上已经提出了法律职业共同体职业目标和使命的问题。从事相关法律工作的法官、检察官、律师、法学学者以及其他一些以法律为职业的人在法律制度发展的历史中有着自身悠长的发展过程，到了现代社会，其作用日益凸显，原因在于现代社会在呈现出价值和道德多样化的同时，其社会结构也发生了转型。现代社会的人们不再可能生活在靠某种单一价值体系或者道德规范、宗教教义来维系秩序的社会中，而是靠经过共同协商或者博弈产生的法律制度来维持秩序。因为法律与社会劳动分工日益细密、社会生活以及社会关系日益复杂化的趋势相关联。可以说，现代社会已经从依赖宗教、道德、意识形态为纽带维系的文化社会过渡到了依靠法律制度（契约、规则）维系社会各要素的时代。同时，社会生活的错综复杂，各类矛盾冲突的程度、数量和规模上的扩大，

---

[1] 季卫东. 法治秩序的建构 [M]. 北京：中国政法大学出版社，1999：198.
[2] 罗杰·科特威尔. 法律社会学导论 [M]. 潘大松，译. 北京：华夏出版社，1989：208-209.
[3] 丹宁勋爵. 法律的训诫 [M]. 杨百揆，等译. 北京：法律出版社，2000：174.

一方面造就了庞大的法律规则体系，另一方面也导致社会对于解决纠纷人员的数量以及专业化程度的需求随之提高，法律职业的专业化因此凸显并形成行业化的趋势，职业者人数增多、组织规模扩大、专业化程度提高，加上法治理念被现代社会广泛认同，使得法律职业者的个性逐渐被法律职业理性所取代，尽管其中个体成员在人格、价值观方面各有不同，但他们在从业过程中表现出的特有法律思维模式、推理方式以及辨析技术、共同的法律术语呈现出一种群体共性。因此，法律职业群体的共性由此形成，并与法律职业者的个性有所区别。当专门的法律人员、专门的法律机构向社会表示的是同一种东西——法律，宣示着的是同一种力量——正义时，法律职业群体便转化成与法律职业者个人相区别的法律职业共同体。

这里需要说明的是，法律职业群体并不是自然过渡到法律职业共同体或者说法律职业群体并不等同于法律职业共同体，只有当这一职业群体能够肩负职业使命，折射出一种无形的、支撑着这一群体所从事的法律事业的法治精神时，它才能被称为法律共同体。对此德国著名学者马克斯·韦伯（Web）就曾指出："透过任何一项事业的表象，可以在其背后发现一种无形的、支撑这一事业的时代精神力量；这种以社会精神气质为表现的时代精神，与特定社会文化背景有着某种内在的渊源关系；在一定的条件下，这种精神力量决定着这项事业的成败。"❶ 就法律职业群体而言，这种精神就是法律精神、法治理念。

西方现代社会经济的发展已经证明，其大规模的商品经济、市场经济的发展有赖于法治的建立。一般而言，市场经济就是一种开放、竞争的交易（交换）经济体制，通过公平竞争和交易，让价值规律这个看不见的手实现生产要素的高效配置。而这种公平交易的前提就是需要法律保障和维护市场主体的经济地位和相应的财产权。可以说所有权是商品生成和市场交易的前提，离开法律市场主体的所有权就得不到充分的确认和保护，市场经济也就无从谈起。此外，市场经济的秩序、规则也需要法治保障。只有通过法律确认和贯彻公平竞争的规则和秩序，市场交换中的合同和信用才能有效实现。可以说，法治构成了现代市场经济国家的结构性基础。从法治的内在理论上看，法治要求法律具有最高的权威，要求一个尽可能完美的法律文本，同时也要求一个执行法律的社会科层，这些无疑都向法律职业群体提出了要求，法律职业共同体的形成也成必然。整个社会制度要通过法律追求一个更为完美的社会，就必然要求法律职业共同体致力于整个社会的正义和秩序，这同时也成了法律职业的使命。

近代著名法学教育家孙晓楼将法律职业人才的才能概括为："法律人才一定要有法律学问，才可以认识且改善法律；一定要有社会的常识，才可以合于时宜地运用法律；一定要有法律的道德，才有资格来执行法律。"❷ 结合人类社会的分工体系，以及人类历史上的法治实践，法律职业实际上包含了至少三个维度：一是掌握专门的法律知识

---

❶ 苏国勋. 理性化及其限制——韦伯思想引论 [M]. 上海：上海人民出版社，1988：2.

❷ 孙晓楼. 法律教育 [M]. 北京：中国政法大学出版社，1997：12-13.

和技能，从而使法律职业者能够胜任普通人无法胜任而又必须面对的法律事务；二是与其他职业群体如医生等一样，能够自律自主，诸如确定职业准入资格、规定收费标准，进行纪律惩戒，进行自我管理以此赢得职业社会认可；三是法律职业者的职业目的在于增进社会福祉，即追求社会正义而不是唯利是图，通过强调法律职业的伦理性而有别于庸俗的以营利为目的的商业主体，并因此获得社会尊重。法律人享有一般人所不具备的权利或权力，比如律师的调查取证权和阅卷权、法官的审判权、检察官的公诉权等，因此职业群体对成员的责任要求也高于一般人。从社会功能的角度看，专门职业是因社会需要而产生，并非专业本身的利益和努力。所以法律职业人的特权地位来自成熟社会的需要，是社会良性运转的必要条件。

第二节 我国的法律职业分说

中国古代虽然也有讼师之类的法律从业者，但由于受传统儒家文化"无讼、息讼"的影响，没有发展出类似西方的法律职业，直到清末甲午战争后，清政府意识到自己的制度需要改变，中国才开始学习西方的法律制度，但是没有构建出训练法律专业的正规机制，更没有产生一种独立的、尊贵的法律职业。清朝末年开启的法律和教育变革后，在京师和各省、地方出现了大量的包含"法政"科目的学堂。不过这些学堂的主要目的在于为清政府培养司法官和税吏，借以取代传统的通过科举上来的人员。近代中国法律教育和法律职业初具形态是在民国时期，这个时期，私人律师通过立法获得了合法地位，在学堂的基础上发展出了更加专门性质的法科学校，尤其从1912年到1927年，发展出了为数众多的专门法律学校。[1]

新中国成立后，法律工作者一度被视为阶级斗争的工具、人民民主专政的工具。直到20世纪80年代，才有学者零星地、间接地谈及国外的"法律职业"，这一时期国内也没有专门的法律职业研究。这种情况一直到20世纪90年代才出现了改变。

一、法律职业共同体在我国的形成

到了20世纪90年代，季卫东发表的论文《法律职业的定位》、张志铭教授发表的论文《当代中国的律师业：以民权为基本尺度》开启了中国学界的法律职业研究，2001年强世功、张文显进一步引入法律职业共同体的概念，对于法律职业共同体给出了比较清晰的定义，受到了业界广泛的认可。明确提出法律职业共同体，是由法官、检察官、法学学者和律师组成的法律职业群体，这群人拥有共同的法律教育背景、共同的事业追求、相同的职业思维、共同的职业语境和统一的知识体系。[2] 此后不久，

---

[1] 艾莉森·W.康纳，王健. 培养中国近代的法律家：东吴大学法学院[J]. 比较法研究，1996（3）：185-210.
[2] 张文显，卢学英. 法律职业共同体引论[J]. 法制与社会发展，2002（6）.

"职业"一词开始出现在正式的官方文件中，比如，2004 年最高人民法院发布的《人民法院第二个五年改革纲要（2004—2008）》中已经把法官职业化作为一项重要的任务推进，同年，最高人民法院和司法部联合下发《关于规范法官和律师相互关系维护司法公正的若干规定》，这是新中国成立以来第一个直接调整律师与法官之间关系的规范性文件，被认为是法院系统关于建立法律职业共同体的政策性尝试。随后，各地相继出台"法律职业共同体行动纲领""共同体合作框架协议"等规范性文件。❶ 但是从实际情况看，效果有限。

2014 年 10 月，中国共产党十八届四中全会指出"全面推进依法治国，必须大力提高法治工作队伍思想政治素质、业务工作能力、职业道德水准，着力建设一支忠于党、忠于国家、忠于人民、忠于法律的社会主义法治工作队伍。""法治工作队伍"是新中国成立以来党首次对法律职业群体进行定性，实际上赋予了法律职业群体更高的身份认同和社会责任。在党的十八届四中全会精神的指引下，我国相继开展了司法体制改革、公务员职级并行制度改革、内设机构改革等系列改革措施，印发了《中国共产党政法工作条例》等法律政策，在促进法治队伍建设的同时也进一步推动了法律职业共同体的构建。党的十九大后，党中央在 2018 年 8 月组建中央全面依法治国委员会，这是新中国历史上第一次设立这样的机构，目的是加强党对全面依法治国的集中统一领导，习近平总书记亲自担任主任并在委员会第一次会议上发表重要讲话。2020 年 11 月，党中央第一次召开中央全面依法治国工作会议，明确习近平法治思想在全面依法治国中的指导地位，这在我国社会主义法治建设进程中具有重大政治意义、理论意义和实践意义。❷ 中央进一步提出推进法治队伍建设，发展壮大法律服务队伍，加强法学教育、法学研究和法治人才培养。这里的"法治队伍"可以看作法律职业共同体的不同表达。"法律职业共同体"在我国中央法规层面的检索结果见表 1。

表 1 "法律职业共同体"在我国中央法规层面的检索结果

效力级别	名称	发布时间	出现次数
司法解释（5）	最高人民检察院发布 5 件全国检察机关依法惩治妨害疫情防控秩序犯罪典型案（事）例	2020 年 7 月 29 日	1 处
	最高人民法院知识产权法庭年度报告（2019）	2020 年	2 处
	人民法院司法改革案例选编（八）	2020 年 7 月 10 日	3 处
	《关于深入推进律师参与人民法院执行工作的意见》（法发〔2019〕34 号）	2019 年 12 月 25 日	1 处
	人民法院司法改革案例选编（三）（法改组发〔2018〕1 号）	2018 年 6 月 22 日	4 处

---

❶ 李尧君，温丽萍. 法律职业共同体的探索与实践［J］. 辽宁公安司法管理干部学院学报，2020（3）.

❷ 王晨. 坚持全面依法治国　法治中国建设迈出坚实步伐，http://politics.people.com.cn/n1/2021/1123/c1001-32289162.html.

续表

效力级别	名称	发布时间	出现次数
部门规章（3）	司法部公告第34号——关于发布《2004年度法治建设与法学理论研究部级科研项目课题指南》及受理项目申报的公告	2004年8月10日	1处
	司法部公告第42号——2004年度法治建设与法学理论研究部级科研项目共111项获准立项课题名单公告	2004年12月16日	1处
	司法部关于发布《2001年度法治建设与法学理论研究部级科研项目课题指南》及受理项目申报的公告	2001年8月22日	1处
行业规定（4）	中华全国律师协会婚姻家庭法专业委员会关于2019年中国婚姻家庭法论坛通知	2019年4月19	1处
	中国法治建设年度报告（2016）	2017年6月	1处
	中国法治建设年度报告（2015）	2016年10月	1处

检索来源：北大法宝法律数据库，https://pkulaw.com，2021年3月。

需要说明的一点是，正如张文显教授等指出的，法律职业共同体并非一个如法院、检察院、律师事务所、公司、社团一样的具体实体，而是人们观念建构想象的产物，这种观念上的建构具有客观基础，而这个基础就是建立在所有法律职业者的共性之上的客观存在。同时，这一职业群体以其所有成员共同的作用及理念作为它的共同意志，通过社会他者的感觉和认识，表现出一种整体性，因此，把它作为共同体并予以人格化，目的在于通过整体性的研究引领个人职业者的群体意识及共识，以期培育法律职业者专业性的理性思维，从而有助于建立法制体系的整体权威。❶ 而没有法制的权威，就等于没有法。

二、法律职业共同体的构成

对于法律职业的分类，美国学者埃尔曼的划分最有影响。在他的《比较法律文化》一书中，法律职业被分为五类：第一类是法律冲突的裁判人，主要是法官和治安官，此外还有检察官、仲裁人、准司法机构工作的官员等；第二类是代理人，即代表当事人出席各类审判机构的审判的人员；第三类是法律顾问，通常他们不出庭；第四类是法律学者；第五类是一种各国不尽一致地受雇于政府机构或私人企业的法律职业者。❷ 实际上各国发展历史与法律制度构成各异，因此这五类法律职业并非在各国全部适用，由于各国采取的标准不同，对法律职业定义也不一样，所以各国法律职业共同体的范围也不尽相同。综合来看，只有法官、检察官、律师、法学学者这四类人最具法律职业的典型性，这四类职业普遍存在于各国，并且在一个奉行法治的国家中，是法治精

---

❶ 张文显，卢学英. 法律职业共同体引论 [J]. 法制与社会发展，2002（06）：13-23.
❷ 埃尔曼. 比较法律文化 [M]. 贺卫方，高鸿钧，译. 北京：生活·读书·新知三联书店，1990：105-106.

神和法律精神的主要载体,也是法律实施和循环的主要运作者,因此,法律职业共同体也主要由这四类人组成。

(一) 法官

法官在社会制度的安排中,承担着行使国家审判权的职责,作为一种法律职业,法官并不代表个人,只能以最强有力的、不徇私情的理智面目一如既往地、警惕地站在行政机关和国民之间,裁决他们的行为在法律上的适当性。在我国,法官是指依照法律规定的程序产生,在司法机关依法行使国家审判权的审判人员,是司法权的行使者,担任人民与人民、人民与国家机关之间的纠纷解决者的角色。《中华人民共和国法官法》第2条明文规定,法官是依法行使国家审判权的审判人员,包括最高人民法院、地方各级人民法院和军事法院等专门人民法院的院长、副院长、审判委员会委员、庭长、副庭长和审判员。法官处理纠纷,要在具体的案件中同时兼顾当事人之间的实体权利和程序权利,行使认定事实、适用法律的职权以平息纠纷。法官透过具体的案件审理而解决人民的纠纷并监督国家公权力的行使,借由司法权的行使作出权威性的法律判断。

法官行使审判权,代表的是国家的权威,维护的是社会的公正。而"公正"一词内含了公平、正义,是整个人类社会共同的价值目标。司法审判活动作为一种消除矛盾、定分止争的工具,其本身必须是公正的。这就要求法官依法独立行使审判权、中立裁判纠纷,相对于控诉一方或者辩护一方摒弃倾向性,只依据国家的法律和事实进行客观的裁判,这样才能赢得法律的权威、人民对法官的尊重和对法律的信仰。

2014年1月7日,在中央政法工作会议上,习近平总书记指出,促进社会公平正义是政法工作的核心价值追求。从一定意义上说,公平正义是政法工作的生命线,司法机关是维护社会公平正义的最后一道防线。政法战线要肩扛公正天平、手持正义之剑,以实际行动维护社会公平正义,让人民群众切实感受到公平正义就在身边。[1]

(二) 检察官

检察官是依法行使国家检察权的法律职业。从起源上看,检察官源于在起诉中代表国王行使起诉职权的专职官吏(国王的律师)。检察制度发展至今,检察权仍然起着一种追求刑罚权的行使的国家目的的行政作用。因此,检察权本质上具有行政权的性质。为了一体化地实现维护公共秩序和尊重保障人权的国家目的,检察机关必须具备完整的组织结构,这样,检察机关奉行检察一体化的组织原则也是必然的。另外,由于公诉权与审判权直接关联,又要求检察权具有与审判权同样的司法性质,因此,大陆法系国家倾向于将检察机关划为司法机关,同时承认其是行政系统中享有司法保障

---

[1] 人民网. 习近平出席中央政法工作会议并发表重要讲话, http://politics.people.com.cn/n/2014/0126/c1001-24235457.html.

的独立机构，检察权具有司法性和行政性的双重特征，而行使检察权的检察官因此也责任重大。

与法官的中立性相比，检察官具有彻底的倾向性——以公益代表人的身份对犯罪嫌疑人持否定态度，即力证被告人有罪；与法官的消极性相反，检察官要积极主动地追诉犯罪，在我国检察官还可以行使犯罪侦查权；与法官独立性不同，检察官奉行检察一体原则，下级检察机关对上级检察机关具有隶属性，而不同级别之间的法院则不具有隶属性，各自依法独立行使审判权。

中国的人民检察制度是人民政权的重要组成部分，人民检察的发展史与中国共产党领导的人民政权建设史紧密相连。早在新民主主义革命时期，中国共产党领导的苏维埃民主政权就已经设立了检察机关。1949年10月，中国社会主义检察制度与中华人民共和国相伴而生，至今已走过70多年的发展历程。在这期间，我们的社会主义检察制度经历了探索发展、取消中断、恢复发展、开放变革四个发展阶段。在这四个不同的发展阶段中，都曾遇到过诸多重大的理论和实践问题。恢复发展以来，全国各级检察机关充分履行法律监督职责，与公安机关、人民法院分工负责、互相配合、互相制约，为服务改革开放和经济社会健康发展作出了重要贡献。

党的十八大以来，最高人民检察院根据党中央对司法体制改革的决策部署和人民群众对民主法治、公平正义和安全环境等社会发展的新要求新期待，先后出台实施了一系列深化检察改革举措。目前已经初步建立了权责明晰、监管有效、保障有力的检察权运行体系。2018年10月，十三届全国人大常委会审议通过《中华人民共和国检察院组织法》（以下简称《检察院组织法》）修订草案。修改后的《检察院组织法》共6章53条，条文数量增加了近1倍，体例、内容上亦相应做了较大的修改完善，对检察机关的机构设置、职权配置、检察权的运行方式和保障机制等诸多检察体制改革内容分别在法律上予以确认和规定，把改革成果上升为法律规定，进一步丰富完善了检察法律体系。依据我国《中华人民共和国宪法》（以下简称《宪法》）、《检察院组织法》和中共中央《关于加强新时代检察机关法律监督工作的意见》等法律和党的规范性文件的规定，对检察机关的基本定位是：国家的法律监督机关、保障国家法律统一正确实施的司法机关、保护国家利益和社会公共利益的重要力量和国家监督体系的重要组成部分。

检察机关的职责定位，决定了检察官职业道德具有特殊性，表现为：更大的责任性、更特殊的示范性、更大的强制性。因此，忠诚、公正、清廉、文明构成了检察官职业伦理的主要内容。

（三）律师

律师是国家法治建设重要的参与者，如果说法官、检察官在某种意义上是为国家服务的法律工作者的话，律师就是为社会服务的法律工作者。律师通过为社会提供法律服务，维护法律的尊严和正确实施，维护社会的公平与公正。律师的业务范围包括案件代理、刑事辩护、法律顾问等各种法律事务，其业务基础在于当事人的委托，这就要求律师必须尽力维护委托人的合法权益，在此基础上谋求个人利益。就职业特点来看，律师始终处于竞争之中，与同业竞争，与法官、检察官及对方当事人周旋。在此过程中，律师不仅要对委托人负责，也要对至高无上的法律负责。虽然律师职业具有自由职业的特性，但是法律职业的总体特征又将律师纳入法律职业伦理的框架之中，要求他们对自我利益的追求不能超越正义的边界，否则就会被法律职业排除在外。

律师的职业特性决定了律师在诉讼中以追求胜诉为职业目的，这往往容易导致律师偏离职业伦理导致道德危机，这在现实生活中可谓屡见不鲜，这种现象的出现无疑会损害律师刚正不阿的正义形象，进而对行业造成威胁。因此，律师本身的自律对于律师职业的发展尤为重要。

本质上，律师追求个人利益、当事人的合法权益以及社会正义这三者关系并不矛盾，是统一的。因为律师利益最佳的条件是委托人合法权益的实现，这从结果上也最终实现了社会的正义。作为当事人的代理人、受托人，为委托人、当事人据理力争无可厚非，但是前提是要符合道德准则、事实真相和法律，否则，律师如果为了胜诉逾越了道德界限，将会损害行业的长久发展。因此，律师本身需要严格自律，律师协会等行业性自律组织由此起到了很好的作用。

（四）法学学者

法律的安定性是相对的，面对变动不居的世界，法律也需要不断地做出调整以适应变动的时代，在这个意义上，任何时代都必须重新书写自己的法学，或者解释法律，或者为法律的修改提出理论建议，这其实就是时代发展对法学学者的要求。如果说法官、检察官、律师们所关心的是法律事实上是怎样，那么法学学者就是法律宗旨的探索者，他们关心的是法律应当如何。比如使用理论工具对法律提出新的见解，尽可能地使法律的原则、规则与正义保持一致，为法律添上思想的翅膀，使之进步飞跃，展示震撼人心的法律精神与正义力量，法律学者的任务就是透过法律的一般概念观察时代的律动，观察社会与社会上的个人命运，思考法律所应该做的和能够做的，以法律的精神和正义的力量为时代发展和个人权利提供最佳的诠释和保障。这正如德国学者斐迪南·滕尼斯在《共同体与社会》中说的那样："共同体的意志形式，具体表现为信仰，整体表现为宗教；社会的意志形式，具体表现为学说，整体表现为公众舆论。"[1]而法律作为社会的规范，从根本上是一种社会意志的客体，因此，法律职业共同体的意志具体表现为对法律的信仰，法学学说则作为社会的意志，需要法学学者去完成。

具体而言，法学学者探求法律宗旨的目的在于及时为社会提供法律的指引，在立法之前为法律制定提供敏锐的观察和问题指引，在学术方面不断创新，同时让学术成果在现实中开花结果，把自身的法律思考转化为社会的法律共识和法律关怀，让社会

---

[1] 斐迪南·滕尼斯. 共同体与社会 [M]. 林荣远，译. 北京：商务印书馆，1999：329.

理解并接受法律的良好愿景，因此，不仅影响法官、律师和检察官，而且影响众多的社会公众，为社会培养造就具有法律精神和法律思想的职业者，为法律实施提供理论支持，这是法学研究以及法学学者的价值所在。

需要说明的一点是，不管是英美的普通法系还是欧陆的大陆法系，不同的法律职业之间是可以相互流动的，各种法律职业之间并没有明显的职业壁垒。一般而言，现代国家的法律职业制度设立了严格的职业准入和精英化的职业体制，任何人想取得法官、检察官、律师等法律职业的从业资格，必须先完成大学的法学教育，然后通过法律职业资格考试，再接受司法研修以及法律实务训练，这样才能从事律师工作。英国的出庭律师还必须经过一定的年限，大多数国家规定了法官与检察官的遴选必须是具有一定从业经验的律师，比如，日本借鉴欧美的制度，法官、检察官必须从具有 10 年以上从业经验的律师中挑选。同时，欧美法治相对发达的国家在规定了严格法律职业准入制度的同时，给予法官以较高的待遇，通过保障并树立法律家的声望，提高法律的权威。我国的法官、检察官的员额制改革也是借鉴吸收了其他法治发达国家的这些成功做法之后所形成的。

三、法律职业共同体的性质与特征

从以上介绍可以看出，法律职业共同体这个主要由法官、检察官、律师和法学学者组成的职业群体，具有一致的法律知识背景、职业训练方法、思维习惯以及职业利益，从而使得群体成员能够在思想上结合，形成特有的职业思维模式、推理方式和法律技术，通过共同的法律文化和法律话语进行沟通，通过共享共同体的意义和规范，使得职业成员间在职业伦理准则上达成共识。尽管存在着职业成员个体在人格、价值观方面的差异，但是通过对法律事业和法治目标的认同、参与、投入，这一职业群体最终通过精神与情感的连带而形成法律事业的共同体。这一共同体不同于传统的以血缘、地缘或者宗教为纽带的共同体，是一种全新的共同体形式，具体表现为：

（一）意义共同体

法律职业群体成员对法律的态度始终与法律的价值——公平、正义密切联系，都受到法律精神纽带的约束，为共同的法律事业而工作，由此，法律职业群体被构造为一个对法律信仰上理念上的意义共同体。这一共同体分享着共同的原则和概念，也因此非正式地联系在一起，法律职业群体对法律价值、法律概念、法律规则和法律制度有一种自觉的倾向和能力，特别强调权利义务的普遍性，强调人的自主性以及人与人之间的平等性，并因此形成了特有的价值形态、思维方式和精神气质，因而在法治推进过程中形成共同体的集团整体性。在中国表现为推进法治建设的法治队伍。

（二）事业共同体

对于社会矛盾纠纷的解决，法律职业者主张诉讼途径，并将解决诉讼作为其从业的主要方式。法律职业者在适用法律的过程中、在执法的过程中、在提供法律服务的过程以及法学研究的过程中,其共同的职业意识在于推动法律事业的完善与繁荣,从而使法律得以面对纷繁的社会现象、复杂的规则和全新的学科知识。具体来说,就是权利意识、规范意识、公平正义的价值观念必须深植于他们的头脑中,法律职业者通过遵守行业准则,约束自己的言行,获得法律职业共同体主张权利、限制公权力、宣示正义的地位。他们参与组成法律机构、运用法律规则、解决法律争讼,通过处理一个个具体的法律纠纷,解释法律规则、阐释法律原理,向世人昭示法律的精神与价值,确立并维护法治。因此,法律职业共同体不仅起到维系法律制度目标、价值和理念的延续和推进作用,同时也在从事着一种以法治为中心的事业,是一国走向法治现代化的前提条件。

(三) 解释共同体

法律条文要发挥具体的效力,需要法律人进行解释和适用。虽然在职业中的具体分工不同,但是法律职业共同体具有同样的社会和教育背景、知识结构和共同的职业资格,这些决定着法律职业成员对于法律的解释和适用趋向一致,使得抽象的法律条文获得具体确定的意义,这同时也进一步强化了法律的形式合理性,使得法律得以获得确定性和稳定性。世人可以获得稳定的预期,借此安排自己未来的事业和生活。具体而言,社会的发展变化复杂而多样,法律作为回应社会矛盾的主要方式,是解决以案件呈现的大量矛盾纠纷所内含的社会、经济和政治问题,而立法往往会出现空白和模糊,这就需要法律职业共同体成员以共有的知识解释法律条文、填补法律空白,这不仅包括解释法律也包括对社会现象的法律定性,这种法律解释或者法律思维首先是以现有的法律规定为依托,通过探究这些规则背后的目的、意图、价值和原则,针对法律事实提出法律结论。也就是说,法律职业共同体是在法律文化的语境对社会予以解说的,而非以大众话语或者其他话语,所以说法律职业共同体是一个解释的共同体。

(四) 利益共同体

法治兴则法律职业兴,当然人类社会的历史也表明,法律职业的发展促进和巩固了法治。这其中的一个重要原因是法律职业者共同的利益与法治一致,从根本上看,法律职业共同体是以共同的利益连接在一起的。法国学者托克维尔毫不讳言形成职业共同体中的利益关系,他称:"支配法学家的东西,也和支配一般人的东西一样,是他们的利益,尤其是眼前的利益。"[1] 当然这里需要说明的是,首先,法律人的利益以正当的方式(比如提供法律服务)获取,这本身就是合情合理的。其次,法律职业者通过谋求自身的利益认同于更广泛的社会利益而非牺牲他人利益的方式,同时又能实现更广泛的社会目标(比如秩序与正义),与其他职业成员的获利方式本质上并无不同。

---

[1] 托克维尔. 论美国民主 [M]. 董果良,译. 北京:商务印书馆,1989:304.

在现实的法律生活中，法律职业共同体是以独立和互涉为显著的职业特征。独立是指法律职业共同体相对独立于公共权威和私人生产、生活单位，他们有能力采取集合行动保护或推进自己的愿望和利益，但又不企图代替国家机构或私人生产、生活单位，也不承担社会整体管理及政策制定的责任；他们实际上只能在社会预先设立的制度体系内行动，实际上是一种中介团体。法律职业这种中介团体介乎国家与社会之间，表现为混合的双重自主性，在获得成员利益的同时也促进了共同体和社会的利益，因此，法律职业群体又具有利益互涉的一面。换句话说，法律职业共同体的认同具有双重含义，一是共同体成员对职业特性即自我身份的认同；二是社会他者对法律职业共同体及其成员的认同。而这种认同，是对法律价值的认同，即对正义、公平、效益等的认同，通过这种认同，达成共同的利益。❶

第三节　其他涉法专业人员

随着社会的发展，特别是改革开放以来，法律职业的范围也随着社会的需求开始"扩容"，除了传统上的法官、检察官、律师和法学学者之外，法律服务、法律执行等涉及法律的专业逐渐发展起来。比如公证、仲裁、调解员、法律顾问及行政机关中从事行政处罚、行政裁决的公务员都属于广义法律职业的范围。这里还可以从我国法律职业资格考试所经历的三个不同阶段反映出法律职业范围的扩大。我国的法律职业资格考试经历了三个阶段，使用过三个名称。即1986—2001年的全国统一律师资格考试时期（简称"律考"）；2002—2017年的全国统一司法考试时期（简称"司考"）；2018年至今的全国统一法律职业资格考试时期（简称"法考"）。从法律职业资格准入的角度，可以说需要通过法律职业资格考试才能从事的工作都是广义的法律职业者，也就是除了法官、检察官和律师，公证员执业、初次担任法律类仲裁员，以及行政机关中初次从事行政处罚决定审核、行政复议、行政裁决、法律顾问的公务员都需要具备法律职业资格才能上岗。下面就介绍一些主要的涉法专业的法律职业。

一、公证员

公证员是指符合法定条件，在公证机构从事公证业务的执业者，公证员的执业基础在于公证制度，公证制度起源于罗马、发展于中世纪、定型于近代法国。我国清末引入公证制度，起到了预防纠纷、化解矛盾的预防性司法保障作用。

新中国成立后到1958年，国务院决定在大中城市设立公证机构，主要任务是证明国家机关、国营企业与私营企业之间签订的加工、订货等经济合同及部分涉外公证事项。1958—1978年，公证机构在全国被取消，公证职能由中级人民法院接管。1978年

---

❶ 张文显，卢学英. 法律职业共同体引论［J］. 法制与社会发展，2002（06）：13-23.

以后，各地开始重建公证机构，其管理隶属于司法部。1982年，国务院发布第一部公证法规《中华人民共和国公证暂行条例》，公证制度随之逐渐发展完备。2005年8月，全国人民代表大会（以下简称全国人大）通过《中华人民共和国公证法》（以下简称《公证法》），此后《公证法》经过2015年和2017年两次修正，确立了公证制度在我国正式的法律地位，也在性质上改变了我国公证机构的性质，从行使国家证明效力转变为"依法设立，不以营利为目的，依法独立行使公证职能、承担民事责任的证明机构"。截至2020年，根据中国公证协会官网的统计，全国公证机构数量为2965家，公证员13218人，全国范围内每个基层区、县均设立公证机构，为辖区公众提供公证服务。

2000年司法部发布《关于深化公证工作改革的方案》，方案提出在一定时间内将公证机构的体制由行政体制全面转化为事业体制，由司法行政管理部门根据自身情况进行计划性安排。至2017年，我国公证机构体制全面转为事业单位体制。❶ 2005年《公证法》规定公证员的从业资格增加了通过司法考试的条件，随着我国上述改革措施的出台，公证员也进入了法律职业的行列。并且，随着社会经济的发展，公证证明在解决法律行为、事实、文书的真实性、合法性中的作用日益显著，公证证明涉及的内容可能发生在过去、现在和将来，对社会预防纠纷、减少诉讼、促进稳定、发展经济起到了重要作用。相应地，人们对于公证员的素质和职业道德也提出了更高的要求。特别是公证员职业道德方面的建设，对于公证事业的发展具有重大意义，因为这是公证员提高法律证明服务、赢得社会信赖的根本保障。关于公证员的职业伦理，本书将在后面专章介绍。

二、仲裁员

仲裁员依托于仲裁制度。仲裁又称公断，最早可以追溯到古希腊、古罗马，早在公元前621年，古希腊的德拉古就将仲裁制度的内容写成了明文，用以裁决城邦之间的纠纷。❷ 到了近代，欧洲、英国、荷兰等一些国家在一些行会商会买卖纠纷发生后，为了能够快捷简便地解决争议，会各自推荐或者共同选择一位德高望重者，站在第三人的角度居中裁决双方的争议，被选定的仲裁人一般具有丰富的商业经验，并且能够做到不偏不倚，公正裁处。这种解决纠纷的方式经过长期发展和不断完善，逐渐演变为国际上普遍应用的贸易纠纷解决方式，沉淀下来的惯例被逐渐以法律的形式确定下来。

我国在1995年《中华人民共和国仲裁法》（以下简称《仲裁法》）颁布之前，一直沿用苏联的行政仲裁制度，没有形成现代意义上的经济仲裁制度。当时的仲裁制度

---

❶ 中华人民共和国司法部. 公证机构体制全面转变为事业单位体制，http://www.moj.gov.cn/2012/0203/6459.html.

❷ 江伟. 仲裁法 [M]. 北京：中国人民大学出版社，2009：23.

属于行政机关的下属部门，是行政机关的组成部分或者附属机构，行政机关决定仲裁机构的人事安排和财务收支。《仲裁法》出台后，引导我国仲裁制度向良性发展，并进行了根本变革。这其中最为重要的就是回归仲裁的本质，把隶属于行政机关的仲裁组织转变为民间性的仲裁服务组织，回归到仲裁应有的社会自治的本来地位。此后，我国仲裁法分别于2009年、2017年进行了修订，2021年，司法部发布《中华人民共和国仲裁法（修订）（征求意见稿）》（以下简称《征求意见稿》），向社会公开征求意见，截止时间为2021年8月29日。《征求意见稿》扩大了仲裁协议的书面形式，尊重当事人的意思自治，保护当事人的权利，完善了仲裁制度，提高了仲裁的公信力、透明度。

根据现行的2017年修正的《仲裁法》规定，担任仲裁员应当符合下列条件之一：（1）通过国家统一法律职业资格考试取得法律职业资格，从事仲裁工作满八年的；（2）从事律师工作满八年的；（3）曾任法官满八年的；（4）从事法律研究、教学工作并具有高级职称的；（5）具有法律知识、从事经济贸易等专业工作并具有高级职称或者具有同等专业水平的。

具体到仲裁员的选定，主要有两种方式：一是当事人选定；二是仲裁机构指定。不管哪种方式，都建立在当事人的意思自治的基础上，体现了当事人对仲裁员的认可。因此，仲裁员的信誉是仲裁的生命力所在，也是仲裁得以生存、发展的必要条件。一个合格的、符合当事人预期的仲裁员应当具备两个基本条件：第一，拥有处理案件所需的学识和能力；第二，具有较高的道德水准与职业操守。并且实践证明，后者更为重要，对于仲裁员的行为规范与职业伦理有别于其他法律职业规范，通常由仲裁机构另行规定。本书将在后面的章节予以专章介绍。

三、涉法公务员

随着2018年国家明确统一法律职业资格准入标准，法律职业资格考试也将法律顾问及政府部门从事行政处罚决定审核、行政复议、行政裁决的人员纳入应当取得国家统一法律职业资格的范围。2018年司法部开始施行《公职律师管理办法》（以下简称《办法》），该《办法》将公职律师定义为"任职于党政机关或者人民团体，依法取得司法机关颁发的公职律师证书，在本单位从事法律事务的工作的公职人员"。[1] 由此，学界对于政府法律顾问、涉法公务员与公务律师进行了合理的关联。主要有三种看法，一是认为公职律师就是法律职业资格准入标准里所称的涉法公务员，是在行政机关内部占有行政编制、具有律师执业资格、专门从事政府内部法律服务工作的国家公务员；二是认为公职律师是具有律师资格的政府和企业的法律顾问；三是认为公职律师就是政府律师，具有法律职业资格，专门从事政府内部法律工作的国家公务员。尽管以上三种观点，都有一定道理，但是结合司法部相关的规定，涉法公务员未来被认定为公

---

[1] 中华人民共和国司法部. 公职律师管理办法, http://www.moj.gov.cn/policyManager/policy_index.html.

职律师的可能性更大。这是建设法治政府的客观需要，也是法律治理延伸到各级政府部门，对于政府执法挑战的回应。法治政府的一个重要标志就是存在大量业务精良的法律工作队伍，熟谙我国各项法律规章体系、能够应对复杂法律问题。从法律职业的发展看，涉法公务员在某种意义上可以视为公职律师，是传统法律职业与行政事务的结合。因此，从这个意义上，法律顾问也好、公职律师也好，首先应受到《中华人民共和国公务员法》（以下简称《公务员法》）的规范，同时也应当受到法律职业伦理的规范。

案例研习与阅读思考

儒法之争

【案例材料】

《论语》：子曰，导之以政，齐之以刑，民免而无耻。导之以德，齐之以礼，有耻且格。

韩非子："明其法禁，察其谋计。法明，则内无变乱之患；计得，则外无死虏之祸。故存国者，非仁义也。"（见《韩非子》八说第四十七）

【理论分析】

上面两段材料中，儒家的孔子主张，刑罚只能避免人们犯罪，并不能让他们生出犯罪可耻的心理。也就是说，一个人的荣辱观，光靠政令和刑罚是确立不起来的。而法家的韩非子则主张用法律治国，而不是所谓的贤人人治。"任法而治"要排除一切人为的因素，以免"人存政举，人亡政息"。正所谓"废常上贤则乱，舍法任智则危。故曰：上法而不上贤。"

中国历史上曾存在"儒法之争"，儒家主张"德治""人治"，法家主张"尚法""法治"。对于国家治理，儒家以人性善为基础，提出道德教化，不主张严刑峻法。而法家以人性"恶"为基础，提出"以法治国"，当然这种"以法治国"不同于我们今天的依法治国，法家只是把法律当作维护封建统治者的工具，以达到富国强兵的目标。抛开儒法之争背后复杂的背景，仅看材料中反映的法律和道德关系，至今也是法理论常讨论的问题。简单来说，法律与道德是两种不同的社会规范，法律应该包含最低限度的道德，没有道德基础的法律，是一种"恶法"；法律作为社会最一般的规范，对所有人都适用，而道德一般只能用来要求自己，不能要求他人。单一的法治模式和单一的德治模式均有缺陷，理想的状态是法律与道德之间功能互补，就是我们常说的"良法善治"。

【思考题】

1. 法律与道德之间的关系是法学、伦理学中一直存在的理论问题，请思考在法律职业中强调职业伦理的作用是否会削弱法治的力量？为什么？

2. 中国传统社会中礼教的传统积习很深，哪些传统有利于法治建设，哪些不利于法治建设？

CHAPTER 2 第二章
法律职业与职业伦理

本章知识要点

（1）法律职业与法律职业道德是什么关系？职业伦理与职业道德如何区分？（2）法律职业道德有哪些基本原则？这些基本原则的价值基础是什么？（3）现今法律职业道德的渊源有哪些？（4）如何学习法律职业伦理？

法律职业与伦理的关系问题，常常因法律界过多关注法律制度问题而被有意或无意地忽视。人们往往忘记了现代社会法律职业道德是法律职业的一个基本构成要素，直到实践中暴露出很多问题，比如司法官员的腐败、律师的不诚信，才促使人们重新思考法律职业的伦理问题。在建设法治国家、法治政府、法治社会的进程中，法律职业群体需要反思的是自身职业的高社会地位的一个重要保证就在于其职业道德。因为一个职业社会地位的高低，取决于其是否拥有以及在多大程度上拥有社会的公信与尊重，而这在很大程度上又取决于社会对该职业的道德评价。法律职业道德不仅使法律职业具有足够的职业道德内涵，而且还因为这种职业道德贯穿于服务社会的精神，而使它同时具有社会道德内涵。正是这种充足的道德内涵，才有效地支撑和巩固了法律职业的社会地位。

第一节 法律职业与道德

法律与道德的关系问题是法哲学一个永恒的主题，历史上法律脱胎于道德，随着国家的建立，一部分道德规范演变为以国家强制力保证实施的法律，成为社会控制的工具。不过，法律对于社会的控制不可能如同电脑程序一样自动运行，有赖于国家的法律机构和运作这些法律机构的法律人来实现。这样形成了一群以法律为职业的法律人群体，他们在法律实践中形成的职业意识、担负的社会责任、发挥的社会功能逐渐形成了这个职业群体特有的职业道德和伦理要求。下面我们就从法律职业伦理基本范畴的角度探究法律职业伦理。

一、道德与伦理的概念

一般而言,伦理(ethic)和道德(morality)是一对同义词。如果说两者有区别的话,那就是道德出自本能或直觉,而伦理被理解为经过系统化思考的一套规范。❶ 也有学者(比如黑格尔)认为伦理和道德的区别在于,伦理是社会的道德,道德是个人的道德。伦理更倾向于集体、团体、社会、客观,道德则更多与个体、个人、主观相联系。❷

汉语中"伦理"两字合用,最早见于《礼记》:"乐者,通伦理也。"许慎在《说文解字》中,对伦理的解释是"伦,从人,辈也,明道也;理,从玉也。"原意是指亲属之间、君臣之间的关系,后演变为处理人与人、人与社会之间关系的规范。西语伦理一词可追溯到古希腊语中的 ethicos 或 ethos,表示一种风俗、一种习惯,或者一种特性,后逐渐演变为"伦理的""德性的"。现代伦理指人与人、人与社会的各种关系。伦理学是哲学的一个分支,以道德为研究对象,被称为道德哲学。

在中国古代,道德是分开使用的,"道"的原意指道路,如《诗经·小雅·大东》中有"周道如砥,其直如矢",后引申为支配自然和人类社会的规律、法度或者规范等。"德"原指依正道而行、心中有德之意,如宋代学者朱熹在注释《论语》时,把德解释为"德者,得也。得其道于心,而不失之谓也。"西语中,道德起源于拉丁语mores 或 mos,意思是指风俗或者习惯,后引申为"得体的、规则、规范"。古希腊哲学家苏格拉底认为,罪恶即对于道德的无知。法国的霍尔巴赫指出,做善事、为他人幸福尽力、扶助他人,就是道德。到了现代,对于道德的一般理解是指,道德是一种判断是非的行为规范或者规则,是人类社会特有的普遍的主流意识。

从以上可以看出,道德与伦理在内涵本质上并没有实质的差别。本书在具体使用上也不做特别的区分,具体指行业、职业时,用"道德",比如律师职业道德,论述基本理论时,用"伦理",比如法律职业伦理。区别也只是语境上的。

在哲学上,伦理学是研究"如何去生活",属于实践哲学的研究范畴。在此意义上,道德就是伦理学研究的对象。而道德是关于"善"的,而对于"善"的界定,在伦理学上主要分为功利主义和道义论两大派,前者以密尔为代表,后者以康德为代表。在功利主义看来,一个行为之所以被评价为"善",原因在于它给人们带来了更多的幸福,或者说它为最多的人减轻了痛苦,也就是常说的最大化的幸福或者最小化的痛苦。道义论则认为"善"来源于一般的和普遍的原则的道德义务。评价行为善恶的标准在于行为的内在特性,比如盗窃和谋杀之所以是恶的,不在于犯罪者怀有错的目的,而是因为这些行为本质上就是恶的,它们违反了普遍的德性义务也就是道德律。

---

❶ 克尔. 法律职业伦理——原理、案例与教学[M]. 许身健,译. 北京:北京大学出版社,2021:9.
❷ 李本森. 法律职业伦理[M]. 3版. 北京:北京大学出版社,2020:3-4.

二、职业伦理

职业伦理,也称职业道德、职业义务,其产生和形成历史悠久。在古代,人们对一些社会公职人员就有比较严格的伦理要求,比如掌管患者生命的医生,就被要求遵守希波克拉底誓言。中世纪,行会成为职业伦理的管理者,一个人如果要从事某项工作,必须加入行会成为行会成员,如果违反行会内的约束性规定,就会受到相应的惩罚,直至被免除会员资格,以致不能在该特定行业谋生。在近代,越来越多的职业被纳入公职的范围,包括法律职业。19世纪出现了将职业伦理规范化、守则化的趋势,其中一些成为正式的法律渊源,具有法律强制力。20世纪初,美国是首个将职业伦理规范纳入法律的一部分的国家,典型的例证是《律师执业法》开启了用法律管理规范法律职业的先例。此后一些大陆法系的国家也开始将部分法律职业伦理规范上升为法律。❶

法国著名社会学家涂尔干指出:"职业道德的每个分支都是职业群体的产物,那么它们必然带有群体的性质。一般而言,所有事物都是平等的,群体的结构越牢固,适用于群体的道德规范就越多,群体统摄其成员的权威就越大。群体越紧密地凝聚在一起,个体之间的联系就越紧密、越频繁,这些联系越紧密、越频繁,观念和情感交流就越多,舆论也就越容易扩散并覆盖更多的事物。显然这就是大量事物都能各就其位的缘故……所以我们可以说,职业道德越发达,它们的作用越先进,职业群体自身的组织就越稳定、越合理。"❷

恩格斯指出:"实际上,每一个阶级,甚至每一个行业,都有各自的道德。"❸ 按照《中国大百科全书》的定义,职业道德是"在职业范围内形成的比较稳定的道德观念、行为规范和习俗的总和。它是调节职业集团内部人员之间关系以及职业集团与社会关系各方面的行为准则,是评价职业集团内部人员之间关系以及职业集团与社会关系各方面的准则,是评价从业人员职业行为善恶、荣辱的标准,对该行业从业人员有特殊的约束力。"从这个定义不难看出,职业道德包括职业道德意识、职业道德行为和职业道德规则三个层次。职业道德意识是指人们对于职业道德的基本要求的认识,包括职业道德心理和职业道德思想,具有相对的稳定性。职业道德行为是职业道德意识在职业个体行为的外在体现。当然这种体现既可以表现为正面的道德行为,也可以表现为违反职业道德的行为。职业道德规则是约定俗成或者通过一定的规范性形式表现的职业行为准则或者标准,一般由职业道德原则、职业道德规范和职业纪律组成。从历史上看,职业道德规则是在职业道德意识和职业道德行为的基础上发展而来的,是职业

---

❶ 玛格丽特·克尔. 法律职业伦理——原理、案例与教学 [M]. 许身健,译. 北京:北京大学出版社,2021:9.
❷ 爱弥尔·涂尔干. 职业伦理与公民道德 [M]. 渠东,付德根,译. 上海:上海人民出版社,2001:9-10.
❸ 马克思,恩格斯. 马克思恩格斯全集(第四卷)[M]. 中共中央马克思恩格斯列宁斯大林著作编译局,编译. 北京:人民出版社,1965:236.

伦理的规范化形式。本质上，职业伦理的效力在于受职业伦理保护的价值相对于相关专业人士的约束程度高于不从事此类职业的人员。也就是说，职业伦理的价值级别高于公共伦理的价值。这是职业伦理与普通的社会公共伦理的一个重要区别。

在职业活动中，职业伦理的内容表现为如何处理职业活动与社会需要的关系，如何处理职业内部的关系，如何处理职业活动过程中发生的各种利益关系等。一般而言，职业伦理是社会一般伦理或阶级道德在职业活动中的特殊要求，带有具体职业或行业的特征，具体表现为以下几方面的特征：一是主体的稳定性，职业道德仅适用于特定的职业或行业人员；二是内容上的稳定性，职业在人类社会漫长的发展过程中形成了世代相沿的职业传统、职业心理、职业习惯和职业规则，这些大多体现于职业道德的内容中，在时间上相对连续，内容上具有一定的稳定性；三是职业道德与职业惩戒相辅相成，就特定的职业或行业而言，违反职业道德的人往往会受到职业组织如行会或协会的制裁，严重者甚至会被开除所在行业。

三、法律职业伦理

法律职业伦理，顾名思义就是法律职业主体在法律职业活动过程中以及日常生活中所遵循的基本原则和行为规范。不过在法学研究和法律实务中，法律职业伦理有很多不同的称谓，又称司法职业道德、司法道德、司法伦理、法律道德、法律伦理、法律职业行为规则、法律职业责任、法律职业道德等，显得杂乱无章。这些混乱的称谓，对于教学研究而言，容易产生内容上的交叉和逻辑上的不一致，不利于法律职业伦理的学习和把握，因此有必要从概念上对以上称谓进行辨析，厘清其中的确切含义。

（一）法律职业伦理与司法职业道德之辨析

有些学者和教材将司法职业道德等同于法律职业伦理，但是从概念的内涵上，二者还是有一定的区别。从司法概念的本义看，"司"在现代汉语中具有掌管、主管的含义，因此从概念上看，司法的内涵是掌握适用法律和执行法律的权力。通常意义上的司法是国家权力机关适用法律的活动，因而司法机关具有国家权力机关的属性，比如法院、检察院等部门，不包括律师事务所、仲裁机构和公证机构。同样，从人员主体上，司法人员主要是法官、检察官，不包括律师、仲裁员和公证员等。很明显，司法机关外延小于法律职业，无法涵盖法律职业中的非司法机构和人员。因此，司法职业道德或者司法职业伦理内含于法律职业伦理，二者在内涵和外延的范围上存在明显的不同。同理，司法道德、司法伦理也存在同样的问题。因此不能用司法职业伦理或者司法职业道德替代法律职业伦理。

（二）法律职业伦理与法律伦理、法律道德的区别

从概念的外延上看，法律伦理和法律道德指称范围显然广于法律职业伦理。有学者认为："广义的法律伦理不仅包括法律职业者从业的道德规范，也包括法律制度本身

的内在伦理,而狭义的法律职业伦理仅指后者。"❶ 由此可见,法律伦理包含整个法律现象中的道德问题,既包括法律中的道德问题,比如刑法、民法等法律中的道德问题,也包括司法实践中的道德问题,比如立法、执法、守法等活动中的道德现象,其范围相当广泛。法律职业伦理则主要指法律职业人员职务活动或者职业活动中的道德准则、道德标准和行为规范。法律伦理的外延范围要大于法律职业伦理,二者显然不是同一个概念。造成两者混用的一个原因大概率是翻译,英语中的"legal ethics"直译就是法律伦理,但是英美国家相关教科书的内容却是法律职业伦理,并不涉及法律本身道德伦理的问题。受到翻译的影响,我国早期的法学学者用法律道德或法律伦理指称法律职业伦理,在当时并无不妥,但是随着时代的发展、法学研究的深入,法律伦理或法律道德研究内容远远超出了法律职业伦理的范围,因此,就不能再沿用旧称谓了,有必要区分法律伦理和法律职业伦理,这种区分也是学术进步的体现。

(三)法律职业伦理与法律职业道德的区分

从字面上看,法律职业伦理与法律职业道德的区别主要表现为"伦理"与"道德"的区别。前文已述,西语中伦理和道德可以互换,只有细微的区别,道德一般是对个人的行为,而伦理是群体或者社会团体的道德。但是在中文语境中,伦理和道德的词源含义有较大不同,中文语境下,伦理是整体,基本含义包括:第一,人际行为事实如何的规律,第二人际行为应该如何规范;道德是部分,其含义只有一个,即人际行为应该如何规范。由此可见,法律职业伦理与法律职业道德并不存在本质的区别,只不过法律职业伦理偏重推演的理论性,法律职业道德偏重实践的操作性。在教学和研究上,法律职业伦理的名称更恰当、合适,因为其中可以包含法律职业伦理形成的规律以及程序上保障的内容。而这些内容并不是可以用职业道德完全涵盖的。当然在法律实务和司法实践领域,从日常习惯的角度,"法律职业道德"一词更合适,更符合日常用语习惯。因此,法律职业伦理与法律职业道德主要是语境和外延范围的区别。

(四)法律职业伦理与法律职业责任的区别

这两者之间的联系主要源于翻译的问题,国外有些文献,比如美国常将法律职业伦理(legal ethics)称为法律职业责任(legal profession responsibility)❷,将法律职业伦理规范看作法律职业责任或者管理律师的法律(the law governing lawyers)是现代伦理学的一个重要发展,也就是责任伦理的发展。责任伦理从伦理主体本身应当承担的伦理上的责任的角度来实现伦理价值,实际上试图解决伦理实现缺乏有效制约的难题,而强调通过给予伦理主体切实的责任来实现伦理的实施的功能。其背后的逻辑是,试

---

❶ 齐延平. 论现代法学教育中的法律伦理教育[J]. 现代法学,2002 (5).

❷ Robert H. Aronson, et al. Problemes, Cases and Materials in Professional Responsibility [M]. St. Paul: West Publishing Company, 1985.

图解决伦理实现缺乏有效制约的难题，即通过强调伦理主体切实的责任来实现伦理实施的功能。这就很大程度上避免了一般职业伦理学仅仅强调伦理的高尚性以及实体性，而不考虑伦理的责任性和程序性的问题，那就会造成伦理实现的困难。从职业伦理实践和操作的角度看，责任伦理的介入是十分有道理的。但是从教学和理论研究的视角，法律职业责任的概念显然过于局限于实践性和操作性，不包括法律职业伦理精神和规律层面的内容。这对于认识从行为到责任是不够的。因此，法律职业伦理用于教学和研究，比法律职业责任更为恰当。

（五）法律职业伦理与法律职业行为规则的区别

实践中，二者的区别还是比较明显的，法律职业行为规则属于法律职业伦理的外部表现形式。但是法律职业行为规则却不可以替代法律职业伦理。原因是两者存在本质的不同。法律职业伦理在学科上构成了一个完整的体系，法律职业行为规则仅仅是行为的规范。对法律职业行为规则的学习和研究并不能取代对法律职业伦理的学习和研究，因为我们不能满足对于外部形式的关注，而忽略对于其内在精神和理论的探究。这就如同我们学习法律，不能仅仅满足于了解法条，还要进一步学习这些法律背后的价值、原则和理论体系一样。

当然，对于具体的法律职业行为规则而言，对于法律职业从业者的要求也有所不同。这与法律职业的构成及法律制度的规定都有很大的关系。现实中的法律职业共同体由不同的职业群体构成，比如法官群体、检察官群体、律师群体、公证员群体等。这些群体虽然都与法律相关，但是无法像医生职业群体那样可以清晰地统一为一个职业群体，因而在具体的职业伦理要求上也具有很大的差别。比如法官、检察官、律师，各自的职业行为规则和职业伦理要求都有极大的区别，这与他们各自的职业担负的社会责任相一致。尽管如此，如前所述，法律职业不同群体的构成，并不妨碍法律职业本身作为职业共同体的存在。社会需要所有以法律为职业的人员担负起建设法治国家的使命，并要求这些法律职业者具有较高的道德水准。因为法律职业者是法律的具体实施者、执行者、裁判者、参与者，其伦理道德要求高于一般社会公共伦理是由法律职业的特殊性以及担负的社会责任决定的。我国先贤孔子就曾担任过鲁国的最高司法长官，他十分重视为政以德，他说"政者，正也。子帅以正，孰敢不正？""其身正，不令而行；其身不正，虽令不从。"[1] 习近平总书记也不止一次地强调"打铁还需自身硬"。[2]

（六）法律职业伦理的价值目标与实现

法律职业的伦理价值，反映的是关于法律职业主体的伦理行为应该如何的原则，

---

[1] 孔子. 论语 [M]. 北京：中华书局，2016.
[2] 共产党员网. 学习习总书记重要讲话录，https://www.12371.cn/special/xxzd/jh/.

体现的是法律职业伦理的效用。目前,学界对于法律职业伦理的基本价值有多种主张。大体上有四种:一是认为法律职业伦理的价值为安全、平等、自由、效益等[1];二是将法律职业伦理价值分为两大层面:即内在的自由与正义和外在的秩序和利益[2];三是将法律职业伦理凝练为"以人为本、安定有序、公平正义"等[3];四是法律职业价值决定了法律职业伦理价值的走向,比如法官的职业价值是保障法律的公正,法官的伦理正当与否都指向这一终极价值,其他法律职业也是如此[4]。不难看出,以上这些主张都承认"正义"是法律职业伦理的应然内在价值,由此维护和实现正义是法律职业伦理的核心价值目标,也是其始终不渝追求的结果。

民国时期的法学家杨兆龙先生指出:"法律职业伦理的重要,大概人所共知。因为一个人的人格或道德若是不好,那么他的学问或技术愈高,愈会损害社会,作奸犯科。"[5] 这不仅指出了法律职业伦理价值的重要,也同时提出了一个问题:如何实现法律职业伦理的价值?我们知道,法律职业伦理的存在本身就是为了实现法律职业的目标和使命,所有的法律职业伦理准则、规范其实都可以归结为此。比如法官审理案件是为了实现法律上的公正,检察官提起公诉是为了保护受害人追责施害者,律师代理案件是为了实现委托人法定权利的最大化。换言之,法律职业主体的行为都指向职业目标的实现,这样,对于法律职业伦理价值实现的问题就可以法律职业行为是否有悖于法律职业目标和使命作为判断的标准。总体上,法律职业的目标是实现正义,如果法律职业行为有助于此目标的实现,就同时实现了法律职业伦理的价值,相应的法律职业行为就具有正当性,反之,则不具有正当性,违反了职业伦理的价值。

第二节 法律职业伦理的基本原则

法律与道德同为行为规范,有学者就借用法律中原则与规则的区分,将法律职业伦理分为法律职业伦理原则和法律职业规则两个层次。应该说,这样的划分还是具有合理性的。[6] 法律职业伦理的原则构成法律职业伦理的核心价值,法律职业规则是具体规范法律职业人员的行为标准,并且不同的法律职业群体中具体的法律职业伦理规则或者准则也不尽相同,但是法律职业共同体所应该共同遵循的核心价值原则起到了维系共同体价值认同的作用。应该看到,在遵循法律职业共同规律的前提下,不同的社会制度下,法律职业的核心价值也有所不同,我国是社会主义国家,我国的法律职业

---

[1] 章戎. 社会主义市场经济下法律价值观的重审[J]. 法学, 1994(11).
[2] 刘同君. 守法伦理的理论逻辑[M]. 济南:山东人民出版社, 2005:131.
[3] 应斌, 彭越. 构建社会主义法律核心价值观思考[J]. 人民论坛, 2015(36):115-117.
[4] 李本森. 法律职业伦理[M]. 3版. 北京:北京大学出版社, 2020:16.
[5] 杨兆龙. 中国法学教育之弱点及其补救之方略[M]. 北京:中国政法大学出版社, 2004:151.
[6] 李本森. 法律职业伦理[M]. 3版. 北京:北京大学出版社, 2020:19.

伦理原则相应地也必然体现社会主义国家的性质。综合来看，我国的法律职业伦理的原则或者说核心价值原则主要包括以下六个方面。

一、忠实于宪法和法律

在现代奉行法治的国家，法律的适用也就是司法是解决社会纠纷实现社会公正最主要的方式，在法治的语境下，法律在具体案件的适用就意味着正义的实现。作为法律的运作和操作者的法官、检察官、律师等法律职业人，其主要任务就是忠于宪法和法律，保障法律能够公正、无偏私地适用，因此，忠诚于法律是法律职业人员首要的职业道德要求。我国2019年修订的《法官法》第3条规定："法官必须忠实执行宪法和法律，维护社会公平正义，全心全意为人民服务。"2019年修订的《检察官法》第3条规定："检察官必须忠实执行宪法和法律，维护社会公平正义，全心全意为人民服务。"最高人民检察院发布的《检察官职业道德规范》中，"忠诚"规范就包括，忠于党、忠于国家、忠于人民、忠于事实和法律，忠于人民检察事业。《律师法》第3条规定："律师执业必须遵守宪法和法律，恪守律师职业道德和执业纪律。"《律师职业道德和执业纪律规范》（1996年通过）第4条规定："律师应当坚持为社会主义经济建设和改革开放服务，为社会主义民主和法制建设服务，为巩固人民民主专政和国家长治久安服务，为维护当事人的合法权益服务。"从以上规定可以进一步看出，忠实于宪法和法律是法律职业者的首要原则，也是法律职业者使命所在，同时也是法定的行为准则。

二、严格依据法律和事实

法治不仅要求完备的法律体系、完善的执法机制、普遍的法律遵守，更要求公平正义得到维护和实现。"理国要道，在于公平正直"。❶ 而要实现这一点，法官、检察官和律师在具体的案件中，就必须落实以法律为准绳、以事实为依据这一原则。以法律为准绳就是严格依法办事。以事实为依据，就是指法律工作要做到一切从案件相关的事实出发，以查证属实的证据和凭借这些证据认定的案件事实为基础，而不能以主观想象、推测和空口无凭的说辞为根据，必须认真查清事实真相，在充分掌握客观事实的基础上依法律作出判断和决定。以事实为依据、以法律为准绳，是法律职业人员贯彻社会主义法治原则和正确适用法律的基本要求，也是我国三大诉讼法（刑事诉讼法、民事诉讼法、行政诉讼法）明文规定的法定基本原则。这一原则同时也进入法律职业主体相关法律，成为强制性的规定。比如，2019年修订的《法官法》第6条规定："法官审判案件，应当以事实为根据，以法律为准绳，秉持客观公正的立场。"2019年修订的《检察官法》第5条规定："检察官履行职责，应当以事实为根据，以法律为准绳，秉持客观公正的立场。检察官办理刑事案件，应当严格坚持罪刑法定原则，尊重

---

❶ 央广网. 习近平总书记在中央政法工作会议上的重要讲话，https://baijiahao.baidu.com/s? id =1622864974135833899&wfr=spider&for=pc.

和保障人权,既要追诉犯罪,也要保障无罪的人不受刑事追究。"《律师法》第 3 条第 2 款规定:"律师执业必须以事实为根据,以法律为准绳"。《公证员职业道德基本准则》第 1 条规定:"公证员应当忠于宪法和法律,坚持以事实为根据,以法律为准绳,按照真实合法的原则和法定的程序办理公证事务。"可见,严格依法,以事实为根据不仅是法律职业伦理的基本原则,也是法律职业人员职业道德的基本要求。

三、严明纪律,保守秘密

由于法律职业的特殊性,在司法及法律服务过程中,会接触到案件涉及的国家秘密信息、审判秘密、侦查秘密、商业秘密、个人信息等不能公开的信息。因此,这在客观上要求法律职业人员做到严明纪律并保守秘密,这成为法律职业人员必须遵守的行为规范。法律职业纪律是维持法律职业活动正常秩序和职业公信的重要措施。没有纪律保障,法律职业人员的职业活动就会失范,这既会影响法律职业的有效性,也会失信于当事人、委托人,给法律职业人员形象带来很大的负面影响。这一原则目前已列入法律职业许多纪律规范性文件中,如最高人民法院的《人民法院审判纪律处分办法(试行)》《关于审判人员严格执行回避制度的若干规定》,最高人民检察院的《关于完善人民检察院侦查工作内部制约机制的若干规定》《关于检察人员严格执行回避制度的若干规定》,司法部的《律师违法行为处罚办法》等,均明确了职业纪律方面的规定,需要相关法律职业人员认真遵守,这些职业纪律是法律职业人员完成审判、侦查、法律监督、起诉、代理等工作的基本保障。不严格遵守法律职业纪律,便没有合理公正的法律职业行为,更不会有公正的行为结果。

保守秘密在法律职业中非常重要,因而是法律职业纪律的重要内容。由于法律职业活动中法律职业人员会接触到各种秘密,保守秘密成为法律职业活动的必然要求,并且成为强制性职业规范。比如,《法官法》第 46 条第 3 款规定,法官不得"泄露国家秘密、审判工作秘密、商业秘密或者个人隐私";《检察官法》第 10 条第 5 款规定,检察官应当"保守国家秘密和检察工作秘密,对履行职责中知悉的商业秘密和个人隐私予以保密";《律师法》第 38 条规定,律师应当保守在执业活动中知悉的国家秘密和商业秘密,不得泄露当事人的隐私……如果法律职业人员在职业活动中不当泄密,不仅会给国家、社会团体和当事人利益造成不同程度的损害,同时也会严重损害法律职业的严肃公正的形象。因此保守职业秘密是法律职业人员职业道德的一项重要内容。

四、互相尊重,相互配合

法律职业从整体上,是一个职业共同体,有着共同的职业目标。但是从法律职业内部分工而言,法官、检察官和律师担负的职责并不相同,甚至还存在一定程度的对抗。在刑事诉讼领域,法官是判决的作出者,检察官作为公诉人的职责是惩罚犯罪,律师为当事人辩护是为了维护人权,不可否认三者存在一定的对抗。但是这种对抗最终的目的都是一样的,就是为了实现法律上的正义,既惩罚犯罪又要保护人权,维护国家和人民的利益。不难看出，不同的法律职业群体在职业人格和依法履行各自职责上地位是平等的。因此，应当彼此尊重，相互配合，不能盛气凌人，横加指责、无理取闹，维护法律职业共同的声望。

彼此尊重、相互配合，并不是无原则地迁就，而是要求法律职业人员依法履职，同时注意谦恭有礼，遵守有关的司法礼仪。最高人民法院2010年修订出台的《法官职业道德基本准则》第22条规定："尊重当事人和其他诉讼参与人的人格尊严，避免盛气凌人、'冷硬横推'等不良作风；尊重律师，依法保障律师参与诉讼活动的权利。"《法官职业道德基本准则》第24条规定："坚持文明司法，遵守司法礼仪，在履行职责过程中行为规范、着装得体、语言文明、态度平和，保持良好的职业修养和司法作风。"对于律师，《律师职业道德和执业纪律规范》第18条规定："律师应当遵守法庭和仲裁庭纪律，尊重法官、仲裁员，按时提交法律文件、按时出庭。"第42条规定："律师应当尊重同行，相互学习，相互帮助，共同提高执业水平，不应诋毁、损害其他律师的威信和声誉。"

五、勤勉尽责，恪尽职守

法律职业活动致力于社会纠纷的公正解决，牵涉社会公共的福祉，这就要求法律职业人员要以积极的态度对待自己的职业，做到恪尽职守、勤勉尽责，具体而言就是法律职业人员在自己的职业活动中严格履行自己的职责，工作积极、认真负责。工作积极就是要求法律职业人员能够勇挑重担，埋头苦干，兢兢业业，一丝不苟，为社会的公益、国家的法治建设多做贡献，为做好法律工作肯花时间，能够吃苦耐劳，必要时为了工作能够牺牲个人利益。认真负责最主要的就是对分内的职责负责。为此，法律人既要认清自己的职责，还要在履行职责中以积极的态度想方设法按照职责要求做好每一项工作。恪尽职守、勤勉尽责能够让法律职业人员以负责的态度和积极的行为完成自己的工作任务。相反，若法律职业人员对待工作的态度是消极的、行为是散漫的，那么分内工作任务就不太可能圆满完成。在法律实务和司法实践中，人民群众对部分法律职业人员的不满，主要来源之一就是法律职业人员在具体的工作中不够负责，比如办案拖拉、态度生硬冷漠、敷衍塞责等。

为了督促法律职业人员恪尽职守、勤勉尽责，我国现行的许多法律规范都对此进行了强制性规定。比如，2010年修订的《法官职业道德基本准则》第3章规定了"保证司法公正提高司法效率"的问题，其中第11条规定："严格遵守法定办案时限，提高审判执行效率，及时化解纠纷，注重节约司法资源，杜绝玩忽职守、拖延办案等行为。"《检察官法》第47条第6款规定："检察官有拖延办案、贻误工作的，应当给予处分；构成犯罪的，依法追究刑事责任。"根据2016年发布的《检察官职业道德基本准则》第2条，检察官应当"坚持为民宗旨，保障人民权益。"《律师法》和《律师职业道德和执业纪律规范》都规定了律师应当尽职尽责向当事人提供服务。《律师职业道德和执业纪律规范》第8条规定："律师必须热情勤勉、诚实信用、尽职尽责地为当事人提供法律帮助，积极履行为有经济困难的当事人提供法律援助的义务，努力满足当事人的正当要求，维护当事人的合法权益。"

六、清正廉洁，守法守纪

法律职业享有较高的社会地位和职业特权，比如审判权、公诉权和辩护权。所以，古今中外对于法律职业清廉的要求概莫能外。可以说，法律职业者没有清廉，就没有公正。清正廉洁、遵纪守法原则就是要求法律职业人员在工作中不利用职务上的方便为自己谋取非法利益，不在从事职业的过程中作出违反法律以及职业纪律和规定的行为，保持一身正气、清正廉洁的优良工作作风。要在工作中做到一心为公，不畏权势，不为金钱、名誉、地位和其他物质利益所动摇，秉公适用法律，时刻注意维护好法律职业者的良好形象。如果法官、检察官和律师缺乏无私奉献、清正廉洁的精神，就有可能利用法律为自己谋取非法利益，徇私枉法，造成损害他人和国家利益的恶果，最终会丧失司法的公信力及法律职业的公信力。因此，清正廉洁、秉公执法、遵纪守法才能取信于民，维护法律职业者的职业形象。

清正廉洁、遵纪守法不仅是法律职业的职业道德原则，也体现在许多具体的法律职业行为规范和规定中，成为法律职业人员必须遵守的行为准则。比如《法官法》第5条规定："法官应当勤勉尽责，清正廉明，恪守职业道德。"《检察官法》第4条规定："检察官应当勤勉尽责，清正廉明，恪守职业道德。"《律师法》第3条、第40条也规定了律师要遵纪守法，不得私自接受、收取费用等禁止性条款。《法官职业道德基本准则》更是专章对"保持清正廉洁"作出了具体的规定，明确法官不得直接或者间接地利用职权、地位谋取任何不正当利益。

第三节　法律职业伦理的渊源

如果说法律职业伦理的原则构成了法律职业伦理普遍性、规范性和正当性核心价值原则的话，那么法律职业伦理的渊源，也就是法律职业伦理的有效形式或者表现形式，则构成了法律职业伦理的操作规范或者行为标准。首先，从正当性基础上看，法律职业伦理规范来自元伦理与规范伦理的正当价值基础。其次，从法律职业伦理的具体表现形式看，不仅包括规范形式（比如法律、职业行为准则等），还包括非规范形式，比如职业习惯、传统礼仪等。

一、法律职业伦理的规范伦理基础

法律职业伦理是伦理学的下位概念。亚里士多德将伦理学定义为善或幸福、德性的科学。❶ 而伦理学可以细分为三个领域：元伦理学、道德哲学（实用或描述伦理学）、规范伦理学。

元伦理被称为一般伦理学，它不研究人类行为和行为的道德性质，而是关注伦理学的基本概念。如"善""恶""正义""非正义"。元伦理学可溯源至古希腊，亚里士多德的德性论和伊壁鸠鲁的幸福论构成了传统元伦理学的两大道德追求。西方元伦理学对于德性和幸福的争论，大致相当于中国传统伦理学的"义""利"之争。亚里士多德认为"人的德性就是一种使人善良，并获得优秀成果的品质。"因此有德性的人就是善良的人❷，而伊壁鸠鲁认为："快乐是幸福生活的开始和目的。因为我们认为幸福生活是我们天生的最高的善，我们的取舍一切都从快乐出发；我们的最终目的乃是得到快乐，而以感触为标准判断一切的善。"当然有学者认为伊壁鸠鲁的快乐主义其实是一种消极的快乐，正如他自己认为的，动态的快乐在于获得一种愿望的目的，静态的快乐在于一种平衡的状态，他认为追求第二种快乐更为审慎一些。而"审慎"是一种最大的善。❸ 到了近代，以亚里士多德德性伦理学为基础发展出了康德的道义论，而伊壁鸠鲁的幸福论发展为以密尔为代表人物的功利论。功利主义伦理学基本特征在于以功利（功效）的大小作为道德追求的最高目标和评判道德的标准，注重人的行为的实际效果，以及行为是否能够为个人和社会带来更大的功利（功效）。道义主义伦理学，就是以"道义"为伦理基础，其基本特征在于将道义作为道德追求的最高目标和是否合乎道德的判断标准，注重行为的内在动机，即行为是否出于对于道德责任的尊重，是否源于某种道德义务（责任）。❹ 现代的伦理学虽然更为复杂，流派众多，但多是道义论和功利论的结合或偏重。

道德哲学也被称为描述伦理学，它关注的问题不是"什么是善？什么是恶？"的问题，而是将研究重心放在"人们认为什么是善？什么是恶？"的问题，这就使得道德哲学更多运用心理学和社会学的方法描述研究。不少学者认为道德哲学或者描述伦理学是心理学和社会学的一个分支。❺

规范伦理学试图定义何者为善，何者为恶。这一研究领域的研究方法和正统地位在学术界饱受争议。一些理论家认为，规范伦理学有自己的研究方法，能够作出科学的判断，是一个有血有肉的学科；而另一些理论家则认为规范伦理学不是一个严肃的科学研究领域，只是一个学科边缘的区域，因为除科学家外，像道德家、传教士这样的各式道德权威之士都可以涉足。持这种观点的学者认为，这种道德判断的形式特征

---

❶ 唐代兴. 伦理存在与德：伦理学的研究对象与范围 [J]. 伦理学研究, 2021 (06): 14-21.
❷ 强以华. 西方伦理十二讲 [M]. 重庆：重庆出版社, 2008: 26-29.
❸ 强以华. 西方伦理十二讲 [M]. 重庆：重庆出版社, 2008: 42-43.
❹ 强以华. 西方伦理十二讲 [M]. 重庆：重庆出版社, 2008: 56.
❺ 玛格丽特·克尔. 法律职业伦理——原理、案例与教学 [M]. 许身健, 译. 北京：北京大学出版社, 2021: 10-11.

注定了它不可能作出科学的判断。❶

本书对于伦理学的介绍止步于此。就法律职业伦理学而言，可以简单地认为，其理论预设了"善"作为前提存在，对于一个人或者群体行为是否符合"善"或者道德评价的标准，主要看行为实施者行为的内在特性或者目的。前者是道义论的标准，后者是目的论（功利论）的标准。目的论认为，道德评价中行为实施者的目的、动机以及行为本身是"善"的，那么就是符合道德的；而道义论认为，道德评价的唯一基础既不取决于行为的目的，也不取决于行为导致的结果，而取决于是否履行客观存在的、来源于普遍的和一般原则的道德义务。盗窃和谋杀之所以在道德上是错的，不是因为犯罪者怀有错的目的，而是因为盗窃和谋杀在本质上就是恶的。❷ 构成目前法律职业伦理来源的主要是道义论，当然也有目的论，而法律职业伦理的具体行为准则也以此为基础构建。

二、法律职业伦理的渊源

虽然法律职业伦理的表现形式包括礼仪、习惯等非规范形式，但是不可否认，主要起强制作用的是规范形式。下面就介绍法律职业伦理的主要规范形式，也就是法律职业伦理的规范渊源。

1. 法律

法律职业伦理显然不能仅依靠道德自觉进行维护。如前所述，由于法律职业对于社会秩序维护和公正实现的重要性，法律职业伦理规范的核心内容必然上升为法律，以保障其实施，借以确保法律职业人员的行为合乎职业伦理的强制性规定。我国对于法律职业主体以及涉及职业行为的程序法都有明确的法律规定。比如《法官法》第3条规定："法官必须忠实执行宪法和法律，维护社会公平正义，全心全意为人民服务。"法官在审判活动中应当遵守的伦理规范也被纳入法官的法律义务规范中，比如《法官法》第2章第10条规定："法官应当履行下列义务：……（二）秉公办案，不得徇私枉法；（三）依法保障当事人和其他诉讼参与人的诉讼权利；（四）维护国家利益、社会公共利益，维护个人和组织的合法权益；……"《检察官法》第3条规定："检察官必须忠实执行宪法和法律，维护社会公平正义，全心全意为人民服务。"第10条规定："检察官应当履行下列义务：……秉公办案，不得徇私枉法；……维护国家利益、社会公共利益，维护个人和组织的合法权益；……"等。2017年修订的《律师法》第3条规定："律师执业必须遵守宪法和法律，恪守律师职业道德和执业纪律。"第4章第29~32条规定了律师许多义务性规范，比如第29条规定："律师担任法律顾问的，应当按照约定为委托人就有关法律问题提供意见，草拟、审查法律文书，代理参加诉讼、

---

❶ 玛格丽特·克尔. 法律职业伦理——原理、案例与教学 [M]. 许身健, 译. 北京：北京大学出版社, 2021：10-11.

❷ 玛格丽特·克尔. 法律职业伦理——原理、案例与教学 [M]. 许身健, 译. 北京：北京大学出版社, 2021：10-11.

调解或者仲裁活动，办理委托的其他法律事务，维护委托人的合法权益。"第 32 条规定："律师接受委托后，无正当理由的，不得拒绝辩护或者代理。"等多项涉及律师与司法人员、委托人等关系的法律规范，这些规范都是律师职业道德的重要内容。对于维护司法程序性公正的三大诉讼法，《中华人民共和国民事诉讼法》（以下简称《民事诉讼法》）《中华人民共和国刑事诉讼法》（以下简称《刑事诉讼法》）《中华人民共和国行政诉讼法》（以下简称《行政诉讼法》）对于法官、检察官、律师都有职业道德方面的法律规定，比如关于法律职业人员执业过程中回避、保密的规定，以及保障诉讼参与人权利的规定等，都是法律职业伦理内容在法律中的具体体现。

2. 司法解释

最高人民法院和最高人民检察院颁布的司法解释有很多内容涉及法官、检察官和律师的职业道德。比如最高人民法院和最高人民检察院颁布的关于执行《刑事诉讼法》的司法解释中，有许多内容涉及法官、检察官和律师的职业道德问题，比如回避、辩护、审判中立等就包含大量法律职业道德的内容。"审判人员具有下列情形之一的，应当自行回避，当事人及其法定代理人有权申请其回避：（一）是本案的当事人或者是当事人的近亲属的；（二）本人或者其近亲属与本案有利害关系的；（三）担任过本案的证人、鉴定人、辩护人、诉讼代理人、翻译人员的；（四）与本案的辩护人、诉讼代理人有近亲属关系的；（五）与本案当事人有其他利害关系，可能影响公正审判的。"该司法解释中有关法律职业伦理的内容，将法律规定抽象、原则性的规定加以具体化、可操作化，大大促进了法律职业伦理规范在司法实践中的实施。

3. 行政法规

行政法规属于授权性中央立法，主要是国务院单独或联合发布的条例等。比如 2003 年国务院发布的《法律援助条例》有多处涉及法律职业道德的内容，比如第 29 条规定："律师办理法律援助案件违反职业道德和执业纪律的，按照律师法的规定予以处罚。"国务院、中央军事委员会 2014 年发布的《国务院、中央军委关于进一步加强军人军属法律援助工作的意见》也有多处涉及法律职业道德的内容。

4. 行业规范

最高人民法院、最高人民检察院、司法部陆续制定了主要法律职业的行业道德规范。最高人民法院 2001 年发布、2010 年修订后重新发布了《中华人民共和国法官职业道德基本准则》；2009 年最高人民检察院废止了 2002 年发布的《检察官职业道德规范》，发布了《中华人民共和国检察官职业道德基本准则（试行）》；2002 年司法部转发了中华全国律师协会修订的《律师职业道德和执业纪律规范》；同年司法部转发了中国公证协会制定的《公证员职业道德基本准则》。这些行业规范集中反映了法律职业的伦理规范，成为法律职业者以及有志成为法律职业者的学习者使用和学习的依据。

5. 公共道德规范

法律职业者除了职业身份之外，同时也是公民。作为公民，理应在遵守法律职业道德规范的同时，遵守社会的一般伦理道德规范，以及这些道德规范中的职业道德规范的内容。其中比较重要的有，中国共产党十四届六中全会通过的《中共中央关于加强社会主义精神文明建设的若干问题的决定》、2001年10月发布的《公民道德建设实施纲要》，其中关于职业道德的内容和要求，需要学习和遵守，同时也对法律职业伦理规范的制定具有指导意义。

第四节　法律职业伦理的教育教学

相当长的一段时间内，法律职业伦理的教育教学相较于法学的刑法、民法、诉讼法等专业课程的教育教学，处于边缘化的状态。一个突出的例证是在1999年之前，法律职业伦理并没有列入中国法科学生的必修或选修课程，直到1999年出台了《法律硕士专业学位培养方案》，才第一次将"法律职业伦理"作为一门推荐选修课。[1]

随着法治建设的深入，法律职业人员的职业道德问题也日渐受到社会的关注。特别是党的十八届四中全会发布的"关于全面推进依法治国若干问题的决定"公报中专门提到："必须大力提高法治工作队伍思想政治素质、业务工作能力、职业道德水准，着力建设一支忠于党、忠于国家、忠于人民、忠于法律的社会主义法治工作队伍。"[2] 2017年习近平总书记在中国政法大学考察时提出"立德树人德法兼修抓好法治人才培养。"[3] 进一步指出法学教育中"德"育的重要性。2018年教育部发布的《普通高等法学本科专业教学质量国家标准》中第一次将法律职业伦理课程列入法科学生必须完成的10门专业必修课，使其获得了比经济法、知识产权法、商法等院校可以根据自己特色开设的必修课程（X类课程）更为重要的地位。随之而来的问题是，如何定位法律职业伦理课程的教育教学目标、课程内容体系架构和教学研究方法，学界和法学教育界就此展开了深入的探讨。本书就近些年学界相关研究结合本书编者的教学实践介绍如下。

一、法律职业伦理课程教育的目标

许多开设法律职业伦理课程的法科院校在设立法律职业伦理或者法律职业道德教育的目标时，根据法律职业本身在社会中所担负的责任，想当然地将教育目标定位于"造就有道德的法律职业者"，不少法科院校也基于此展开相关教学内容教学，但是这样定位的实际效果值得反思，有学者指出，很多法科院校的法律职业伦理课程基本等同于对法官、检察官、律师及其他法律职业人员职业/执业规范的简单解读，教学过程几乎可以被学生自学完全取代，而这部分内容在学科意义上显得无足轻重，[4] 以至于实

---

[1] 袁钢，刘璇. 高校法律职业伦理课程的调研与分析 [J]. 中国法学教育研究，2012（01）：104-118.
[2] 新华网. 十八届四中全会公报，http://www.xinhuanet.com/politics/18szqh/.
[3] 新华网. 习近平在中国政法大学考察，http://www.xinhuanet.com/politics/2017-05/03/c_1120913310.htm.
[4] 陈景辉. 法律的"职业"伦理：一个补强的论证 [J]. 浙江社会科学，2021（01）：44-53.

际上仍然无法凸显这门课程应该具有的重要性。

对于法律职业伦理教育的目标反思最为有力的是人民大学张志铭教授，他指出，法律职业道德教育的目的在于"造就有道德的法律职业者"，即通过法律职业道德教育，使法律职业者成为"具有良好职业道德"的个体，使法律职业成为"品德高尚"的群体。粗看起来这种认识并没有什么不对，但细作分析则会发现这不过是一种似是而非的认识。我们知道，道德是人们对事物的是非、善恶的判断；道德教育的目的在于帮助人们更好地认识生活中的"善"为何物，而无法保证使一个人成为好人或"道德人"。"道德人"的造就是一项复杂的社会过程，道德教育不过是其中的一个重要环节。同理，法律职业道德教育作为道德教育的一种，也无法保证使法律职业者成为职业上的"道德人"，其目的也只能是帮助法律职业者更好地认识职业上的"善"，进而为造就职业上的"道德人"创造必要条件。

因此，应该清楚地看到，法律职业道德教育的目标不在于直接造就职业上的"道德人"，而在于促进法律职业者对法律职业道德的认知。这样锁定目标的重要意义在于，避免将法律职业道德教育的作用泛化，以致将法律职业道德建设的复杂性和丰富内涵简单地归结为"道德教化"，误以为法律职业道德教育就是法律职业道德建设的全部，从而遮蔽我们的视野。同时，也只有这样，法律职业道德教育才会有合理、饱满的内容。因为，把法律职业道德教育的目标与"道德人"的造就相联系，自然就会把思考和实施法律职业教育的重点放在职业道德准则的概括和宣示上，而一旦职业道德教育蜕变为简单的"你（们）应该或不得如何如何做"的样式，道德教化或道德强制的味道就不可避免。[1]

回顾看来，在 2001 年 10 月中国最高人民法院发布《中华人民共和国法官职业道德基本准则》、2002 年 3 月最高人民检察院发布《检察官职业道德规范》之前，许多业内人士对司法官职业道德的兴趣都在于竞相概括法律职业道德准则的具体要求上，而在这些规范性文件对此作出概括后，这方面的兴趣和思考骤减。个中原因何在？一个很重要的原因就在于造就"道德人"的职业道德教育指向。基于这种指向，既然已经完成了寻找和概括职业道德准则的任务，余下的工作自然是宣传和讲授这些准则了。

其实，法律职业道德教育所追求的道德认知，应该有更广泛的内容，而对职业道德准则或标准的认知，不过是其中的一个重要方面。法律职业道德关注的是法律职业者应该如何从事社会的法律事务，它不仅要研究职业道德之于法律职业的意义，还要研究决定法律职业行为对错、好坏的标准，以及证明法律职业行为正当与否的适当理由，并合理解决法律职业领域的道德冲突。因此，在明了现代法治社会中法律职业的品质特性的基础上，法律职业道德教育所追求的道德认知，主要应该包括两部分内容：一是法律职业道德的特性及其与法律职业的关系；二是对法律职业道德本身的认知，据此明了法律职业道德教育的主要目标和内容架构。

---

[1] 张志铭. 法律职业道德教育的基本认知 [J]. 国家检察官学院学报，2011（03）：12-16.

人民大学陈景辉教授也发文提出，要真正确立法理职业伦理课程的重要性，其中的关键是理论研究者能够提出一套内在融贯的完整理论体系。缺乏这个理论方面的条件，那些关于学科重要性的大声疾呼，基本上都只流于口号，甚至不过是抱怨乞求。就此，他着力于法理职业伦理基本性质的探讨。❶ 实际上，可以大体看作是对张志铭教授所说的对于法理职业道德本身的认知中的一个问题。就编者所能搜集到的近十多年有代表性的法理职业伦理教育研究，譬如李本森教授、李学尧教授、许身健教授等编写的教材、发表的论文看，正如张志铭教授概括的，法律职业伦理主要包括两方面的内容：一是法律职业道德的特性及其与法律职业的关系；二是对法律职业道德本身的认知。据此定位法律职业伦理课程的教学目标和内容架构是适当的。

二、法律职业伦理课程的教学架构

法律职业伦理课程主要包含以下几个方面：

第一，法律职业道德特性与法律职业的关系方面，涉及的内容就是研究法律职业活动中的道德问题。从法律职业的发展看，其职业本身与法律传统、司法制度、司法心理以及社会伦理等问题密切相关。学习研究法律职业伦理不可能脱离现行的法律制度和我国的司法条件。法律职业的目标是实现司法公正，而实现司法公正不仅需要公正的法律制度，更需要具有公正职业操守的法律职业人员具体操作实现，需要从理论上说明法律职业伦理在实现司法公正这个法律职业目标中起到什么作用。因此法律职业伦理或法律职业道德与法律职业的关系就成为法律职业伦理教学研究的第一部分内容。

第二，与上述第一个问题相关，法律职业伦理还需要研究认识法律职业伦理的一般原理，研究法律职业伦理的起源、本质和社会作用以及法律职业伦理的构成、法律职业伦理的一般原则。还有就是，法律职业伦理需要研究法律职业伦理发展的一般规律。现代法律职业伦理形成有一个漫长的历史过程，是伴随法治的发展不断完善进步的。研究和学习法律职业伦理必然总结、分析和探究影响法律职业伦理发展的重要因素和其中演变的重要规律。

第三，法律职业伦理学研究法律职业伦理的一般规则。对法律职业道德本身进行认知，包括法律职业伦理规范、不同法律职业的职业道德规范、一般规范和特殊规范，通过对比、分析、总结、归纳，分析其中的规律，以此为基础构建法律职业伦理的教学内容。

第四，法律职业伦理的教学和研究还需要纳入法律职业人员在履行职业职责过程中的具体职业道德问题，包括审判职业伦理、检察职业伦理和委托代理伦理等。这些是法律职业伦理和法律职业道德的主要内容。

第五，法律职业伦理还要研究法律职业责任的问题，要通过法律职业伦理的进一

---

❶ 陈景辉. 法律的"职业"伦理：一个补强的论证 [J]. 浙江社会科学，2021（01）：44-53.

步研究探求法律职业人员在职业执业过程以及履行职业职责过程中应当承担的伦理责任以及责任归属、责任承担方式以及机制问题。

以上构成了对法律职业道德本身的认知教学研究的内容架构。为了编写和教学方便，大体上将上述两大部分内容分为总论和分论两部分进行编排，总论部分主要阐释法律职业的起源和发展、社会功能以及法律职业与法律职业伦理之间的关系，法律职业伦理学的基本范畴、历史渊源、内化养成、法律责任、基本理论等。分论部分结合法律职业伦理本身的具体规范和实际情况，分别阐释法官职业伦理、检察官职业伦理、律师职业伦理、公证员职业伦理和司法职业责任，就其具体规范、伦理要求和实施中的一些问题展开论述。

三、法律职业伦理课程的教研方法

法律职业伦理的教研方法是法律职业伦理研究方法和教学方法的简称。法律职业伦理学的研究方法，首先是马克思主义历史唯物主义方法，这是研究法律职业伦理的根本方法，其次就是理论联系实际的方法、经验实证方法、借助其他学科的交叉研究方法。

（一）法律职业伦理的研究方法

首先，研究法律职业伦理必须坚持以马克思主义唯物史观作为指导思想，特别是要以毛泽东思想、邓小平理论、"三个代表"重要思想、科学发展观和习近平新时代中国特色社会主义思想作为指导。马克思指出："物质生活的生产方式制约着整个社会生活、政治生活和精神生活的过程。不是人们的意识决定人们的存在，相反是社会的存在决定人们的意识。"❶ 法律职业伦理学的研究当然离不开现实的社会经济环境，因为法律职业伦理作为道德伦理归根到底是由社会物质生产方式决定的。马克思历史唯物主义为法律职业伦理研究提供了根本的方法和理论的方向。

其次，研究法律职业伦理学还必须坚持马克思主义理论联系实际的方法。法律职业伦理学不仅具有理论性，更是一门实践性很强的学科。法律职业伦理需要具体面对司法实践，解决司法实践中法律职业主体遇到的各种职业伦理道德问题，解决法律与道德的冲突、不同道德价值之间的冲突。这需要理论上的创新，更需要总结实践中的经验，密切关注实践中的典型案例和法律实践，从中探求法律职业伦理发展的规律和解决价值冲突的方法路径，为建设法治中国提供理论上的助力。

再次，法律职业伦理研究还必须坚持历史比较的方法。通过考察具体问题历史上的产生、发展，比较分析相互之间的联系，从纷繁复杂的细节中找出其中的规律。尽管法律职业伦理学在我国发展的时间不算长，但是法律职业伦理本身在世界其他国家

---

❶ 马克思，恩格斯. 马克思恩格斯选集（第二卷）[M]. 中共中央马克思恩格斯列宁斯大林著作编译局，译. 北京：人民出版社，1965：32.

有着悠久的发展历史，通过历史比较分析和中西对比，可以发现法律职业伦理所起到的社会作用、发展轨迹和可以借鉴的带有共性的经验。因此，法律职业伦理学研究离不开中外法律职业历史的研究、比较。这样，才会使法律职业研究拥有坚实的基础和开阔的视野。

最后，法律职业伦理研究还需要借助和吸收其他学科的研究方法和研究成果，不断丰富和发展自己。这不仅需要把法学和伦理学的研究方法结合起来，同时也需要对一些全新的、复杂的问题进行广泛的吸收借鉴，借助经济学、社会学、心理学、政治学、人类学等学科的知识和方法进行多样的、开放的、发展性的研究，避免法学和伦理学的局限，这样才能使法律职业伦理的研究不断发展，适应现代社会的需要。

（二）法律职业伦理的教学方法

就法律职业伦理的教学而言，近十多年随着学科研究的深入和理论体系的不断完善，课程内容日益丰富、教学方法更加灵活多样，学生对于课程的兴趣也不断增加，提高了学生的知识水平和学以致用的能力。教学上的变化主要体现为以下几个方面：

（1）从教学方式上，逐步用体验式教学取代传统讲授式教学，注重将理论与具体案例相结合。

（2）从课程开设的目的看，更加注重培养学生的法律职业精神的认知与理念，而不是为了应付法律职业资格考试或者其他职业资格考试。

（3）课堂教学更加多样，开始举办实务性讲座，实务界的法官、检察官、律师被请上讲台，讲述亲身执业过程中如何处理实际工作中遇到的法律职业道德方面的问题，加深了同学对理论知识的理解。

（4）不少法科院系还组织学生参加社会实践活动，通过提供法律咨询和律所见习机会等方式，让学生亲身体验法律职业实践活动，提高对法律职业道德的认识。还有些院校开设了诊所式教学法，由教师指导学生参加法律的实际应用，达到促进学生对法律职业道德理解的目的。

总之，目前绝大多数法科院系在法律职业伦理教育教学中，完善了教材、配置了专门的教学人员、不断改进教学方法和课程体系，基本形成了法律职业教育的正规化。法律职业教育与法学知识的教育不同，其目的不是记忆法律职业道德原则与规范的内容，不能够通过教师的讲授来完成，法律职业伦理教育的目的是将法律职业道德内化为法律职业者的品德和自觉意识，这样职业道德才会转化为法律从业人员稳定的行为，从而使其做到观念与行为的统一。只有在系统的法律知识与思维方式训练的基础上，把受教育者置于真实的法律职业活动场景中，才可能使其用整个身心去体会法律职业的性质、意义和法律职业道德的力量。因此在法学理论知识的学习中渗透法律职业伦理知识，可以使两者相互补充、相互促进，为我国培养更优秀的法律职业共同体。

案例研习与阅读思考

法律职业共同体的历史和使命[1]

法律职业具有久远的历史，但是法律共同体的兴起却完全是现代社会的特有现象。即使在古代社会中，我们也可以发现有法官这样的社会角色，有讼师这样的律师职业，甚至还能找到法学家这样的人物。尽管我们发现他们都从事与法律裁判相关的职业，但是他们并没有构成一个共同体。且不说法官、法学家与官吏之间的分化或分工并不明确，即使在法官、法学家和讼师之间也远远没有达成一个共同体所必须具备的最低共识。在传统社会中，法官或法学家往往是行政官僚的一种，与其说他们由于理性或仁慈而显得令人尊敬，不如说由于掌握着生杀予夺的司法大权而令人恐惧。这种可怕的司法权力不仅基于关押或处刑这些可见的物理暴力，而且基于道德或宗教这些不可见的符号暴力。它的合法性不仅来自对物理暴力的垄断，还来自对道德正当性的垄断。因此，法官不仅是暴力的化身，而且是道德的化身。他们不仅象征着权力，而且象征着身份。总之，他们属于维系传统社会秩序的文化精英阶层。

与那些高高在上的法官相比，律师则处在完全不同的社会地位上。他们甚至没有社会地位，更不用说高贵的身份；他们是不劳而获的社会寄生虫，在社会的角落里苟且偷生；他们是吏制腐败的象征，躲在公堂之后作为幕僚搬弄是非；他们是道德败坏者的渊薮，玩弄着杀人不见血的"刀笔"。他们既不掌握公共权力，也没有道德信义。尽管他们与法官或法学家可能有相同的法律知识，可能具有共同的法律语言，可能有密切的关系交往，但是，他们缺乏共同的价值、缺乏共同的思维方式、缺乏共同的精神气质、缺乏共同的意义世界，因此，不可能构成一个独立的法律共同体，他们之间有一条难以跨越的巨大鸿沟，无情地将法官或法学家与律师划分在两个不同的、甚至对立的社会阶层中。

传统社会的秩序维系依赖道德或宗教的意识形态的高度一体化，依赖门前土地的农业生活方式，以及落后的交通通信手段使得居住在广阔的疆土上的臣民实际上处于"老死不相往来"的相互隔绝之中，唯有文化道德或宗教才能有效地跨越地理上的隔绝而维持帝国的统一，更何况在这个简单的熟人社会中，道德或宗教的共识很容易形成。在这种状况下，法律的目的并不是有效地解决纠纷，纠纷实际上由家族、社区之类的地方性共同体来解决。法律的目的是贯彻、推广和捍卫这种道德或者宗教，是表达集体情感，是通过维持社会共识来维持社会秩序。无论是中国古代的法律道德化或道德

---

[1] 节选自强世功《法律共同体宣言》，原载于《中外法学》2001年第3期。内容略有修改。

法律化，还是西方前近代的自然法与实证法之争，目的只有一个，那就是法律要成为执行道德或宗教的工具，这个道德或宗教就是社会文化精英阶层所掌握的道德或宗教。在这个意义上，法律不可能独立于占支配地位的道德或宗教，因此也就不可能有一个独立于维系道德共同体的法律共同体。法律职业必然会被维持道德或宗教一体化的精英共同体肢解得七零八落：法官解决的不是法律疑难，而是道德悖论；法学家研究的不是法条的逻辑推理，而是哲学或伦理问题；律师捍卫的不是抽象的权利，而是具体的利益。而反过来，纠纷要由族长或长老来解决，正义要在天子脚下去寻找，秩序要靠道德或宗教信念来维持。这就是传统社会的法律图景，这里没有法律共同体滋生的土壤或存在的理由。

传统社会的解体首先是从曾经维系秩序的高度一体化的道德或宗教的解体开始的。文艺复兴运动、宗教改革、地理大发现导致的海外贸易以及东西方世界的相互撞击……这一系列充满悲剧或喜剧色彩的历史偶然事件最终导致了传统神圣价值的瓦解。这是一个祛魅的社会。传统的信仰由于失去了心灵的虔诚而成为僵死的教条，传统的道德失去了行为的遵守而成为空洞的准则。圣殿被遗弃了，神庙被荒芜了，宫殿被关闭了。上帝死了，陪葬的还有宫廷的道德和礼仪；天子离开了紫禁城，他离开的不仅是江山，而且还有他所疼爱的子民。人们突然从家庭关系、君臣关系、主仆关系、师生关系所建构的温情脉脉的传统世界中被抛了出来，孤零零地一个人漂泊在这个陌生的世界上，一个冷冰冰的利己主义的世界。

这是一个砸碎一切等级制的"夷平"的社会。一切神圣的价值失去了意义，由此产生的等级制，权力的、身份的、场所的，一夜之间土崩瓦解了。谁不知道法国的宫廷贵族？他们不再意味着高贵与尊严，而成为堕落和腐败的象征；谁不熟悉中国的孔乙己？这些传统知识分子不再意味着智慧与礼仪，而成为愚蠢可笑甚至"吃人"的代名词。原来远离权力中心处于历史之外的平民一夜之间可以分享到参与社会的权力，从此历史仿佛变成了人民的历史。"法律面前人人平等"，"主权在民"，民主政治取代了贵族政治成为现代社会的治理方式。

这是一个陌生人的社会，一个欲望的社会。人口的增长、商业化的发展，市场经济的形成，竞争资本主义的兴起，传统道德中鄙视的对财富和物质利益的欲望随之释放了出来，对财富的占有一夜之间成为人们孜孜追求的目标，成为社会评价的主要甚至唯一标准。人与人的交往不是基于共同的道德、信仰或认同，而是基于彼此的物质利益，人际关系不再是基于对人本身的神圣情感，而是基于将彼此视为满足欲望的对象。贪婪取代了礼让，卑鄙取代了高尚，粗暴取代了文雅。人们不再信仰同一个宗教，不再遵守同一个道德，不再具有同一个理念，不再维护同一个利益。没有了至高无上的上帝或者天子，我们处在一个"诸神之争"的时代，一个"人对人是狼"的战争状态。正是在这个基础上，人们之间才讨价还价、订立契约、构筑新的法律规则。现代社会的法律由此获得独立于宗教、道德和政治的自主性。

这是一个高度复杂化和分化的社会。技术进步发展导致了分工，劳动分工导致了专业化的兴起。治病从"安慰剂"时代发展到科学的临床医学时代，从江湖郎中转移到专业化的医生手中；记账从简单的文字书写发展为系统的复式记账法，导致了会计学的出现，专业化的会计取代了店小二。陌生人之间的远距离的交易中谁敢相信口头约定？个人合伙要承担连带责任，那谁还敢将全家妻儿老小的生计作赌注发展高风险的远航贸易？在亲朋好友中筹集资金如何能办起跨国公司？随着契约、公司、证券问题的出现，法律规则必然进一步复杂化。面对这些复杂的规则，面对这种全新的法律知识，必然要有一个专业化的法律职业阶层来操作法律。法律职业摆脱了传统社会中政治、行政、道德或宗教的束缚，成为一种专门化的职业。

然而法律共同体的形成不仅基于人们共同操持了与法律相关的职业，尽管它离不开专业化的法律职业。社会生活的复杂化所导致的法律的复杂化使得法律成为专门化的知识，这种知识必须经过专门的训练。正是专业化的法律教育兴起，法律共同体才从一个职业共同体转变为知识共同体。法学在西方世界的兴起要归功于12世纪罗马法的发现和研究，正是由于这些注释法学家的努力，古老的罗马法才摆脱了其由以产生的具体生活场景，成为普遍的、一般的、抽象化的科学知识体系。这种抽象化、系统化的法律研究方法后来成了自然科学的范型。可以说，现代科学最先并不是出现在自然科学领域，而是出现在法学领域。因此，法律教育不仅是传授法律知识，更重要的是训练法律思维。"Thinking like a Lawyer"（像法律人一样思考问题）不仅成为现代法律教育的目标，而且随着案例教学法在商学院的兴起，也成为培养商人和经理的管理思维的方向。然而，更为重要的是，大学的法律教育在传授法律知识、训练法律思维的同时，也在培养法律人的正义感和公正之心，正如罗马法中所说的那样，法律就是关于区分正义和非正义的科学。

正是这种专门的知识体系、独特的思维方法和普遍的社会正义感，使得法律共同体成为一个自治的共同体，一个分享共同的知识、信念和意义的想象共同体；正是司法实践中发展起来的一套精致的法律技术或艺术，使得法律共同体成功地捍卫了现代法律的自主性。政教分离导致的价值自由、民主政治中的多党竞争、三权分立的治理格局和陌生人之间的非人格化交往，所有这些现代社会的特征统统建立在现代法律的自主性之上，而法律自主性则建立在法律共同体之上。

我们主张基于法律自主性的法治。法律只有成为一门稳定的专业化的知识体系，才能独立于大众感知的道德和变动不居的政治意识形态获得自主性；只有具备与众不同的思维逻辑和法律技艺，才能掌握在法律共同体的手中。因此，法治就是指将法律规则作为最高的主宰，没有什么东西可以超越于法律之上，法律共同体维持的司法独立正是捍卫法治的制度建构。法治不仅是解决政治腐败的共和宪政方案，而且是解决统一与分裂、集权与分权的治理方案。

当我们试图将社会发展方向和方式的决定权交给每一个人，决定将公共权力的运行置于每一个人的监督之下时，这样的说法非常危险，因为它在削弱圣人或者领袖在社会发展中的地位，似乎也在低估他们的智力和能力，似乎想遏制庞大的利维坦的加速运转，尽管这个利维坦据说担负着发展社会经济、提高综合国力、改善民生幸福的重任。因此，法律的自主性就成了专断权力的天敌。"绝对的权力就是绝对的腐败"，只有将统治权置于法律之下，才能限制权力，从而根治腐败，这就是我们通常理解的法治。于是我们习惯于将法治理解为一个立法问题，制定"良法"然后"守法"，这就是自亚里士多德以来政治哲学传统中所主张的法治。我们这个"依法治国"的时代，也正是立法蓬勃发展的时代。但是，法律上规定得再好，有时也不过是装点门面给人看的。《临时约法》规定得不好吗？袁世凯还不照样复辟称帝。一纸《魏玛宪法》又如何能抵挡住希特勒的上台。过去，我们常说规定人人平等的资产阶级宪法是资产阶级的遮羞布，今天，我们才真正明白，如果任何宪法乃至所有法律在实际中没有效力，那才是政治权力用谎言编织的遮羞布。当然，这么说的时候，我们一定要保持谨慎，我们千万不要忽略这种装点门面的宪法或者法律具有一个巨大的功能：为政治统治和权力不受节制地行使提供了合法性。这就是为什么专制独裁的国家里，依然要有一部宪法。

因此，我们梦寐以求的法治不可能仅仅通过立法来实现，即使法律的文字里明确规定了法治的基本原则。我们一定要牢记古训："徒法不足以自行"。如果没有法律共同体，法治又如何可能实现呢？今天，我们都学会了区分"书本上的法律"和"行动中的法律"，法律规则如果仅仅停留在文字上，那不过是死的法律，没有意义的文字而已，仅仅具有考古学的价值；只有在诉讼实践中不断地加以具体化的法律才是真正的、活的法律。法律因为有了法官才具有了生命，法治因为有了法律共同体才具有了灵魂。现代法治绝不是一台自动运行的机器，它需要法官掌握方向盘，检察官不断加油，律师踩住刹车，法学家指挥方向。法律共同体是我们现代法治的保护神。法律共同体只能刻板地信守宪法这部圣典，因为它是所有人之间签订的保护公民权利、限制国家权力的契约，它是一切权利的源泉。在这个意义上，宪法不是由人制定的，而是由人的理性来发现的，就像美国人民所相信的那样，是由半神的人物（quasi-gods）制定的。它是国家主权机构的立法之上的"高级法"。因此，法律共同体决不相信宪法和法律是统治者的意志，他们认为任何个人、组织和力量都不可能凌驾于宪法和法律之上，否则法律就有可能成为当权者施虐的工具。如果这样的话，就会有一些个人或组织以各种各样美妙的、打动人心的、媚俗的理由，来随意地曲解宪法和法律，并以宪法和法律的名义来剥夺人们的权利。可见，法律共同体所捍卫的法治是法律作为最高的主宰而行使的统治（the rule of law），而不是国家的主权意志作为最高的主宰通过法律来进行统治（the rule by law or the rule according to law）。这一点正是区分真法治和假法治的试金石。

因此，要捍卫法治，就要捍卫法律的自主性，捍卫法律共同体的自主性。法律的自主性意味着法律成为独立于道德、宗教和政治意识形态的专业化的知识体系，而法律共同体的自主性意味着司法独立。司法大权之所以托付给自治的法律共同体，就是因为法律共同体是基于法律理性、法律知识、法律思维和法律技术的专业共同体，他们手中没有军队、金钱这些物质的力量,他们只有书写判决理由的笔,只有经过训练形成的理性判断。一句话,司法之所以独立不仅是基于专业化的社会分工,而且基于司法是"最没有危险的部门"。司法独立不仅意味着财政、人事、组织机构等方面的独立,而且意味着思维方式或运作逻辑的独立。

独立的司法不仅是遏制官吏腐败的有效手段,更主要的是,它是摆脱地方诸侯控制、加强中央权威、实现法治统一的重要手段。在我们的历史上,统一与分裂一直是治乱之道的核心。传统的中央统一依赖的是财政、军队、官吏和意识形态。统一的瓦解往往是从中央财政的枯竭开始的。财政枯竭导致军队、官吏的地方化,导致中央控制只剩下微弱的意识形态。然而,在复杂的现代社会中,司法成为维护国家统一的重要手段。历史上德意志曾经通过法律的统一逐步实现国家的统一,英王亨利二世正是通过独立而统一的司法来加强中央对地方的控制,在实现联邦制的美国更是通过司法独立由联邦最高法院行使司法审查权来限制各州的权力。

在我们法制建设的这20多年中,中央与地方的关系也发生了微妙的变化。中央在权力下放的过程中对地方的控制能力也减弱了。尤其在多层立法的体制中,法律法规往往成为各部门、各级地方扩大自己的权力和利益的合法途径,从而导致令出多门、法律不统一。加之法院的人事、财政、管理都归属于地方政府,使得司法系统无法捍卫中央统一,而是保护地方的利益。没有独立而统一的司法,就不可能消除地方保护主义,而司法中的地方保护主义是当前削弱中央权威的最大敌人。因此,我们主张的司法独立不仅要从专业化的社会分工来理解,不仅要从民主共和的宪政传统来理解,而且要从统一与分裂、分权与集权的治理传统来理解。

这就是法律共同体的主张。正是这些主张使我们明白为什么法律共同体的成员都要背上恶名,因为他们得罪了既得利益者,他们背离了传统的道德和思维习惯,而这些传统的道德和思维习惯实际上正是为既得利益者的为所欲为提供了冠冕堂皇的理由。正是要求道德和礼让,我们才能对社会的不正义无动于衷,专制与暴虐不仅是由当权者恶劣的德性培养起来的,更主要的是被顺民的谦逊和忍让给惯坏的;正是要求面面俱到的实质正义,当权者才可以轻而易举地凌驾于法律的神圣原则和规则之上,于是我们依然可以安然地忍受不公正带来的苦难,默默地等待戏剧中的包青天和传说中的侠客义士来惩恶扬善、实现正义;正是要求司法服从于政治权力,才使司法成为保护地方利益的工具,使得国家法制统一的愿望落空。法律共同体正是要和这种思维习惯决裂,也就意味着他们决心和专权者划清界限。它是专制的天然敌人,因为它要用法律的规则来约束专权者为所欲为的习惯;它是流氓、黑社会的天然敌人,因为它要求经过理性审慎的判断和缜密的说理才给出一个裁断;它是分裂和内战的天然敌人,因为只有在和平、理性的社会环境中它才能生存下去。

目前,在我们这个社会发生急剧转型的国度里,法律共同体正在逐步形成。尽管政治家想驯服他们,道德家们想压制他们,资本家想贿赂他们,老百姓想躲开他们,但是,我们的社会已经不可能不重视手提笔记本电脑行色匆匆的律师们的意见,无论他们有时是多么的可耻;我们不可能不理会表情冷峻的法官们的判决,无论他们有时是多么的腐败;我们不能不关注口若悬河滔滔不绝的法学家们的声音,无论这些声音听起来是多么的空洞。

不管怎么说,我们似乎度过了那段悲惨的日子:彻底砸烂司法、永远取消律师、法律家下放喂猪。我们的律师、法官、法学家恢复了生命并在萌发、生长。无知的乐观主义正为此欢欣鼓舞,认为"依法治国"为我们带来了好日子。的确是好日子,律师可以连蒙带骗地赚钱,法官"吃了原告吃被告",法学家著作等身还上电视出名。然而,这恰恰是一个精明的诡计、一个危险的陷阱:既然不能赤裸裸地消灭这个共同体,那么就利用这种共同体,分裂这个共同体,肢解这个共同体。让律师去赚钱,而把社会正义撇在一边;让军人做法官,因为具有服从当权者的习惯;让法学家高唱"依法治国",政治权力的运作包装上法律的外衣,赤裸裸的暴力变成了具有了正当性和合理性的暴力,由此才能实现"长治久安"。于是,我们的法律共同体还在没有形成的时候就受到了种种引诱、哄骗、安抚、强迫、威胁、控制、驯化、肢解、分裂然后被各个击破。他们本来是权力的敌人,现在却和权力勾结在一起:法官丧失了神圣的尊严,律师丧失了社会正义感,法学家丧失了知识分子的良知。

当道德瓦解的时候,我们寄望于政治,当政治衰败的时候,我们寄望于法律,但是当法律堕落的时候,我们的希望又在哪儿呢?河水的源头浑浊了,最后的堡垒坍塌了,乌云压在了地平线上。我们只有在仇恨的宣泄中、在革命的狂欢中弥补我们在不公正的社会中所受到的种种苦难和不幸。这正是我们目前正在不知不觉地通向的道路。然而,在法律堕落的日子里,在公民自由权没有保障的日子里,我们如何能够培养起成熟的承担公共政治生活的公民呢?没有成熟的公民,没有成熟的体制和技术,革命的结果只能是暴民政治,最终让渡给一个人的多数人的暴政。因此,如果没有成熟的法治,民主之路正是通向奴役之路。而没有法律共同体又哪儿来的法治呢?这才是我们这个时代真正的悲剧所在。

今天,我们正是处在这样一个关键节点上,法官、律师和法学家究竟是成长为一个统一的法律共同体,还是在被权力勾引、利用的同时,彼此走向敌对和分裂?我们是通过暴力来实现社会正义,还是通过法律来实现社会正义?用革命来实现社会转型,还是用法律来实现和平过渡?我们是走向法治与民主的文明之路,还是走向暴乱与专制的奴役之路?这是一个希望与困境并存的关键时刻,我们有可能走向我们所希望的法治社会,也有可能因为法律共同体的解体导致我们对法律的彻底绝望,从而使我们重新诉诸暴力来寻求社会正义。越是在历史的紧要关头,越需要我们理智、冷静的思考,越需要我们贡献出智力和知识的力量。此刻,正是历史对我们这个民族的智慧和判断力的考验,也是对我们法律人的考验。因此,我们号召:

所有的法律人,团结起来!

无论是最高法院的大法官还是乡村的司法调解员,无论是满世界飞来飞去的大律师还是小小的地方检察官,无论是学富五车的知名教授还是啃着馒头咸菜在租来的民房里复习考研的法律自考生,我们构成了一个无形的法律共同体。共同的知识、共同的语言、共同的思维、共同的认同、共同的理想、共同的目标、共同的风格、共同的气质,使得我们这些受过法律教育的法律人构成了一个独立的共同体:一个职业共同体、一个知识共同体、一个信念共同体、一个精神共同体、一个相互认同的意义共同体。我们承继的不仅是一个职业或者手艺的传承,而是一个伟大而悠久的文化传统。我们不仅在市场上寻找出价的机会,更主要的是在大学神圣的殿堂里,在这悠久的知识传统中寻找启迪、智慧与灵感。如果我们没有共同的法律语言,对法律没有共同的理解,没有共同的社会信念,没有共同承担社会责任的勇气和能力,有谁来支撑我们的法治大厦?有谁来抵制专断权力的任性?有谁来抵制暴民政治带来的无序和混乱?

今天,我们必须清醒地认识到我们的主张。这些主张不是简单地停留在感情的接受上,而是建立在理性思维的反思和认识上,我们必须对法律共同体的历史、理论逻辑和思维方式以及我们对待我们这个社会的态度有一个清醒的认识;我们必须对这个共同体的现状、社会功能、所遇到的问题以及未来的走向有一个清醒的认识。唯有如此,我们才能自觉地、主动地团结起来,抵制专断和特权,抵制暴力和混乱,维持稳定与秩序,捍卫公道和正义,实现改良与发展。这正是我们今天的历史使命。

道德的社会解体了,政治的社会正在衰落,法治的社会还会遥远吗?

【思考题】

1. 什么是法律职业共同体?法律职业者的使命是什么?
2. 你是否赞同上文中关于法律职业共同体的"宣言"?现阶段法律职业共同体的定位应当是什么?请谈谈你的看法。

CHAPTER 3　第三章

法官职业伦理

> **本章知识要点**
>
> （1）法官及其角色定位，即在全部的法律职业中，法官扮演着什么样的角色，它与其他法律职业之间有着什么样的关系，有何重要性；（2）法官职业伦理的核心内容有哪些，公正、效率、涵养等职业伦理在具体的工作场景中具体体现为哪些要求；（3）违反法官职业伦理的法律后果，即法官职业责任的追究方式与追究标准等问题。

第一节　法官职业伦理概述

在埃尔曼看来，我们可以将全部法律职业划分为五个大类：第一类是依据法律对社会冲突进行裁断的人，这当中最具代表性也最为重要的即是法官，当然也包括仲裁员、检察官以及部分准司法机构中的工作人员；第二类为代表当事人出席法院庭审活动的法律工作人员，他们也通常被称为代理人；第三类对应那些不出席法院庭审活动的法律顾问；第四类主要指在高校以及科研机构中从事法律研究工作的法律学者；第五类的构成人员为受雇于政府机构以及私人企业中的法务工作人员。[1] 在全部的五类法律职业当中，法官无疑处于法律职业的核心地位，历代法学家皆高度认同法官职业及其审判活动在法律生活中的重要性。例如，德沃金认为："法院是法律帝国的首都，法官是法律帝国的王侯"。[2] 培根则有过名言："一次不公正的裁判比多次不平的举动为祸尤烈。因为这些不平的举动不过弄脏了水流，而不公的裁判则把水源败坏了。"[3] 作为一国审判权的行使主体，法官充当着不同社会主体之间矛盾纠纷解决者的角色。如果说"法是善良与公正的艺术"，那么这一理念事实上最直接的体现便在法官身上。相应

---

[1] 埃尔曼. 比较法律文化［M］. 贺卫方，高鸿钧，译. 北京：生活·读书·新知三联书店，1990：105-106.
[2] 德沃金. 法律帝国［M］. 李常青，译. 北京：中国大百科全书出版社，1996：361.
[3] 培根. 培根论文集［M］. 水天同，译. 北京：商务印书馆，1983：193.

地，法官的职业伦理建设也就愈发凸显出其在法治建设中的重要性。

一、法官的任职条件

法官的遴选与任职工作在很大程度上决定了法官职业伦理的起点与可能性。[1] 作为一个特殊的法律职业，法官的选任一般有着较为严格的任职资格限定。虽然由于历史文化与法律传统的差异，世界各国的法官遴选标准存在着差异，但教育背景、国籍、资格考试、工作经验等一般被各国普遍采用为任职限制条件。比如，在德国，法官需要经历两次国家司法考试的权威背书，并参加一定期限的法律职业训练；在法国，法官需要修完大学法律课程并获得法学学士学位，通过政府组织的考试，再经过国立法官学院为期31个月的培训方能入职；在美国，法官必须是美国公民，并需要在美国大学法学院获得JD学位（只有两个州允许LLM学位参加律师资格考试），同时通过律师资格考试并从事一定期限的律师工作。

相比较而言，我国法官的任职资格不如上述国家严格。根据我国《法官法》的规定，担任法官必须具备如下条件：（一）具有中华人民共和国国籍；（二）拥护中华人民共和国宪法，拥护中国共产党领导和社会主义制度；（三）具有良好的政治、业务素质和道德品行；（四）具有正常履行职责的身体条件；（五）具备普通高等学校法学类本科学历并获得学士及以上学位；或者普通高等学校非法学类本科及以上学历并获得法律硕士、法学硕士及以上学位；或者普通高等学校非法学类本科及以上学历，获得其他相应学位，并具有法律专业知识；（六）从事法律工作满五年。其中获得法律硕士、法学硕士学位，或者获得法学博士学位的，从事法律工作的年限可以分别放宽至四年、三年；（七）初任法官应当通过国家统一法律职业资格考试取得法律职业资格。适用前款第五项规定的学历条件确有困难的地方，经最高人民法院审核确定，在一定期限内，可以将担任法官的学历条件放宽为高等学校本科毕业。

除此之外，我国《法官法》还对法官任职做了禁止性规定，禁止如下人员担任法官：（一）因犯罪受过刑事处罚的；（二）被开除公职的；（三）被吊销律师、公证员执业证书或者被仲裁委员会除名的；（四）有法律规定的其他情形的。上述规定分别从积极方面与消极方面对法官任职进行了最基本的资格规定。在满足上述条件的基础上，法官任职还需要从专业知识、业务能力、职业伦理等方面进行综合考察。整体来看，法官职业具有一定的专属性与排他性，这也决定了法官在任职活动中需要遵循与其职业特征相符合的行为规范与伦理道德。

二、法官职业伦理的概念与特征

法官职业的本质在于"法律人以程序正义和专业知识的名义主张法治话语相对于

---

[1] 马长山. 法律职业伦理[M]. 北京：人民出版社，2020：111.

其他政治话语的独立地位"。❶ 法官职业伦理即是随着法官职业的形成、发展以及社会需要而产生的，有关法官在职责履行过程中所应具备的业务素质、思想情操、品行修养、价值观念、道德水平的总体要求。法官职业伦理的相关内容同我国的司法目的、司法行为、司法环境有着紧密联系，它反映了社会发展对法官职业的期待与要求，也体现了法官职业存续的独特价值。相应地，新时代的法官职业伦理也具备不同于其他职业伦理的突出特性。

首先，法官职业伦理具有鲜明的主体特殊性。顾名思义，法官职业伦理的主体是法官，但从我国法院内部的机构设置情况来看，法院内部的工作人员除职业法官外，还存在着大量从事协助工作的书记员、司法警察以及行政后勤等群体，该部分工作人员虽然与法院的审判工作保持着密切关联，但并不在法官职业伦理的规范范围之内，其职业伦理与法官伦理有着较大出入。例如，司法行政人员在实际工作中需要遵循下级服从上级的工作原则，但该原则显然不符合法官独立行使审判权的工作要求。尤其是随着我国近年来法官职业化程度的不断加深，法官与传统意义上的国家公务员、法院内部非法官身份工作人员被日益区分开来。准确来讲，法官职业伦理的主体指且仅指法院内部行使审判权的职业法官，而不包括法院内部的其他组成人员。我国《法官法》对法官的范围进行列举式说明：法官是依法行使国家审判权的审判人员，包括最高人民法院、地方各级人民法院和军事法院等专门人民法院的院长、副院长、审判委员会委员、庭长、副庭长和审判员。显然，助理审判员并不在法官序列中。比较特殊的是人民陪审员。根据我国《人民陪审员法》的规定，人民陪审员依照本法产生，依法参加人民法院的审判活动，除法律另有规定外，同法官有同等权利。人民陪审员依法享有参加审判活动、独立发表意见、获得履职保障等权利。人民陪审员应当忠实履行审判职责，保守审判秘密，注重司法礼仪，维护司法形象。

其次，法官职业伦理具有鲜明的标准特殊性。一般性的职业伦理是特定职业的从业人员在工作中应当遵循的行为准则，其伦理标准在于适应社会化大分工与职业分工的需要，是同人的职业角色和职业行为密切关联的一种高度社会化的职业伦理。❷ 但法官职业不同，法官不仅担负着处理社会矛盾纠纷的社会分工，而且其本身成为社会公众感知一国法治状况的直接切入点，扮演着法律代言人与社会公平正义象征的独特角色。也就是说，法官的言行不仅直接反映着法律公正与否，也对社会伦理风尚有着一定的引领作用。因此，法官不仅要恪尽职守，而且在社会生活中也应当成为社会公众的楷模。这就对法官的职业伦理提出了更高的要求。在一般层面，法官职业伦理同其他职业伦理一样，集中反映了特定职业的工作特点，呈现为专门的以禁止性规定为内容的职业惩戒规范；在高标准层面，法官职业伦理则立基于对法律人的良善与公正要求，从更为根本的道德层面对法官的从业行为进行规范，并以其道德指引性获取民众

---

❶ 冯象. 木腿正义 [M]. 北京：北京大学出版社，2007：139.
❷ 许身健. 法律职业伦理 [M]. 北京：北京大学出版社，2014：137.

对法官公正裁判能力的信任。[1]

最后，法官职业伦理具有鲜明的效力特殊性。与一般性的职业伦理不同，法律职业伦理已经不是单纯的道德律令，而同时具有了相当程度的强制性。在法治社会中，法官职业道德在内容上呈现为对法官美德、责任与义务的集中展现，是根据历史与法治建设要求而形成的法官行为规范。具体到现实中，法官职业伦理通常以较为成熟完备的准则或者规范的形式出现，对法官在刑事、民事、行政等多个领域的审判活动同时具有约束力。并且，违反法官职业伦理的行为通常会受到较为严厉的惩罚。例如，我国《法官职业道德基本准则》第28条就明确规定："各级人民法院负责督促实施本准则，对于违反本准则的行为，视情节后果予以诫勉谈话、批评通报；情节严重构成违纪违法的，依照相关纪律和法律规定予以严肃处理。"[2]

三、法官职业伦理的渊源

我国法官职业伦理的规范性渊源散见于《法官法》和最高人民法院出台的相关行业性规范当中。

1995年2月28日，全国人民代表大会常务委员会通过了《法官法》。《法官法》颁布实施后又分别于2001年6月30日、2017年9月1日进行修正，2019年4月23日进行修订。《法官法》当中关于法官应当为人民服务、平等对待当事人、清正廉明、客观公正等的相关规定，都是法官职业伦理的具体体现。

除《法官法》外，最高人民法院先后出台《法官职业道德基本准则》（2001年10月18日发布、2010年12月6日修订）、《法官行为规范》（2005年11月4日发布试行、2010年12月6日修订并正式实施）、《人民法院工作人员处分条例》（2009年12月31日发布）、《关于"五个严禁"的规定》与《关于违反"五个严禁"规定的处理办法》（2009年1月8日发布）、《关于建立法官、检察官惩戒制度的意见（试行）》（2016年10月12日发布）、《关于人民法院落实廉政准则防止利益冲突的若干规定》（2012年2月27日印发）等。上述意见或规定对法官职业道德的核心、具体内容、不同工作阶段的行为要求以及相关的惩戒措施等进行了较为详细而明确的规定。

四、法官职业伦理的域外考察

（一）美国法官的职业伦理规范

最早在1924年，美国律师协会制订了《美国司法官伦理典范》。此后，美国于1972年对其进行修订，形成了更为简明的《司法行为规约》，并于1982年和1990年进行了两次修改。《司法行为规约》的根本精神在于保持民众对司法机关的信赖，它要求

---

[1] 吕芳. 论中国当代法官的职业品格 [J]. 华东政法大学学报，2011 (3).
[2] 郭哲. 法律职业伦理教程 [M]. 北京：高等教育出版社，2018：79.

法官无论是以个人名义还是以集体名义做出的行为，都应当围绕这一根本精神开展，避免公众对司法的公正与法官的称职能力产生怀疑。在具体的语词表述上，《司法行为规约》采用"必须""不得"等必须性规范、"应当""不应当"等劝导性规范以及"可以"等任意性规范相结合的方式，构建了多层级的法官职业伦理。

在内容层面，美国法官的职业伦理规范主要体现为对如下三个方面的要求：其一，美国法官要保持独立性，亦即法官在工作中只服从法律，按照法律与职业伦理的要求履行职责，免受法律之外的各种干预和压力；其二，美国法官需具有一定的学识和能力，要能够妥善地运用逻辑思维与经验法则得出有关事实的结论，并能够对有关判决进行充分的说理；其三，法官本身必须是公正的，其内心必须常怀公平、正义与良善等价值观念，尊重客观事实、严格依法审判。

（二）英国法官职业伦理

英国作为典型的不成文法国家，其法官职业伦理也是以"惯例"的形式存在的。一般认为，英国法官的职业伦理是以公学伦理、绅士操行法典与老朋友网络为基础的：公学伦理是指英国法官多数在英国公学接受了有关英国传统价值观与上流社会行为规范和礼仪为内容的教育和训练，这种公学教育背景也因此成为英国职业法律精英必备的素质；绅士操行法典在英国法官的职业形象中呈现为彬彬有礼的英国绅士形象，相应地，绅士法典中的许多内容也成为法官职业伦理的内容；老朋友网络则指的是英国法官因出身、教育与价值观方面的相同而具有的高度同质性，这构成了法官群体自觉遵守职业规范、自觉维护行业形象的重要基础。❶ 2003 年，英国法官理事会曾起草《法官行为指南》，要求英国法官警惕任何可能被理解为谋求司法善意与偏爱的礼物或者招待，但因参加讲座、研讨会等获得的开支补助与纪念品除外。整体来看，英国法官职业伦理也主要呈现为对法官知识、法官工作经验、法官法律工作能力以及法官个人品格的要求。

第二节 审判公正规则

法律本身乃是公正的艺术，对公正的追求构成了法律职业的永恒目标，而这一目标的实现又很大程度上依赖于司法公正。一个社会，如果没有实现司法公正，那么必将导致社会集体的贫瘠，也就不可能真正实现公正。❷ 正如古希腊哲学家亚里士多德所言："去找法官，也就是去找公正。因为人们认为，法官就是公正的化身。"❸ 因此，公

---

❶ 马长山. 法律职业伦理 [M]. 北京：人民出版社，2020：118-119.
❷ 王晨. 司法公正的内涵及其实现路径选择 [J]. 中国法学，2013（3）.
❸ 亚里士多德. 尼各马可伦理学 [M]. 廖申白，译. 北京：商务印书馆，2003：38.

正也构成了法官的一项重要职业伦理。

关于如何界定公正，历来是一个棘手的问题。当我们在审判领域中提起公正概念时，它是作为一个同伦理学意义上的公正相区别的概念来使用的，其概念范围要更为狭小，但即便如此，司法公正也是一个被频繁使用但又缺乏统一认知的概念。一般而言，关于司法公正的认知大致可以区分为"实体公正"与"程序公正"两种。"实体公正"也被称为"结果公正"，它以司法裁判在实体结果上的公正作为司法公正的核心价值所在，认为司法本身是通往结果公正的工具，相对忽视司法程序；"程序公正"则与之相反，其立基于"程序优于实体"的观念，认为只要严格遵循正当程序，就能够得到结果意义上的公正，关注重点在于程序而非实体结果。仅就现代法理学的发展来看，"程序公正"已经取代"实体公正"成为有关公正的主流理论。这就是说，关于司法公正的追求更多地体现在司法程序方面，而人们判断司法审判活动公正与否的标准也在于对审判程序的伦理评价。也因此，对法官审判公正的伦理要求也就相应地具体化为对法官的如下要求。

一、中立裁决纠纷

法官本身的裁判者角色要求法官应当保持中立，不偏不倚地进行审判。这一伦理要求可以追溯至普通法中确立的自然公正原则，即"任何人或团体都不得在自己有关的案件中担任法官"，"由于法官与某一方当事人存在亲属关系或因案件的结果可能产生与其有关的金钱或其他利益，他可能被怀疑带有某种偏见，因而不参加该案的审理。"[1] 对此，我国《法官职业道德基本准则》第13条明确规定："法官应当自觉遵守司法回避制度，审理案件保持中立公正的立场，平等对待当事人和其他诉讼参与人，不偏袒或歧视任何一方当事人，不私自单独会见当事人及其代理人、辩护人。"第16条规定："严格遵守廉洁司法规定，不接受案件当事人及相关人员的请客送礼，不利用职务便利或者法官身份谋取不正当利益，不违反规定与当事人或者其他诉讼参与人进行不正当交往，不在执法办案中徇私舞弊。"关于法官的回避制度，一般认为当出现以下情形时，法官应自觉回避：一是法官同案件当事人及其代理人、辩护人存在同事、朋友、亲戚等关系的；二是与一方当事人及其代理人、辩护人存在经济利益关系的；三是与一方当事人及其代理人、辩护人有过利益冲突的。此外，我国《法官行为规范》第40条规定，在调解过程中与一方当事人接触时，应当保持公平，避免他方当事人对法官的中立性产生合理怀疑。根据《中华人民共和国法院组织法》（以下简称《法院组织法》）等相关规定，法官还应当充分尊重当事人和其他诉讼参与人因民族、性别、职业、宗教信仰、健康状况等因素所导致的差别，充分保障当事人的实体权利。并且，在宣读裁判结果前，不得在语气、表情、行为中流露出对裁判结果的观点与态度。《法

---

[1] 戴维·M.沃克. 牛津法律大辞典 [M]. 北京社会与科技发展研究组织，译. 北京：光明日报出版社，1988：247.

官职业道德基本准则》第 17 条明确规定:"法官不得从事或者参与营利性的经营活动,不在企业及其他营利性组织中兼任法律顾问等职务,不得就未决案件或者再审案件给当事人及其他诉讼参与人提供咨询意见。"

二、遵循司法公开原则

多年来,我国司法体制改革工作始终将司法公开作为改革工作的重要一环加以推进。司法公开即司法应当以人们看得见的方式来运转,这是司法公正得以实现的基本前提与重要保障,是体现司法程序公正的一种重要方式。《中华人民共和国法官职业道德基本准则》(以下简称《法官职业道德基本准则》)第 12 条明确规定:"法官应认真贯彻司法公开原则,尊重人民群众的知情权,自觉接受法律监督和社会监督,同时避免司法审判受到外界的不当影响。"这要求法官在行使审判权过程中,除依据法律法规不应公开的情况外,应当做到公开透明,从而为公众了解和监督司法程序提供条件。关于司法公开的对象,一般包括当事人、社会公众与新闻媒体三个方面。对与案件直接关联的当事人,应将案件审理情况对其进行充分说明,尽可能在当事人在场的情况下进行公开审理;对社会公众,应按照法律规定允许其自由旁听,并将开庭时间、地点等信息提前公开;对新闻媒体,应允许新闻媒体对符合条件的案件进行采访报道,并给予其尊重和理解。除此之外,法官对审判情况的解释说明也构成了司法公开的重要内容:一方面,法官应当对当事人的诉讼权利及其限制进行说明,避免主观武断地进行司法裁判;另一方面,法官还应就司法裁断依据以及推理过程进行说明,这不仅有助于提升司法裁判的权威性,而且为民众深入了解司法裁判活动,并真诚接受司法裁断结果提供了必要条件。因此,我国《法官行为规范》明确规定,法官应对证明责任、证据的证明力以及证明标准等问题进行合理解释。《法官职业道德基本准则》第 9 条也强调:"坚持以事实为根据,以法律为准绳,努力查明案件事实,准确把握法律精神,正确适用法律,合理行使裁量权,避免主观臆断、超越职权、滥用职权,确保案件裁判结果公平公正。"第 10 条规定:"牢固树立程序意识,坚持实体公正与程序公正并重,严格按照法定程序执法办案,充分保障当事人和其他诉讼参与人的诉讼权利,避免执法办案中的随意行为。"

三、依法独立行使审判权

法官依法独立行使审判权是确保司法公正的重要条件。在司法实践中,包括政治、人情、媒体、舆论等因素都可能对法官的独立审判产生影响,法官必须树立起依法独立行使审判权的职业伦理观念,避免外在因素对审判工作的影响。对此,《中华人民共和国宪法》(以下简称《宪法》)第 131 条明确规定:"人民法院依照法律规定独立行使审判权,不受行政机关、社会团体和个人的干涉。"《法官法》第 7 条规定:"法官依法履行职责,受法律保护,不受行政机关、社会团体和个人的干涉。"《法官职业道德基本准则》第 8 条要求:"坚持和维护人民法院依法独立行使审判权的原则,客观公正审理案件，在审判活动中独立思考、自主判断，敢于坚持原则，不受任何行政机关、社会团体和个人的干涉，不受权势、人情等因素的影响。"第 14 条要求："尊重其他法官对审判职权的依法行使，除履行工作职责或者通过正当程序外，不过问、不干预、不评论其他法官正在审理的案件。"第 26 条规定："法官退休后应当遵守国家相关规定，不利用自己的原有身份和便利条件过问、干预执法办案，避免因个人不当言行对法官职业形象造成不良影响。"这些规定事实上皆旨在保障法官依法独立行使审判权。

四、坚守内在良知

法官的内在良知是司法公正的前提，是保护当事人权益的重要保障，也是预防司法腐败的有效方案。首先，法官应在自由裁量中坚守良知，按照内心良知的指引，综合考虑历史的、习惯的、道德的、人性的、法律的各种要素，作出兼顾人性与法律规定的合理判决；其次，法官本身应树立公平正义的价值理念，以维护社会公平正义为己任，坚持以事实为依据，以法律为准绳，牢固树立程序公正意识，严格按照法定程序审理案件，尽可能地做到客观公正，自觉维护法官与司法职业的公正形象；最后，法官亦需要树立对法治的坚定信仰，法官不是简单执行法律的机器，需要借助对法治的信仰和内心的良知，作出充满智慧与合理性的法律裁断，也只有在法治信仰的基础上，法官才能真正成为法律的化身，成为司法公正的守护神。

第三节 审判效率规则

所谓审判效率规则是指法官应当及时高效地履行审判职责，追求审判速度的提升、审判成本的降低，以及最大限度地实现公平正义。

公平与效率历来被视为司法制度设计与运转的两大核心价值。表面来看，公平与效率乃是两种泾渭分明的价值追求，前者追究司法审判活动的正当性，后者则以司法审判的速度与时效为目标。但事实上，二者在内在这方面有着深度的一致性。严格来说，司法效率本身也是司法公正的题中之义，因为司法工作本身乃是对社会中处于不确定状态的权利的救济，这意味着在司法裁断作出权威决策之前，社会公正一直处于待实现的状态。因此，提升审判效率就是以最快的速度实现社会公平正义。也因此，法谚有言："迟来的正义非正义。"此外，司法审判的效率规则还意味着对司法投入与收益之间关系的关注。在一个给定的社会问题领域，司法活动的社会资源是相对有限的，因此，司法活动同市场经济一样，要对有限的社会资源进行最大程度的利用，以最小的成本投入来实现尽可能多的社会公平正义。[1] 尤其是在诉讼案件持续增长的当下社会，提升司法审判效率，加快解决社会矛盾纠纷，节约司法资源有着重要意义。总

---

[1] 姚莉. 司法效率：理论分析与制度构建 [J]. 法商研究, 2006 (3).

体而言，司法公正与司法效率是内在统一的，司法审判工作应当以公正引领效率，并以效率来推动公正的实现。

关于司法审判的效率规则，我国《法官行为规范》第 3 条明确规定，法官应当"高效办案。树立效率意识，科学合理安排工作，在法定期限内及时履行职责，努力提高办案效率，不得无故拖延、贻误工作、浪费司法资源"。这一规范要求具体体现为对法官的如下伦理要求。

首先，法官应当勤勉敬业。对法官而言，勤勉敬业是最为基本的职业伦理要求，这意味着法官应当全身心地投身于司法审判工作，不因个人事务、日程安排或者其他行为影响审判职责的正常履行。要求法官勤勉敬业能够有效解决实践中的消极办案现象，提升有限时间内的办案数量，更加高效与高质量地完成审判工作。

其次，严格遵守时限规定。严格遵守程序性的时限规定是提高司法效率的重要保障。关于审判活动，我国三大诉讼法以及最高人民法院制定的各种司法解释皆有着较为明确的规定。法官在实际的审判活动中，不仅要主动遵守这些规定，在规定期限内高质量完成工作，禁止随意延长程序期限，还应当监督和督促相关人员严格遵守时限规定。

最后，树立效率意识，合理安排工作事务。法官在实际的审判工作中，除了需要遵守基本的时限规定，还应当自觉树立效率意识，在全部工作环节注重工作效率的提升，减少不合理的工作安排，节省当事人及其代理人、辩护人的时间，节省司法资源，注重与其他工作人员的有效配合对接、协同工作。

第四节　审判涵养规则

法官代表国家审理案件的过程也是展示法律权威与法律公正性的过程，民众在此过程中不仅关注法庭庭审活动本身的公正性，也将对法官的各方面言行产生直观认识。这就决定了法官本身的道德涵养与道德品行成为影响司法形象的重要因素。

在司法审判过程中，法官作为裁判者将会遇见形形色色的案件与当事人，不同的事实与状况将会引发人们不同的感性冲动与自然情感，但法官作为"理性之王"，必须努力排除自身的个性、情感等可能对审判活动产生影响的因素，不偏不倚地居间审判。而要做到这一点，法官就不能按照普通人的道德标准来要求自己，而必须不断加强自身的涵养修炼。正如有学者所言："虽有完美的保障审判独立之制度，有彻底的法学之研究，然若受外界之引诱，物欲之蒙蔽，舞文弄墨，徇私枉法，则反以其法学知识为作奸犯科之工具，有如虎傅翼。是以法学修养虽为切要，而品格修养尤为重要。""法官应独立审判，不可为贫贱所移，为富贵所淫，为威武所屈，应时时以正义为念，须臾不离。法官应不畏艰难，任劳任怨，不为报章所惑，不为时好所摇，不为俗论所动，不为虚荣所幸，不为党派所胁，不为私利所诱，不为私情所移，不为升高自己人望地

位或达成自己个人野心而利用其职权。总之，法官应养成高尚人格，聪明正直以达成其神圣任务。"❶

首先，法官应做到清正廉洁。保持清正廉洁是法官的基本责任，是确保司法公正的重要前提，也是对法官的基本道德要求。按照我国《法官职业道德基本准则》的规定，法官应当严格遵守廉洁司法规定，不接受案件当事人及相关人员的请客送礼，不利用职务便利或者法官身份谋取不正当利益，不违反规定与当事人或者其他诉讼参与人进行不正当交往，不在执法办案中徇私舞弊；法官不从事或者参与营利性的经营活动，不在企业及其他营利性组织中兼任法律顾问等职务，不就未决案件或者再审案件为当事人及其他诉讼参与人提供咨询意见；法官还应当妥善处理个人和家庭事务，不利用法官身份寻求特殊利益，按规定如实报告个人有关事项，教育督促家庭成员不利用法官的职权、地位谋取不正当利益。

其次，法官应遵守司法礼仪。所谓司法礼仪是指法官、检察官、律师等司法工作人员在进行司法审判活动时所应遵循的各种礼节、仪式等的总称。❷ 司法礼仪本身是司法权威的一种外在体现，严格遵守司法礼仪有利于塑造当事人对司法的信赖和敬畏。具体来说，法官应当遵守法庭的各项规则，按照规定穿戴法官制服、佩戴法官徽章、保持仪表整洁，语言得体文明，态度温和，按时参加庭审活动；法官应当尊重诉讼参与人，以礼待人，认真倾听诉讼参与人发表意见，不得随意打断诉讼参与人的发言，不得对诉讼参与人有不恰当的言辞。

再次，法官应不断强化自身的内在修养。法官在司法实务中面临大量复杂的案情，这需要法官以其自身卓越的个人素质进行判断、分析与解决，因此，我国法官应当不断加强自身内在修养，不断提高自己在政治、文化与道德方面的个人素养。法官应当具备良好的政治素质，坚定自身的政治方向，以指导自身审判权的行使；法官应当不断提升自身的业务素质，既精研法理，强化法学理论基础知识的学习，也要培育自身处理实际问题的专业能力；法官还应当具备优良的道德素质，正直善良，谦虚谨慎，刚正不阿。

最后，法官还应当自觉约束业外活动。法官职业伦理不仅约束法官的法庭活动，也同样对法官的业外活动进行约束。这是因为，法官的业外活动同样影响着法官职业的公正与纯洁，进而影响着民众对司法工作的印象。按照《法官法》《法官行为规范》等的相关规定，我国法官在业外应当恪守以下道德义务：法官应当严守保密义务，保守国家秘密与审判工作秘密，不对案件及当事人进行评论，不披露因审判工作掌握的信息；法官应培养健康的个人爱好与习惯，不奢侈浪费、虚荣自私，不参加邪教或者封建迷信活动；法官应当谨慎参加社会活动，参加社会活动应以不影响审判工作为前提，不得身着制服、乘坐警车出入娱乐场所，不参加与案件有利害关系的社会机构活

---

❶ 李本森. 法律职业伦理［M］. 北京：北京大学出版社，2016：104-105.
❷ 许身健. 法律职业伦理［M］. 北京：北京大学出版社，2014：144.

动;法官在退休后也应当自我约束,在离职一定期限内不得从事与法律相关的职业,不得利用其原法官身份过问案件、妨碍司法。

案例研习与阅读思考

案例一 法官受贿、行政枉法裁判、诈骗案[1]

【基本案情】

2006年至2019年,张某利用其担任某省高级人民法院民事审判第一庭庭长、审判委员会委员、党组成员、副院长等职务便利,直接或间接非法收受他人财物,调查显示,向张某行贿者共37人,其中有18人为律师,行贿金额不等。个别案情事实如下。

2017年至2018年,律师甲通过张某外甥刘某请托张某,为其律所代理的两起合同纠纷案件提供帮助。张某同意帮忙后,利用职务便利,向多名承办法官打招呼。其间,刘某分10次收受律师甲或直接代理律师陈某等代送的好处费595万元。此外,律师甲还曾通过黄某请托张某,为其代理的一起银行合同纠纷案提供帮助,张某答应并向承办法官打招呼,要求加快案件审理进度,尽快结案。此后,律师甲委托黄某将20万元现金转交张某。

2012年,律师王某请托张某为其代理的两宗建设工程施工合同纠纷案提供帮助。张某接受请托后,利用职务之便,向案件承办人刘某打招呼要求予以关照。于是,最终按照张某的要求,合议庭对两案重新复议并形成一致意见,裁判结果和一审判决相比,原告共计少支付约1320万元。

除律师外,向张某行贿的人员中不乏涉诉的企业主和官员。其中,仅某建筑装饰股份有限公司总裁曹某就向张某行贿了500万元。2017年5月,曹某请托张某,为其公司装饰合同纠纷案提供帮助,张某收钱后利用职务便利,向负责该案二审的中院院长、副院长打电话,要求支持该公司诉求。但张某并未如愿,二审驳回了该公司上诉。2018年年初,该案在省高院申请再审,张某向该案申诉复查业务庭负责人打招呼,要求支持该案进入再审程序。张某还在审委会上发表了有利于该公司的意见。此后,中院受指令再审,审理结果为终止原判决执行。事成后张某收受曹某200万元。

除受贿罪和诈骗罪外,张某还有两起行政枉法裁判罪。2015年至2016年,张某授意他人故意违背事实和法律作枉法裁判,致使涉案公司少缴纳增容费4621万余元。张某落马后,案件依法再审,此前的判决被撤销。

---

[1] 新京报. 张家慧受贿四千万背后:落马后调查组2天收200余封举报信, https://baijiahao.baidu.com/s?id=1686962213535490653&wfr=spider&for=pc.

法院经审理认为，张某行为分别构成受贿罪、行政枉法裁判罪、诈骗罪，依法数罪并罚。鉴于其到案后，能够如实供述自己的罪行，主动交代办案机关尚未掌握的大部分受贿事实，有坦白情节，积极退赃，自愿认罪认罚，具有法定、酌定从轻处罚情节。最终，法院以受贿罪判处张某有期徒刑15年，并处罚金人民币350万元；以行政枉法裁判罪判处有期徒刑5年；以诈骗罪判处有期徒刑10年，并处罚金人民币50万元。决定执行有期徒刑18年，并处罚金人民币400万元。

【主要法律问题】

1. 如何认定法官受贿？为什么本案中的法官会收受他人贿赂？
2. 法官在哪些情形下可能构成枉法裁判？法官枉法裁判有哪些负面的社会后果？

【主要法律依据】

1.《中华人民共和国刑法》

第266条 诈骗公私财物，数额较大的，处三年以下有期徒刑、拘役或者管制，并处或者单处罚金；数额巨大或者有其他严重情节的，处三年以上十年以下有期徒刑，并处罚金；数额特别巨大或者有其他特别严重情节的，处十年以上有期徒刑或者无期徒刑，并处罚金或者没收财产。本法另有规定的，依照规定。

第385条 国家工作人员利用职务上的便利，索取他人财物的，或者非法收受他人财物，为他人谋取利益的，是受贿罪。

国家工作人员在经济往来中，违反国家规定，收受各种名义的回扣、手续费，归个人所有的，以受贿论处。

第386条 对犯受贿罪的，根据受贿所得数额及情节，依照本法第三百八十三条的规定处罚。索贿的从重处罚。

第388条 国家工作人员利用本人职权或者地位形成的便利条件，通过其他国家工作人员职务上的行为，为请托人谋取不正当利益，索取请托人财物或者收受请托人财物的，以受贿论处。

第399条 司法工作人员徇私枉法、徇情枉法，对明知是无罪的人而使他受追诉、对明知是有罪的人而故意包庇不使他受追诉，或者在刑事审判活动中故意违背事实和法律作枉法裁判的，处五年以下有期徒刑或者拘役；情节严重的，处五年以上十年以下有期徒刑；情节特别严重的，处十年以上有期徒刑。

在民事、行政审判活动中故意违背事实和法律作枉法裁判，情节严重的，处五年以下有期徒刑或者拘役；情节特别严重的，处五年以上十年以下有期徒刑。

在执行判决、裁定活动中，严重不负责任或者滥用职权，不依法采取诉讼保全措施、不履行法定执行职责，或者违法采取诉讼保全措施、强制执行措施，致使当事人或者其他人的利益遭受重大损失的，处五年以下有期徒刑或者拘役；致使当事人或者其他人的利益遭受特别重大损失的，处五年以上十年以下有期徒刑。

司法工作人员收受贿赂，有前三款行为的，同时又构成本法第三百八十五条规定之罪的，依照处罚较重的规定定罪处罚。

2.《中华人民共和国法官法》

第10条　法官应当履行下列义务：（一）严格遵守宪法和法律；（二）秉公办案，不得徇私枉法；（三）依法保障当事人和其他诉讼参与人的诉讼权利；（四）维护国家利益、社会公共利益，维护个人和组织的合法权益；（五）保守国家秘密和审判工作秘密，对履行职责中知悉的商业秘密和个人隐私予以保密；（六）依法接受法律监督和人民群众监督；（七）通过依法办理案件以案释法，增强全民法治观念，推进法治社会建设；（八）法律规定的其他义务。

3.《中华人民共和国法官职业道德基本准则》

第15条　树立正确的权力观、地位观、利益观，坚持自重、自省、自警、自励，坚守廉洁底线，依法正确行使审判权、执行权，杜绝以权谋私、贪赃枉法行为。

第16条　严格遵守廉洁司法规定，不接受案件当事人及相关人员的请客送礼，不利用职务便利或者法官身份谋取不正当利益，不违反规定与当事人或者其他诉讼参与人进行不正当交往，不在执法办案中徇私舞弊。

【理论分析】

1. 如何认定法官受贿？为什么本案中的法官会收他人贿赂？

根据我国刑法的相关规定，国家工作人员利用职务上的便利，索取他人财物的，或者非法收受他人财物，为他人谋取利益的，构成受贿罪。国家工作人员利用本人职位或者地位形成的便利条件，通过其他国家工作人员职务上的行为，为请托人谋取不正当利益，索取请托人财物或者收受请托人财物的，以受贿论处。此外，在民事、行政审判活动中故意违背事实和法律作枉法裁判，情节严重的，处五年以下有期徒刑或者拘役；情节特别严重的，处五年以上十年以下有期徒刑。

本案中，张某利用其担任某省高级人民法院民事审判第一庭庭长、审判委员会委员、党组成员、副院长等职务便利，直接或间接非法收受他人财物，向多名承办法官打招呼求关照，并在行政审判活动中指使、授意他人故意违背事实和法律作枉法裁判，其行为已经构成受贿罪与枉法裁判罪，理应定罪处罚。

2. 法官在哪些情形下可能构成枉法裁判？法官枉法裁判有哪些负面的社会后果？

法官构成枉法裁判的主要情形有：一是对明知是无罪的人而使其受到法律追诉，即俗称的冤枉好人；二是对明知有罪的人故意包庇不使其受到法律的追诉，即包庇犯罪的人；三是在刑事、民事、行政审判活动中故意违背事实和法律作枉法裁判。

法官枉法裁判会给社会造成严重后果。一是背离公平正义、严重损害社会秩序。法院是履行公平正义职责的国家审判机关，法院通过审判案件弘扬公平正义，惩恶扬善，维护良好的社会秩序。法院的职责是通过法官办案来实现的。二是会形成黑白颠倒、恶人受益、好人遭殃的社会不公，致使本应该最具有公信力的国家机关没有公信力,使国家法律丧失权威,使党和人民的事业遭受损害。所以,枉法裁判,是对人民法院公平正义职责的根本性的背叛,是对党的事业的严重损害,是对依法治国的严重破坏,是党和人民的公敌,是极其严重的犯罪,必须受到严厉打击。

【思考题】

法官应当如何处理与上级领导的相互关系,实现公正司法?

案例二 法官因接受被害人家属宴请被申请回避案[1]

【基本案情】

某县人民法院对一起强奸、盗窃案件进行不公开审理。法院开庭审理后,被告人张某等人提出了要求审判员吴某回避的申请,其依据是吴某在开庭审理前曾接受被害人家属的请客,其吃饭画面被其中一名被告人亲属现场拍到。同时,被告人张某还要求审判长齐某回避,理由是其曾经听过审判长齐某的一场审理,认为齐某量刑过重,于是在闭庭期间向齐某提过意见,而齐某不仅没有接受张某的意见,还对他进行了批评教育,张某认为这可能会使齐某对自己有成见,影响审判的公正性。合议庭驳回该回避申请后,被告人提出复议。合议庭于是宣布休庭,并将被告人的回避申请上报法院院长决定。

该法院院长在听取了合议庭的报告后,迅速组织相关人员对有关情况进行了核实,在此基础上,作出如下决定:一方面,准许被告人提出的要求审判员吴某回避的申请,决定吴某回避该案的后续审理工作;另一方面,驳回张某关于要求审判长齐某回避的申请,理由是齐某本身并不认识被告人张某,且张某所提出的回避申请理由也不符合我国的相关法律法规规定,因而齐某将继续担任该案件的审判长,负责审理该案。最终,合议庭经过审理,以强奸罪、盗窃罪分别判处被告人张某等人有期徒刑两年至八年不等。

【主要法律问题】

1. 法官在哪些情形下需要回避?
2. 法官违反回避制度,是否会导致审判程序违法?

【主要法律依据】

1. 《中华人民共和国法官法》

第23条 法官之间有夫妻关系、直系血亲关系、三代以内旁系血亲以及近姻亲关系的,不得同时担任下列职务:(一)同一人民法院的院长、副院长、审判委员会委

---

[1] 许身健. 法律职业伦理案例教程[M]. 北京:北京大学出版社,2015:230.

员、庭长、副庭长；（二）同一人民法院的院长、副院长和审判员；（三）同一审判庭的庭长、副庭长、审判员；（四）上下相邻两级人民法院的院长、副院长。

第24条　法官的配偶、父母、子女有下列情形之一的，法官应当实行任职回避：（一）担任该法官所任职人民法院辖区内律师事务所的合伙人或者设立人的；（二）在该法官所任职人民法院辖区内以律师身份担任诉讼代理人、辩护人，或者为诉讼案件当事人提供其他有偿法律服务的。

第36条　法官从人民法院离任后两年内，不得以律师身份担任诉讼代理人或者辩护人。法官从人民法院离任后，不得担任原任职法院办理案件的诉讼代理人或者辩护人，但是作为当事人的监护人或者近亲属代理诉讼或者进行辩护的除外。法官被开除后，不得担任诉讼代理人或者辩护人，但是作为当事人的监护人或者近亲属代理诉讼或者进行辩护的除外。

2.《法官职业道德基本准则》

第13条　自觉遵守司法回避制度，审理案件保持中立公正的立场，平等对待当事人和其他诉讼参与人，不偏袒或歧视任何一方当事人，不私自单独会见当事人及其代理人、辩护人。

3.《最高人民法院关于审判人员在诉讼活动中执行回避制度若干问题的规定》

第1条　审判人员具有下列情形之一的，应当自行回避，当事人及其法定代理人有权以口头或者书面形式申请其回避：（一）是本案的当事人或者与当事人有近亲属关系的；（二）本人或者其近亲属与本案有利害关系的；（三）担任过本案的证人、翻译人员、鉴定人、勘验人、诉讼代理人、辩护人的；（四）与本案的诉讼代理人、辩护人有夫妻、父母、子女或者兄弟姐妹关系的；（五）与本案当事人之间存在其他利害关系，可能影响案件公正审理的。本规定所称近亲属，包括与审判人员有夫妻、直系血亲、三代以内旁系血亲及近姻亲关系的亲属。

第2条　当事人及其法定代理人发现审判人员违反规定，具有下列情形之一的，有权申请其回避：（一）私下会见本案一方当事人及其诉讼代理人、辩护人的；（二）为本案当事人推荐、介绍诉讼代理人、辩护人，或者为律师、其他人员介绍办理该案件的；（三）索取、接受本案当事人及其受托人的财物、其他利益，或者要求当事人及其受托人报销费用的；（四）接受本案当事人及其受托人的宴请，或者参加由其支付费用的各项活动的；（五）向本案当事人及其受托人借款，借用交通工具、通讯工具或者其他物品，或者索取、接受当事人及其受托人在购买商品、装修住房以及其他方面给予的好处的；（六）有其他不正当行为，可能影响案件公正审理的。

【理论分析】

根据相关法律法规的规定，我国法官在司法审判活动中应当自觉遵守司法回避制度，保持中立、公正的立场，平等对待当事人，不偏袒任何一方，不私自会见当事人及其代理人、辩护人等。

1. 我国法官需要回避的情形主要可以分为三类：其一，因存在特定关系而需要回避的情形，包括法官与当事人及其代理人、辩护人存在近亲属关系或者存在利害关系的，曾担任过本案的证人、鉴定人等；其二，由审判人员的不当行为引发的回避情形，如私下会见本案一方当事人及其诉讼人、代理人，为本案当事人推荐、介绍代理人，接受本案当事人及其代理人宴请等可能影响案件公正审判的情形；其三，重审回避情形。

2. 法官违反回避制度会导致审判程序违法。在本案中，审判员吴某曾接受被害人家属请客，显然符合由审判人员的不当行为引发的回避情形，应当回避该案件的审理，而审判长齐某并不存在上述三种应当回避的情形，可以继续审理该案件。

【思考题】

法官在实际生活中应当如何妥善处理与当事人之间的关系？

案例三　法官辞职后代理原任职法院案件被停止执业案[1]

【基本案情】

杨某于2008年被任命为D县人民法院助理审判员，2012年被任命为D县人民法院审判员，2013年7月从人民法院辞职，随即进入某律师事务所任实习人员，2014年杨某取得律师执业证书并执业至被调查之日。经查，杨某于2013年11月至2018年12月一直承办原任职法院办理的案件。其中，2017年1月之后，杨某本人与其他律师以诉讼代理人身份共同代理D县人民法院办理的案件10件，共收取律师费27669.9元（税后）。以上事实有司法局的询问笔录、相关的任职通知、辞职批复、委托合同、判决书、委托书以及收费发票等证据证实。

D县司法局认为，杨某曾任D县人民法院法官，从D县人民法院离任后，以执业律师身份多次担任原任职法院办理案件的诉讼代理人或者辩护人，其行为违反了《律师执业管理办法》（司法部令第134号）第28条第2款"曾任法官、检察官的律师从人民法院、人民检察院离任后，二年内不得以律师身份担任诉讼代理人或者辩护人；不得担任原任职人民法院、人民检察院办理案件的诉讼代理人或者辩护人，但法律另有规定的除外"的规定，依法应当予以行政处罚。根据《律师法》《律师执业管理办法》等法律法规的相关规定，D县司法局给予杨某停止执业两个月、没收违法所得27669.9元的行政处罚。

---

[1] 法妞问答. 法官辞职后代理原任职法院案件，被停止执业没收所得！, https://www.163.com/dy/article/ELASF2010514A1ND.html.

【主要法律问题】

法官辞职后从事律师工作有哪些限制性规定？

【主要法律依据】

1.《中华人民共和国律师法》

第41条 曾经担任法官、检察官的律师，从人民法院、人民检察院离任后二年内，不得担任诉讼代理人或者辩护人。

2.《律师执业管理办法》

第28条 曾经担任法官、检察官的律师从人民法院、人民检察院离任后，二年内不得以律师身份担任诉讼代理人或者辩护人；不得担任原任职人民法院、人民检察院办理案件的诉讼代理人或者辩护人，但法律另有规定的除外。

【理论分析】

根据我国《律师法》以及《律师执业管理办法》的相关规定，曾经担任法官、检察官的律师从人民法院、人民检察院离任后，二年内不得以律师身份担任诉讼代理人或者辩护人；不得担任原任职人民法院、人民检察院办理案件的诉讼代理人或者辩护人，但法律另有规定的除外。

按照这一规定，上述案例中的杨某从原任职法院离职后，代理了原任职法院办理案件的诉讼代理人，违反了相关的职业伦理规范，理应受到处罚。

【思考题】

法官辞职后代理原任职法院办理的案件，会对司法公正造成哪些不利影响？

案例四 法官从事营利性活动案[1]

【基本案情】

2007年9月，四川省某县人民法院法官何某与个体商人赵某、四川某建筑公司经理袁某签订《投资合作协议》，共同出资竞买了当地1-3号地块。

协议约定袁某出资1300万元，赵某出资600万元，何某出资100万元，共同以四川某建筑公司的名义竞买地块，三方以各自最终的投资股份比例分取收益。

竞买成功后，由于种种原因，三方决定不再合作。2007年10月，三方签订了解除

---

[1] 网易传媒. 法官投百万巨资从商 合作不成怒索高利息，http://media.163.com/10/0209/13/5V36778A00763N55.html.

投资合作协议,约定该地块使用权归赵某。赵某同意在 2007 年 11 月 30 日前退还何某本金 100 万元,在 12 月 30 日前退还利息 30 余万元。此后,赵某资金出现困难,未能如期退款,而是在 2008 年 4 月至 2009 年 1 月间陆续支付了何某 90 万元,其余款项未支付。2009 年 4 月,何某一纸诉状将赵某告上法庭。何某起诉称:2008 年 2 月,其与赵某一起协商还款之事,赵某提出存在资金困难,要求将 130 万元转为借款,承诺按照 3% 的月息支付利息,双方商定后并未立据。至起诉时,赵某尚欠其本金 40 万元或 50 万元,要求偿还本金并支付利息 36.32 万元。赵某答辩认为:本案系合伙纠纷,而非民间借贷,该债权债务关系是基于双方共同投资产生的,其已经归还何某本金 90 万元,仅需再支付本金 10 万元;并且,由于何某的法官身份,双方的合伙行为已经违反了法律禁止性规定,协议应属无效;此外原告诉称的利息双方也没有达成协议,没有证据证明其承诺支付 3% 的利息。

经审理,一审法院认为,何某身为法官,按要求不得参与经营性活动,何某参与赵某等人投资竞买土地进行经营的行为违反了纪律规定。三方签订《投资合伙协议》后不到一个月时间,在还没有进行经营活动的情况下,三方就签订了《解除投资合伙协议》,按解除协议约定,何某已完全终止了投资合作协议中的权利义务关系,同时对三方投入的资金及利息,按实际开支的费用和当时的土地增值进行了结算,明确土地权归属及今后的经营权归赵某一人所有,以及赵某应当向何某给付的款额和期限。该解除协议完全是三方自愿意思表示,其内容也不违反法律法规的规定,并且该解除协议是一份独立完整的合同,不是投资协议的从合同。何某签订投资合作协议的行为是否有效,不影响解除投资合作协议的效力,故三方签订的《解除投资合作协议》合法有效。

二审法院对该案作了进一步的说明:《公务员法》和《法官法》的相关规定是对主体得以从事的法律行为的限制,并不影响相应法律行为的效力,属管理性的强制性规定,不属效力性强制性规定。根据原最高人民法院《关于合同法的司法解释(二)》第 14 条,合同法第 52 条第 5 项规定的"强制性规定",是指效力性强制性规定,因此何某等签订的《投资合作协议》有效,由此产生的《解除投资合作协议》也应有效。

【主要法律问题】

1. 何某的行为属于借贷行为还是投资经营行为?
2. 关于法官从事营利性活动有哪些禁止性规定?

【主要法律依据】

1. 《中华人民共和国法官法》

第 46 条 法官有下列行为之一的,应当给予处分;构成犯罪的,依法追究刑事责任:(一)贪污受贿、徇私舞弊、枉法裁判的;(二)隐瞒、伪造、变造、故意损毁证据、案件材料的；（三）泄露国家秘密、审判工作秘密、商业秘密或者个人隐私的；（四）故意违反法律法规办理案件的；（五）因重大过失导致裁判结果错误并造成严重后果的；（六）拖延办案，贻误工作的；（七）利用职权为自己或者他人谋取私利的；（八）接受当事人及其代理人利益输送，或者违反有关规定会见当事人及其代理人的；（九）违反有关规定从事或者参与营利性活动，在企业或者其他营利性组织中兼任职务的；（十）有其他违纪违法行为的。法官的处分按照有关规定办理。

2.《中华人民共和国公务员法》

第 59 条　公务员应当遵纪守法，不得有下列行为：……（十六）违反有关规定从事或者参与营利性活动，在企业或者其他营利性组织中兼任职务。

【理论分析】

本案中何某参与赵某等人投资竞买土地进行经营，并签署了《投资合伙协议》，其行为属于从事营利性活动，而非其自称的借贷行为，应当按照《法官法》与《公务员法》的相关规定对其进行处罚。这里需要说明，许多国家的法官是单独职业，不与公务员混同，我国的法官定位比照公务员，需要遵守公务员相关规定。

我国《法官法》第 46 条第 9 款禁止法官从事或参与营利性活动，在企业或者其他营利性组织兼职。《公务员法》第 59 条第 16 款规定，公务员不能从事或参与营利性活动，在企业或者其他营利性组织兼任职务。法官不当违反有关规定从事或者参与营利性活动，将会受到相应的处分。

【思考题】

为什么要禁止法官从事营利性活动？

案例五　"全国模范法官"贪污受贿案[1]

【基本案情】

李某于 1986 年成为一名人民法官。1992 年，29 岁的李某便被任命为某法庭庭长。在工作中，李某创造的"审教式办案法"和"快速反应工作法"广受好评。工作 10 余年，李某主审并执行案件达 1500 多件，调解结案率达到 96% 以上，"无积案、无错案、无重审、无改判、无矛盾激化"。在庭长岗位上，李某把所在法庭带成省高院和市中院评定的最讲理、最公正、最廉洁、最文明的"四最"法庭，其本人也先后被评为省、市、县办案能手，优秀党员，优秀法官，全国青年法官标兵；三次荣立一等功，一次

---

[1] 搜狐新闻. 河南首位"全国模范法官"因贪污受贿被判 17 年，http://news.sohu.com/20140624/n401238388.shtml.

荣立二等功。2003年2月17日，他荣获"全国模范法官"称号，这堪称法官的最高荣誉，他是所在省份首个获此荣誉的法官。2007年2月，李某被任命为某法院院长。在他的领导下，该市法院构建了四级民调网络，形成了"大调解"工作机制。在回应"调解优先"是不是"和稀泥"的疑问时，上级法院领导就以李某创造的"大调解"方法作为正面典型予以解释。

2010年5月27日，市中院举行全市法院院长例会，正在开会的李某被市检察院的人员带走。检方指控，李某涉嫌犯受贿罪、贪污罪、诈骗罪、巨额财产来源不明罪"四宗罪"。在受贿罪方面，法院一审查明，李某在任人民法院院长期间，利用职务便利多次收受他人财物，共计35.9万余元，并为他人谋取利益。2007年9月17日，李某以到北京协调事情为由，从所在人民法院主管会计杨某处拿走现金10万元，后安排办公室主任马某找票据在单位冲账。根据判决书显示，李某共报账80.4万元，所报账款被其个人占为己有。此外，李某还有101.4万余元财产说不出来源。2013年12月12日，法院一审宣判，认定检方指控四项罪名成立，判处李某有期徒刑17年，剥夺政治权利5年，并处没收个人财产15万元，罚金2万元。6月5日，二审法院裁定维持原判。

【主要法律问题】

如何认定法官存在贪污、受贿行为？

【主要法律依据】

1.《中华人民共和国刑法》

第382条 国家工作人员利用职务上的便利，侵吞、窃取、骗取或者以其他手段非法占有公共财物的，是贪污罪。受国家机关、国有公司、企业、事业单位、人民团体委托管理、经营国有财产的人员，利用职务上的便利，侵吞、窃取、骗取或者以其他手段非法占有国有财物的，以贪污论。

第383条 对犯贪污罪的，根据情节轻重，分别依照下列规定处罚：（一）贪污数额较大或者有其他较重情节的，处三年以下有期徒刑或者拘役，并处罚金。（二）贪污数额巨大或者有其他严重情节的，处三年以上十年以下有期徒刑，并处罚金或者没收财产。（三）贪污数额特别巨大或者有其他特别严重情节的，处十年以上有期徒刑或者无期徒刑，并处罚金或者没收财产；数额特别巨大，并使国家和人民利益遭受特别重大损失的，处无期徒刑或者死刑，并处没收财产。

2.《中华人民共和国法官法》

第46条 法官有下列行为之一的，应当给予处分；构成犯罪的，依法追究刑事责任：（一）贪污受贿、徇私舞弊、枉法裁判的；（二）隐瞒、伪造、变造、故意损毁证据、案件材料的；（三）泄露国家秘密、审判工作秘密、商业秘密或者个人隐私的；（四）故意违反法律法规办理案件的；……法官的处分按照有关规定办理。

【理论分析】

所谓贪污、受贿是指国家工作人员利用职务上的便利,侵吞、窃取或者以其他手段非法占有公共财物的行为,与利用职务上的便利,实施索要他人财物,或者非法收受他人财物,为他人谋取利益,从而构成犯罪的行为。本案中,法官李某利用职务便利,多次收受他人财物,并为他人谋取利益,其行为符合受贿罪的犯罪构成要件。同时,李某利用票据报账并据为己有的行为也符合贪污罪的构成要件。因此,本案中李某的行为同时触犯贪污罪与受贿罪两项罪名。

案例六 法官泄密案[1]

【基本案情】

2014年1月10日,有网民在网络上发出"某法院庭长说给60万元可判无罪,我信还是不信"一文。该网民在文中称,某法院的法官尹某,凭借手中的权力,不顾司法的公正公平,多次向该网民和同案的另一被告人禹某索贿数十万元,其中,向他本人索贿60万元。尹某称只要钱到位,他可以操纵法院判无罪。在贴出举报文章的同时,该网民还附上了自己与尹某商讨时的录音录像。这一帖子迅速引发舆论关注。1月12日,被举报法官所在法院通过官方微博表示,针对网友举报该院法官尹某的问题,该院已协同区纪委成立调查组,对帖文所反映的问题进行调查核实。

省高级人民法院和市委、市纪委、市委政法委以及市中级人民法院高度重视此次反映的问题,迅速组织力量展开调查。1月12日,尹某所在法院对其涉嫌违反审判纪律问题立案调查。1月13日,区纪委对尹某涉嫌违纪问题立案调查。经调查核实,尹某违反规定会见案件当事人、接受当事人的吃请、泄露审判秘密、向当事人介绍律师等情况属实。区法院提请区人大常委会免去尹某的审判员、知识产权审判庭副庭长职务。为坚决清除政法队伍中的害群之马,区人大常委会依据《中华人民共和国地方各级人民代表大会和地方各级人民政府组织法》、《中华人民共和国人民法院组织法》和《中华人民共和国法官法》的有关规定,免去了尹某的区法院知识产权审判庭副庭长、审判员职务;1月20日,区纪委、区人民法院依据《中国共产党纪律处分条例》和《人民法院工作人员处分条例》的有关规定,给予尹某开除党籍和开除公职处分。尹某涉嫌受贿、向当事人索要财物等线索已依法移送检察机关查处。

【主要法律问题】

法官能否泄露因审理案件而掌握的信息?

---

[1] 共产党员网. 网曝"索贿60万元" 湖南天元区法官被开除党籍和公职, https://news.12371.cn/2014/01/21/ARTI1390294537902116.shtml?from=groupmessage.

【主要法律依据】

《中华人民共和国法官法》

第7条　法官依法履行职责，受法律保护，不受行政机关、社会团体和个人的干涉。

第10条　法官应当履行下列义务：（一）严格遵守宪法和法律；（二）秉公办案，不得徇私枉法；（三）依法保障当事人和其他诉讼参与人的诉讼权利；（四）维护国家利益、社会公共利益，维护个人和组织的合法权益；（五）保守国家秘密和审判工作秘密，对履行职责中知悉的商业秘密和个人隐私予以保密；（六）依法接受法律监督和人民群众监督；（七）通过依法办理案件以案释法，增强全民法治观念，推进法治社会建设；（八）法律规定的其他义务。

【理论分析】

严格遵守秘密乃是法官的道德义务与法律义务。根据我国《法官法》的相关规定，法官应当保守国家秘密和工作机密。在写作、授课等工作中，应当避免披露工作中所获得的各种国家秘密、商业秘密、个人隐私以及其他非公开信息。如果法官需要接受新闻采访，需要经过组织安排或批准，且同样需要遵守保密规则。在上述案例中，法官违反规定会见案件当事人，并泄露审判秘密、向当事人介绍律师，其行为已经违反了法官的保密义务。

【思考题】

法官为何需要遵守保密义务？

案例七　法官铐律师案[1]

【基本案情】

2009年，昆明某律师事务所律师何某到某县法院代理一起土地使用权转让纠纷案，县法院民事一庭庭长洪某单独负责审理此案。

上午10点40分前后，庭审结束后，法官叫原、被告双方当事人在庭审笔录上签字。律师何某发现遗漏了其辩论观点，主张把"法官口头不同意追加当事人的观点"补在笔录中。此时，法官说："不准动笔录，有什么意见可以另外提交书面意见。"何律师说："笔录是记载整个庭审过程，如果不加上，我就不签字。"法官当即回答："随便你签不签字，你爱签不签。"随即，何律师把自己签在第一页上的名字划掉，并在第

---

[1] 袁钢. 法律职业伦理案例研究指导［M］. 北京：中国政法大学出版社，2019：50.

二页笔录上补充:"我要求对庭审笔录进行补正,但未获准许,被告代理人拒绝签字",并写下自己的名字。法官拿过笔录一看,大声说:"你有哪样权利在上面随意写字。"何律师回答:"这是庭审笔录,代理人有权在上面签字,代理意见不完整的,我有权利在上面写上自己的意见。"

法官说:"我之前就告诉过你,这个事不要扯了。书记员,去把法警叫来,把他(何律师)拘留起来。"书记员走出法庭去叫法警。何律师说:"拘留可以,必须有完备的拘留手续,比如要法院院长签字同意才可以。"

此时,法庭旁听席上坐有15名旁听群众,目击了何律师和法官的对话情景。法官坐在审判席上沉默了3分钟左右,又向何律师提出:"给你(何律师)3个选择:一是拘留,二是罚款,三是写检查。"何律师回答:"在笔录上写拒签笔录的原因是我的权利,所以,检查我是绝对不会写的。"很快,书记员带着两名法警走进法庭。法官说:"把他(何律师)铐起来带走。"法警掏出手铐,把何律师铐了起来带出法庭,带到法院篮球架上铐起来。何律师回忆:"我被铐时,还特别看了一下手机,应该是上午10点50分左右。"

上午11点半,县法院副院长得知情况后,来到法院法警大队了解情况,随即叫法警把何律师的手铐打开,并把何律师叫到办公室了解事情经过。此时,何律师被铐在篮球架上晒太阳已有40分钟左右。

据何律师转述,副院长了解情况后,诚恳地向何律师道歉道:"办案法官性子急、办案压力大,拘留违反程序,对不起了,请你谅解。对涉事法官将进行严肃的批评教育。"

【主要法律问题】

法官在法庭上应当如何保障诉讼参与人(包括律师、当事人等)的诉讼权利?

【主要法律依据】

1. 《中华人民共和国法官法》

第4条 法官应当公正对待当事人和其他诉讼参与人,对一切个人和组织在适用法律上一律平等。

第10条 法官应当履行下列义务:……(三)依法保障当事人和其他诉讼参与人的诉讼权利;……

2. 《中华人民共和国律师法》

第37条 律师在执业活动中的人身权利不受侵犯。律师在法庭上发表的代理、辩护意见不受法律追究。但是,发表危害国家安全、恶意诽谤他人、严重扰乱法庭秩序的言论除外。律师在参与诉讼活动中涉嫌犯罪的,侦查机关应当及时通知其所在的律师事务所或者所属的律师协会;被依法拘留、逮捕的,侦查机关应当依照刑事诉讼法的规定通知该律师的家属。

【理论分析】

法官在履行审判职能的过程中,应当依法保障当事人和其他诉讼参与人的诉讼权利。对待双方当事人及其代理人、辩护人应当合法合规,遵守法定程序,不得滥用职权,或者故意违反法律法规办案。本案中,法官洪某漠视当事人、律师权利的意识是显而易见的。律师作为维护、救助法律权利的社会角色,其基本功能在于通过对社会主体法律权利的维护,促进社会秩序的稳定。现代法治社会的基本要义就是尊重和保护权利(特别是法律赋予的权利),积极履行法律义务的平等观念,本案中洪法官以权力压制权利,滥用了国家司法权,是旧有的"以权代法、以言代法"的典型,打破了诉讼结构中控、辩、审三方法定的民主性和公正性结构,违反了法官主持庭审应该具有的中立法律原则,不仅滥用了司法强制权,而且涉嫌非法限制他人人身自由,严重违反了法官职业伦理道德规范。

【思考题】

法官、律师以及检察官等法律从业者应当如何维护法律职业共同体?

CHAPTER 4 第四章
检察官职业伦理

本章知识要点

(1) 检察官职业伦理有哪些特征？其实现的职业功能是什么？(2) 我国的检察官职业道德的基本规范有哪些？(3) 违反检察官职业道德规范将会有哪些后果？

"不同的法律职业扮演着不同的角色，除了要遵循共同的职业道德外，还有各自不同的职业伦理和职业道德"。[1] 在我国，检察官是指从事检察事务的国家工作人员，主要承担法律监督的职能。检察官伦理是法律职业伦理的重要组成部分，是检察工作人员内心应坚守的底线和原则。检察官作为法律职业共同体的重要角色，应以法律职业伦理为依托，构建检察官职业伦理体系，规范检察官职业规则，强化检察官法律素养，让检察权在公开、透明、阳光的职业环境中有效运转，使检察官职业伦理成为检验检察工作标准的重要指标，这不仅直接关乎检察工作的质量，也成为社会公信力的重要象征，最终目的都是维护法律权威。

第一节 检察官职业伦理概述

一、检察官职业伦理概述

所谓检察官职业伦理，是指具有专业知识的检察职业人员在职业活动中所应遵循的伦理规范或行为准则。其中所蕴含的规范或准则，主要包含：

（一）伦理关系

检察官作为法律职业共同体的重要成员，在职业活动中不可避免地与其他人员进行业务往来，首要便应尊重其他工作人员的职业尊严，相互交流、配合工作时应妥善

---

[1] 张文显. 法律职业共同体研究 [M]. 北京：法律出版社，2003：139.

协调不同职业群体之间价值目标的冲突，尽管在具体案件中可能存在争吵等情况，但应对其他人的职业尊严秉持客观、尊重和平等的原则。

（二）伦理规范

检察官的职业伦理规范，应在具体行动中予以贯彻实施，这些规则应构成具体、可行、系统的规范体系，明确规定哪些行为是可行的，哪些行为是不可行的，在检察官违反规则的情况下，应给出相应的惩罚和救济措施。由此可见，检察官的职业伦理规范体系应当是外在、强制的责任伦理要求，而不是目的导向型的伦理倡导；同时，需要受到专属职业的限定，而不是针对个人道德的限定，这就需要从整体性职业成员中寻求共性的约束，在职业活动中辨别对错。因此，检察官职业伦理的规则应是明示具体职业要求且可操作的，而不是单纯地罗列缺乏实操应用的条款。

（三）伦理观念

检察官的职业伦理观念应贯穿于伦理规范体系的始终，在具体的法律规则中予以彰显，但不能仅仅拘泥于法律条款的堆砌，不成文的规定也应体现在检察官的职业伦理观念中。例如，法官、检察官、律师作为法律职业工作者，区别仅仅在于身份职能，工作的最终目的都是实现法律的程序公正和实体正义，进而形成影响全社会成员信法、守法、依法、用法的良好社会氛围，而不是满足个人私欲。这种观念的塑造，需要法律职业者长期遵守职业伦理并予以实践才能实现。

因此，检察官职业伦理作为外在规范和内在要求，可以为检察工作人员在职业活动中提供执业规范指引。建立健全检察官职业伦理规范体系，不仅为检察官解决个人道德与职业要求之间产生的矛盾提供解决方案，也使伦理价值制度化、规范化成为现实，为检察官的职业活动提供一套相对明确、可靠的行为准则，严格遵守职业伦理的法律规定，使其坚持"最低程度的道德约束"，保证检察行动的合理性。检察官的行为不能超越底线，否则将承担相应的法律责任。检察官职业伦理的现实化正是应对法律实践过程中对责任伦理的需求。

二、检察官职业伦理的特征

检察官职业伦理不同于普通的道德规范，亦不同于其他法律职业的职业道德规范。从根本上说，这些特征是由检察机关的法律职能定位所限定的。宪法明确规定了检察机关的法律监督职能以及其在国家权力结构中所处的地位，检察机关首先是执法机关，与行政机关和审判机关的地位是平行的，同时也是对行政机关、审判机关行使权力具有一定程度监督、制约的法律监督机关。与普通公职人员、其他法律工作人员的职业伦理规范相比较，检察官职业伦理的特征如下：

（一）高度责任要求和特殊示范效应

权力与责任是正比例相关，权力的行使伴随着责任的承担，权力的范围越广，应承担的责任越重。宪法所赋予的权力和责任，同时要求与之相匹配的道德素质和伦理修养。宪法作为国家基本法，以法律层次最高的基本法律形式明确检察机关作为法律监督机关的职责。检察机关既保证法律的执行，又监督法律的实施。当检察机关行使检察权执行法律时，与对其他司法机关的要求一致；但其行使法律监督权时，地位便处于相对超然状态，检察官代表国家主动追究违反法律的犯罪行为并对违法行为予以纠正，而不是基于当事人的诉讼请求。从检察官承担的追诉职能来看，检察官是秩序的守护者，始终保持对犯罪行为的积极、主动性法律监督。

但是，检察机关在行使法律监督权时，往往需面对等级森严的强权压力和错综复杂的部门利益关系，有时还容易遭到地方政府或上级领导的干涉。检察官的职责，就在于保障国家法律的有效实施，维护法律的公平正义。这关系着国家社会长期和谐稳定和依法治国方略的实现，事关公民合法权益等重要问题。纵观少数检察官贪污渎职、违法乱纪、丧失伦理的情况，背后映射的可能是法律实施的混乱状态。

因此，相较于一般的法律职业伦理特性，检察官职业伦理应具有高度的责任要求和特殊示范效果。

(二) 强拘束力、执行力和政治性要求

一般的法律职业伦理要求都具有某种程度上的强制力和执行力，而检察官职业伦理更是强化了二者的力度。检察官在职业活动中发生违反职业伦理的贪污受贿、以权谋私、刑讯逼供等行为，不仅将要面临社会道义的谴责，更会受到职业规范、纪律的惩戒。检察官职业伦理规范以法律形式确定职业伦理的权利和义务，以更高的权威性和更强的约束性保证伦理规定的落实，必然成为检察官遵守的法定义务。除此之外，还有其他规范性文件也能充分体现检察官职业伦理的强制性、执行性。伦理规范不能得到执行，便成为"稻草人"。检察官作为法律实施的监督者，若其自身的职业伦理规则都无法得以实现的话，那么法律实施的目标也将不可实现。检察官职业伦理的强制性、执行性在法定职责所规定、纪律所要求的惩罚措施和力度上得以体现，旨在通过完整的程序设计和配套制度措施，提高发现违反犯罪行为的监督、惩戒概率，保持对职业伦理行为的高压态势，同时，增强处罚力度，提高违法成本以绝犯罪之心。

此外，政治性要求在制定检察官职业伦理的过程中彰显无遗，检察机关作为人民民主专政和国家政权稳定的重要工具，必将深刻影响检察官职业伦理要求的方向，比如"坚定政治信念，坚持以马克思列宁主义、毛泽东思想、邓小平理论、'三个代表'重要思想、科学发展观、习近平新时代中国特色社会主义思想为指导；坚持党的路线、方针、政策、纲领，服务大局"等诸多表述都是规范检察官职业伦理的现实倾向。

三、检察官职业伦理的功能

(一) 激励约束

横向对比其他法律职业伦理，检察官职业伦理同样具有激励约束的功能。激励主要是通过奖优评先的方式，授予"检查道德模范""全国模范检察官"等荣誉称号，增强检察官在履行职责过程中的荣誉感和自豪感，形成带头模范执法的强大精神动力；而约束主要是通过运用法律、纪律等方式，制裁并处罚违背职业伦理的行为，敦促检察官恪守职业准则，提高职业活动的权威性。

（二）评价引导

作为行业标准，检察官职业伦理通过评价行为是否符合规范和认可，也能通过规范性指引对检察人员同类行为进行引导。

（三）教育重塑

尽管检察官的个体道德和职业伦理有不同之处，但二者密切联系。提升检察官的个人道德修养，一定程度上能促使检察官整体职业伦理水平的提高。检察官职业伦理的教育，不能仅求解于职业伦理本身，更要求解于个人道德素质修养的培育，让其自身成为塑造本我的内在要求和动力。

四、检察官职业伦理的发展趋势

（一）西方国家的检察官职业伦理

根据历史传统和外在形式的差异，西方国家设计检察制度的模式主要分为大陆法系和英美法系。由于不同国家对检察官制度的职能定位迥异，组织体制有差异，进而影响其职业伦理规制路径的不同。

英美法系国家以相对松散的权力架构来实现检察权的行使，即三权分立的制度设计，其归属于行政权的范畴，与司法权有明确的界限。检察官作为普通的行政人员，基于判例法的特点，检察官起诉并不遵循法定起诉主义，相反其享有广泛的自由裁量权，代表国家进行追诉的行为更像是"在法官之下的抗辩"。因而，检察系统不存在统一、专门的职业伦理规范体系。大陆法系国家强调国家权力行使的高度统一，检察权在政治权力中的地位相对超然，检察官由国家司法机关任命且享有政治、经济地位，具有国家官员的身份性质，对违法犯罪行为实行法定追诉主义，自由裁量权的范围有限。

相对英美法系国家而言，大陆法系国家的检察官职业伦理在成文法的规定中更能清晰体现。比如，德国的检察官职业伦理必须遵循以下原则：（1）公正。检察官必须忠于宪法和法律，不受个人价值判断、公众议论等影响，坚持疑罪从无的追诉原则。（2）正直。检察官的行为必须符合人道主义的道德原则，即诚实、保密、勇于承认和改正错误。（3）责任。在司法活动中，检察官必须维护法治精神，谨言慎行，准确判断处理刑事案件，注意运用法言法语，赢取民众对司法体制的高度理解和信任。（4）适度。检察官的言行必须保持节制，避免由于不当言论和行动影响检察机关的公信力,对信任可能有损的指令要予以明确拒绝。(5)谨慎。法律职业共同体的成员必须以事实为根据、以法律为准绳,相互尊重、配合,反对言语、行动上的歧视行为,若出现违规情形,需提出批评意见和建议。(6)情理。在法庭审理过程中,检察官与当事人沟通时,应给予充分的理解和同情,明理析法、不强人所难。(7)透明。在遵守保密条例的前提下,积极、主动公开检察实务和程序,在阳光下运行,接受社会群众监督。[1]

基于不同法系国家的检察官职业伦理,总的来说,都强调把"客观公正"和"公平正义"作为检察官的基本伦理要求,必须遵循正直、中立、廉洁、审慎、保密等原则。

(二)中国特色检察官职业伦理

中国特色社会主义职业伦理体系,是基于借鉴大陆法系的体系和英美法系的有效经验,结合创新、实践而形成的。中国检察官职业伦理往往与职业道德密切相关,其法律条款的表述通常为检察官职业道德。《中华人民共和国检察官法》(以下简称《检察官法》)第4条规定:检察官应当勤勉尽责,清正廉明,恪守职业道德。由此可见,在检察职业追求的目标上,我国职业伦理道德的要求与不同法系国家基本保持一致。我国检察官职业伦理的建设,是逐步建立并提高、完善的过程,自1949年年初设立最高人民检察署并任命检察官员开始,经改革开放后不断强化而形成。最高人民检察院(以下简称最高检)于1978年恢复设立,1984年出台《检察机关工作人员奖惩暂行办法》、2000年出台《廉洁从检十项纪律》、2010年出台《检察官职业行为基本规范(试行)》等规范性法律文件,为检察官职业队伍的建设准则和纪律要求提供方向指引。2016年最高检印发《中华人民共和国检察官职业道德基本准则》,结合检察机关司法办案的实际和检察机关职能,赋予检察官"忠诚""为民""担当""公正""廉洁"更深刻的内涵。比如,"忠诚"在强调忠于党、坚定维护以习近平同志为核心的党中央权威的基础上,突出忠于法律、信仰法治;"为民"突出让人民群众在每一个司法案件中都感受到检察机关在维护公平正义;"担当"突出敢于对司法执法活动进行监督、坚守防止冤假错案的底线;"公正"突出维护法制的统一、权威和尊严;"廉洁"突出监督者更要接受监督。就检察官制度而言,我国与英美法系国家的差异较大,相近于但又略不同于大陆法系国家,同时具备自身特色。可以说,中国特色检察官职业伦理继承现代世界法治文明的共性,更体现出中国特色社会主义法治理念的鲜明特征。

五、加强检察官职业伦理建设的必要性

在全面推进依法治国的社会转型背景下,检察官身兼法律监督和实施的重任,加强检察官职业伦理构建的进程,必将体现崇尚法治的精神、维护社会法治秩序和公平

---

[1] 季美君. 德国检察官职业伦理道德要求[N]. 检察日报, 2019-12-14.

正义。

（一）实施全面依法治国战略的内在要求

全面依法治国战略的提出，是党和国家全面战略部署的其他三者实现的有效保证。检察机关承担法律监督的重要职能，法律监督权的正确运用对全面依法治国起着不可替代的作用。党的十八届三中全会，特别强调检察机关在推进依法治国进程中要发挥至关重要的作用。党的十九届五中全会后，最高检根据中央制定的《"十四五"规划和二〇三五年远景目标建议》，完善检察权的运行和监督机制，促进司法公正。以检察工作自身高质量发展服务保障新阶段经济社会高质量发展。❶ 纵观世界司法实践，加强检察官职业伦理建设，准确、高效打击违法犯罪行为成为各国积极行动的共识，国际检察官联合会的成功召开，旨在构建全球检察官伦理规范的行动体系和合作指南。因此，重构检察官职业伦理基本要素，完善制度标准化的理念和行动纲领，对提升检察工作人员的工作能力和法律素养，高效、可靠、准确地行使法律监督权，全面实现依法治国战略有着十分重要的意义。

（二）实现检察机关中立客观的重要保障

我国正处于推进司法体制改革的进程中，检察官职业伦理建设作为重要一环，总体以《宪法》为基本原则，以《检察官法》为基本指引，以检察官队伍的正规化、职业化、专业化为基本目标，依法独立实施法律监督职能，强化检察官的职责规定和管理要求。2019年修订的《检察官法》就履行职责的要求增加法律规定：检察官应当以事实为根据，以法律为准绳，秉持客观公正的立场。就办理刑事案件的原则强化法律规定：检察官应当坚持罪刑法定原则，尊重和保障人权。无论是立法，还是执法、司法，最终目的在于有力保障诉权的有效行使，妥善解决法律纠纷，社会秩序和正义得以实现，都意味着全社会对检察机关和检察官的行动期待，这就必然要求检察官必须具备优秀的综合能力和职业素养。要想实现客观中立的法律要求，题中之义在于公开、公正，其中隐含着检察官职业伦理的潜在指引。拉兹提出的法律原则，强调法律制定应明确、稳定且公开透明，司法审理不得有偏见。德沃金曾论证道德权利的重要性，强调保障公民对司法行为的知情权和参与权，是实现司法权威和形成社会公信力的重要途径。因此，从根本上说，检察官职业伦理建设应以追求中立、客观的价值目标为行动指引，回应群众对公平正义的期待和法治理念的追求。

（三）有效克服追诉惯性思维的关键路径

在刑事案件中，检察机关的主要职责是批准逮捕、公诉以及诉讼监督等，处于公

---

❶ 正义网. 最高检认真贯彻党的十九届五中全会精神, http://www.jcrb.com/xztpd/ZT2020/12y/2020SD/sd-jc20/202101/t20210125_2245802.html.

安、法院、纪检之中"承上启下"的地位。检察机关的追诉职能不仅是被动接受公安移送审查起诉后,核对已固定的证据材料,履行起诉手续,还应主动发挥能动性,牢牢把握追诉的主动权和选择权,实现检察机关追诉标准的实践和公诉行动的提请。若检察官在审查起诉阶段,不能对诉讼时效、证据效力、法律依据等关键问题刨根问底,轻易决定对犯罪嫌疑人的追诉,便会造成冤假错案的产生,有违法律公平正义。作为负责任的检察官,应严格恪守职业伦理规范,遵循疑罪从无的原则,以事实清楚、证据充分为必要条件,做到忠诚有担当、客观不偏倚、尊法不徇私,便能逐渐实现检察官职业伦理的价值目标和法治愿景。

第二节 忠诚规范

忠诚,简言之,就是捍卫。忠诚,就是竭尽全力,肝脑涂地,使命必达。《忠经》曾述:忠者,中也,至公无私。忠也者,一其心之谓矣。❶"忠诚"是我国传古至今的优良美德,几千年来一直被人民遵循并深深植根于中华大地之上。在现时期,忠诚是指对党、国家、人民绝对忠诚、绝对纯洁、绝对可靠的政治本色和政治品质,思想上始终保持与党中央高度一致,对事业和同志忠诚忠实,代表着最崇高敬意的诚信、尽职和服从。

忠诚是对司法公职人员道德素养的底线要求,唯有如此方能完成检察官的重要职责,守护好国家利益和人民利益,不辜负全社会对检察官职业的期望。因此,检察官"忠诚"规范如下所述。

一、忠诚于党、国家和人民

(一) 忠于党

忠于党,是检察机关行使检察权的政治前提。中国共产党的领导核心地位是在长期革命武装斗争中逐步形成的,是历史的潮流、人民的选择。中国共产党是全国各族人民利益的忠实代表,领航中国特色社会主义的发展方向。对党忠诚,意味着检察官要坚持马克思主义立场,运用中国特色社会主义理论武装头脑,坚定对党的信念,执行党的指示,维护党的声誉,服从党的领导。

(二) 忠于国家

忠于国家,是检察机关的法定义务。国家是阶级社会的产物,是权力意志的象征,现代社会的有效运转离不开制度体系的遵循。在中国特色社会主义制度的大背景下,

---

❶ 马融. 忠经 [M]. 北京:中国华侨出版社,2002:14.

国家意志上升为法律，通过爱国主义、集体主义教育，形成高度统一的意志、实现集中力量办大事的制度优势。忠于国家，意味着检察官要充分认识中华民族的历史发展和当今现实，自觉抵制"全盘西化"等不符合中国国情的政治观点和价值观念；检察官要做到理性而不理想化，积极融入国家体制机制深化改革，提高政治站位、情理认同；检察官要当好国家利益的"守门员"，以服务经济社会发展大局为重要使命，运用法律监督手段有效化解社会纠纷，维护社会秩序、保障公共安全，营造良好的发展氛围。

(三) 忠于人民

忠于人民，是检察工作的根本归宿。人民群众是历史的真正创造者，人民是国家的主人公。重视民生、民意、民权是检察工作政治性、人民性和法律性的时代要求。忠于人民意味着检察官要始终尊重人民的主体地位，树立人民利益至上的理念，一切以最广大群众的根本利益作为检察工作的出发点和落脚点；检察官要以平和、文明、规范的方式行使检察权，把检察工作的评价权交由群众；检察官要着力维护人民群众的合法权益，解决危害民生民利的违法犯罪，加强民事行政案件的法律监督力度，充分运用控申疏解、刑事和解、民事调解的社会矛盾化解机制，贯穿检察监督的全过程，自觉在行动上和思想上增强与人民群众的联系，不断提高人民群众对检察工作的满意度。

二、忠诚于宪法和法律

忠于宪法和法律，是对检察工作的本质要求。自觉维护宪法和法律的统一，是检察官的天职。宪法是国家的根本大法，而各项法律制度是宪法原则和精神的具体化。宪法和法律是检察机关和检察官进行职业活动的依据，亦是检察官行使职权的工具。检察官作为法律的执行者和监督的实施者，是法律现实化的需要，法律人格化的载体，根本在宪法，枝干在法律。离开宪法和法律，检察工作便无从抓起、寸步难行。

忠于法律，意味着检察官要牢固树立社会主义法治理念，深刻理解检察权在政治权力架构中所承担的职能，有力维护社会公平正义；检察官要坚持"三个至上"、职权法定的工作准则，尊重和保障人权，法律面前人人平等，努力实现程序正义和实体公正的统一；检察官要充分发挥司法能动性，秉持调解优先的工作原则，贯穿检察业务的全流程，努力克服司法过程中存在的"实用主义""法条主义"等观点，实现政治效果、法律效果和社会效果的最大化；检察官要积极推动检察一体化进程，重塑案件管理流程和机制，构建现代化、网络化的办案模式，严格落实宽严相济的刑事政策，规范适用非法证据排除规则，实现侦查、起诉全过程同步录音录像工作的即时可视化，打造多元化的法律监督手段。总而言之，最终目的在于实现"有法可依，有法必依，违法必究，执法必严"的检察目标。

此外，检察官自身在遵循宪法和法律规范要求的同时，也应监督其他国家机关、企事业团体和个人自觉地遵守和执行法律,及时纠正违法犯罪的越轨,恢复社会秩序的和谐稳定。

三、忠诚于事实真相

忠于事实真相,是检察官最基本的职业要求,是基于对法律的信仰。所谓事实真相,包含两个概念,即"真实事实"以及"法律真实"。[1] 检察官维护事实真相的义务,主要来源于道德层面所扮演的"正义守护者"角色和法律准则中所规定的内容。在我国,检察官代表国家追诉犯罪,法院自然会视其为正义的守护者,同时拥有独特的力量来影响裁判事实的认定。另外,法律明文规定检察官应以事实为依据,以法律为准绳。2018年修正的《刑事诉讼法》第53条规定:"公安机关提请批准逮捕书、人民检察院起诉书、人民法院判决书,必须忠实于事实真象。故意隐瞒事实真象的,应当追究责任。"

检察官在执法办案过程中,着重把握维护事实真相义务的两个维度:其一,必须保护、促进事实真相的发现。检察官基于自身角色的职能定位,应全面、客观地收集、保全对犯罪嫌疑人、被告人不利、有利的各种证据,根据案件事实和证据预先判断是否足以确信犯罪嫌疑人、被告人有罪进行追诉,但若存在合理怀疑,应有勇气拒绝起诉。其二,不得从事危害事实真相的行为。检察官不应有意、无意地阻挠、妨碍事实真相的发现,扭曲、隐匿事实真相的行为更是违法违纪。

第三节 公正规范

《荀子·正论》:"故上者下之本也……上公正则下易直矣。"[2] 公正,意为公平正直,没有偏私,即不偏不倚地裁制事务使之"合宜",符合公认的道德规范要求。检察官的"公正",即崇尚法治,客观求实,依法独立行使检察权,坚持法律面前人人平等,自觉维护程序正义和实体公正。只有坚持法律的公平正义,坚守检察官职业伦理的底线,才能高度契合检察机关依法独立行使法律监督的宪法定位,惩罚犯罪分子,尊重和保障人权,回应人民群众对公平正义的更高要求。因此,检察官"公正"规范如下所述。

一、崇尚法治

法治,即根据法律治理国家,与"人治"相对。亚里士多德曾言:法治应当优于一人之治。"它既是一种理想目标,也是一种现实化的客观运动",法治是人类社会走

---

[1] 韩东成. 检察官维护事实真相之义务 [C]. 法治思维与检察工作——国家高级检察官论坛,2013-08-21.
[2] 荀况. 荀子 [M]. 上海:上海古籍出版社,2014:208.

向现代文明的重要标志。对于现代中国,实施依法治国方略,建设社会主义法治国家,法治的重要性不言而喻。

崇尚法治,意味着检察官要坚持宪法、法律至上,依靠法律来实施权力,通过形式上"依法办事"的方式、制度及其运行机制,实质上"法律至上""法律主治""制约权力""保障权利"的价值、原则和精神,实现检察官职权在法治的框架内规范化运行;检察官要不偏不倚、不枉不纵,以事实为根据、以法律为准绳,检察事务的处理以法律明文规定为行动标准,正确行使检察裁量权,不冤枉一个好人,也不放过任何一个坏人;检察官要依法履行职责,敢于监督,善于监督,不为金钱所诱惑,不为人情所动摇,不为权势所屈服;检察官要树立证据意识、程序意识、人权保护意识,依法保障和维护律师参与诉讼活动的权利,自觉遵守法定回避制度,维护法庭审判的严肃性和权威性。

二、客观求实

检察官在履行职责的过程中应当秉持客观公正的立场,这既是法律的要求,也是人们的共识。

检察官负有"客观性"义务,不仅代表国家对犯罪进行追诉,维护法律秩序,还负有保护人权的职责。对于国家和社会而言,检察官的行动是实现法律秩序,维持社会稳定的重要手段;对于个人而言,检察官肩负着保护个人权利、实现法律正义的责任。不但要查明犯罪嫌疑人、被告人有罪的情况,还要查明其无罪的情况;不但要追诉犯罪,更要收集有利于犯罪嫌疑人、被告人的证据,注重保障其诉讼时应有的程序权利。换言之,检察官必须站在客观公正的立场上,努力发现并尊重案件事实真相,不应是片面追求打击犯罪的"追诉狂",而是依法言法、客观公正的"守护人"。

因此,客观求实要求检察官处理案件不能脱离事实、不能随心所欲,力戒片面性和表面性,必须在尊重真实的基础上,发挥主观能动性,以使案件得到公正的处理。

三、依法独立行使检察权

《宪法》第131条规定:人民检察院依照法律规定独立行使检察权,不受行政机关、社会团体和个人的干涉。

检察机关行使检察权,在法律规定的范围内是独立的,不受行政机关、社会团体和个人的干涉,行政机关、社会团体和个人应尊重并支持检察机关独立行使法定职权。

检察机关依法独立行使检察权,即"检察权独立",检察机关作为一个组织整体,集体对检察权的行使负责。在检察机关内部,下级检察院必须服从上级检察院领导,地方检察院必须服从最高人民检察院领导。就单个检察院而言,不论其所属级别,在其内部,以检察长、检察委员会为领导的组织形式集体行使职权。

检察机关行使职权要以"依法"为前提。服从组织和领导,是检察机关应当遵循的原则,但前提是依法。因此,检察机关行使职权,要"依法""独立",既要遵守实体法，又要遵守程序法，实现实体公正和程序公正的统一。

四、法律面前人人平等

《宪法》第 33 条规定：中华人民共和国公民在法律面前一律平等。法律面前人人平等，即人人平等地享有法律规定的权利和承担法律义务，不允许任何人享有超越法律的特权。坚持对任何人适用法律上的平等，意味着任何人只要触犯了刑法，不论其出身、民族、种族、职业、性别、宗教信仰、教育程度、财产状况、职位高低和功劳大小都应追究其刑事责任。我国历经两千多年的封建专制统治，存在浓厚的"等级"和"特权"意识，"官本位"文化根深蒂固，实现社会主义法治任重道远，更需要检察官以身作则，一视同仁，将触犯刑法者绳之以法，赢得公众信任，维护法律尊严。

五、维护程序公正和实体正义

程序公正和实体正义，实质上意味着平等地适用程序法和实体法，这是"公正"得以实现的落脚点。程序公正是实现实体正义的重要手段和保障，实体正义是程序公正的结果和最终目的。

程序公正，要求检察官：严格遵守刑事诉讼法的规定；保障当事人和其他诉讼参与人，特别是犯罪嫌疑人、被告人和被害人的诉讼权利；严禁刑讯逼供和以其他非法手段取证；保障诉讼程序的公开和透明；按法定期限办案、结案。

实体正义，要求检察官：据以定罪量刑的犯罪事实，证据应确实充分；正确适用刑法，准确认定犯罪嫌疑人、被告人是否有罪及其罪名；按照罪刑相适应原则，依法适度判定刑罚；对于错误处理的案件，采取救济方法及时纠正、及时补偿。

自觉维护程序公正和实体正义，是检察官义不容辞的责任，也是实现国家长治久安的题中之义。

第四节 清廉规范

清廉，即模范遵纪守法，保持清正廉洁，淡泊名利，不徇私情，自尊自重，接受监督。清正，不仅是为官从政所倡导的道德准则，更是检察官执法所必备的法律要求。检察官作为法律的忠诚执行者，唯有保持自身的清正廉洁，方能正确对待和行使职权，才有资格和理由去监督其他机关及其工作人员是否清廉公正。正所谓正人先正己，保持清正廉洁，淡泊名利，不徇私情，自尊自重，是检察官职业伦理建设的基本保证，也是检察官能够有效监督、保障法律正确实施和捍卫法律尊严的客观要求。如何对待和处理法与情的关系，关系着检察官职业道德素质的高低。清正廉洁的行为准则要求检察官必须珍惜职业身份和社会荣誉，坚持法律至上，用法律的标准来评判案件的是非曲直，主动抵制"说情风""走关系"等不良现象。此外，检察权与其他国家权力一样存在被滥用的风险，检察官在监督他人的同时，也需要接受外部监督和内部制约。因此，检察官"清廉"规范如下所述。

一、不以权谋私

以权谋私，是腐败现象的根源所在，其实质在于利用手中权力谋取个人私利，满足个人私欲。以权谋私是不清廉的主要表现形式。权力天然与利益关系密切，或者说权力从来都是用来谋取利益的，重点是用来为谁谋取利益，为人民还是自己。以权谋私是对权力的滥用和亵渎，辜负人民的信任，使权力丧失正当性、合法性基础。任何公职人员都不能以权谋私，检察官更应自觉抵制和打击腐败现象。

清正廉洁，要求检察官：不以权谋私，以案谋利，借办案插手经济纠纷；不利用职务便利或者检察官的身份、声誉及影响，为自己、家人或者他人谋取不正当利益；不从事、参与经商办企业、违法违规营利活动，以及其他可能有损检察官廉洁形象的商业、经营活动；不参加营利性或者可能借检察官影响力营利的社团组织；不收受案件当事人及其亲友、案件利害关系人或者单位及其所委托的人以任何名义馈赠的礼品礼金、有价证券、购物凭证以及干股等；不参加其安排的宴请、娱乐休闲、旅游度假等可能影响公正办案的活动；不接受其提供的各种费用报销，出借的钱款、交通通信工具、贵重物品及其他利益。

二、不徇私枉法

徇私枉法，即屈从私情，歪曲和破坏法律，实质上是公权与私情的交易。检察官要自觉抵制人情的干扰。我国正处于法治化进程中，人情社会、熟人社会的遗毒尚存，当现实生活中出现纠纷甚至违法犯罪的情形，人们不论有理无理，都倾向于寻求各种人情关系以求有利于己方的解决方案。在执法办案的过程中，检察官经常面对各种各样的"说客""打招呼者"，为犯罪分子开脱求情甚至是为不正当利益寻求保护。检察官面对七情六欲的干扰，必须秉公执法，不徇私情，方能守住职业道德底线，赢取社会公众的好评。

三、不权色交易

权色交易，是腐败行为的重灾区，即一方利用权力或者权力带来的利益与另一方发生性关系以达到满足生理欲望和情感需求的目的，而另一方利用自身姿色与对方发生或者保持不正当性关系，或借用、雇用美色勾引对方，从对方手中获取利益。权色交易的主要表现形式为性贿赂，此类行为突破道德底线，严重败坏国家工作人员的公众形象，违反社会公德和公序良俗，毒害社会风气，深刻影响社会主流价值观的塑造和正能量的传播。检察官作为法律监督的实施者，应自觉抵制权色的腐蚀。

四、不因权废法

因权废法的情形，主要包括：迫于领导压力或讨好领导而不依法办案；公职人员之间互相利用各自职权为对方谋取利益；畏惧黑恶势力而不依法办案。检察官作为法律秩序的"守护者"，应坚持法律至上，自觉抵制权势的压力，不趋炎附势。

"清廉是福，贪欲是祸"。习近平总书记曾多次告诫党员干部："当官发财两条道，当官就不要发财，发财就不要当官。""不忘初心、牢记使命"主题教育，把"清正廉洁作表率"作为一个具体目标，体现的正是对新时代公职人员廉政方面的基本要求。检察官要以此为指引，正确处理公私、义利、是非、情法、亲清、俭奢、苦乐、得失的关系，自觉同特权思想和特权现象作斗争，坚决预防和反对腐败，清清白白为官、干干净净做事、老老实实做人，展现为民务实清廉的政治本色，做到无愧于党、无愧于民、无愧于心。

第五节 严明规范

严明，即严格执法，文明办案，刚正不阿，敢于监督，勇于纠错，捍卫宪法和法律尊严。古人云："法令行则国治，法令弛则国乱。"严明执法是维护法律权威、实现依法治国基本方略的关键，是检察官不可推卸的神圣职责，也是其应当具备的基本职业道德素养；文明办案是检察工作的升华，在与外界交往中，检察官合乎礼仪的一言一行，展现的是检察官骄人的风采，代表的是国家的风范。因此，检察官"严明"规范如下所述。

一、严格执法

法律是正义的化身，保障公平正义是严格执法的基本目标，严格执法是实现司法公正的必要条件。检察官作为法律执行的实施者，要准确理解和把握法律规范的精神和要求，严格贯彻执行法律面前人人平等、罪刑法定、依法行使职权等基本法律原则和制度，既要认真执行实体法的具体规定，又要遵循程序法的流程机制；重点解决检察执法不规范、不严格以及不作为、乱作为等突出问题，规范执法、消除执法乱象，消除人为操作的空间，确保公平公正执法，增强检察执法公信力。

二、文明办案

文明办案，即通过改进办案方式方法，纠正简单、粗暴执法的问题，以人民群众信服的方式执法办案，不仅体现出法律的尊严和权威，而且体现出检察队伍的优良素质。在具体的执法过程中，每一位检察官的一言一行不仅反映着检察官个人的敬业精神、专业素质和道德修养，而且关系到人民群众对检察队伍整体形象的主观认知。每一次具体的检察执法办案活动不是一项纯粹技术性操作过程，而是向人民群众演绎法律内在精神的生动实践，直接影响公众对法律和法治的敬仰、对公平正义的信心。因此，检察官要弘扬人文精神，体现人文关怀，需要做到执法理念文明、执法行为文明、执法作风文明、执法语言文明。

（一）执法理念文明

执法理念文明，要求检察官在执法中自觉、科学地理解和阐释法的内在精神，坚持打击与保护并重、惩罚与教育并重、惩治与预防并重，宽严相济，以人为本。坚持程序公正与实体公正并重，严格遵循法定程序，维护程序正义，把完善或相对完善的法律制度的功能发挥得淋漓尽致，带给人民群众和谐、安宁和幸福的美好感受。

（二）执法作风文明

执法作风文明，要求检察官提高政治素质和业务能力，增强责任意识和公仆意识，解决对群众"冷、硬、横、推"的问题，摒除特权思想、等级意识、霸道作风，不要特权、逞威风、蛮横无理。执行公务、参加政务活动时，要按照检察人员着装规定穿着检察制服，佩戴检察标识徽章，严格守时，遵守活动纪律。

（三）执法行为文明

执法行为文明，要求检察官注重学习，精研法律，精通检察业务，培养良好的政治素质、业务素质和文化素养，增强法律监督能力和做群众工作的本领。执法中既要嫉恶如仇，又要懂得"对待恶者也应给予公平的对待"，坚决纠正简单执法甚至粗暴执法的问题，用群众信服的方式执法办案。

（四）执法语言文明

执法语言文明，要求检察官遵守各项检察礼仪规范，注重职业礼仪约束，仪表庄重、举止大方、态度公允、用语文明，保持良好的职业操守和风范，维护检察官的良好形象。在职务外的活动中应当约束言行，避免公众对检察官公正执法和清正廉洁产生"合理怀疑"，避免公众对履行职责产生负面作用，避免公众对检察机关的公信力产生不良影响。

三、刚正不阿，敢于监督

刚正不阿，是检察官严格执法、维护公正、捍卫法律尊严的品德保障，要求检察官树立执法为民、主持正义的崇高信念，养成正直勇敢、不畏艰险的高贵品格，具有铁面无私、不畏权贵的浩然正气，时时展现舍身护法、敢于斗争、善于斗争的胆识和韬略。敢于监督，勇于纠错，捍卫宪法和法律的尊严，是人民赋予的神圣使命，检察官应当以高度的责任心和强烈的使命感，坚持司法原则，切实履行好监督职责。

(一) 不畏强权

在检察官履行法律监督职责的过程中,应不怕权力压制,不怕恶势力威胁。由于社会环境、人文素质、社会转型期等特殊情况,检察官在执法过程中可能面临重重阻碍,遇到某些人利用权力直接或间接干涉案件或者采取恐吓、威胁等手段的情况,感到办案的严重心理压力。从根本上说,检察官代表国家行使职权,维护国家利益、社会利益和人民利益,以法律作为后盾和依托,便不能为权势所屈服,也不能面对威胁而退缩。检察官应谨遵自身的工作职责,通过正当方式行使国家赋予的权力,任何非法干预和威胁都是徒劳的,与国家权力相对抗的下场,必然是失败的。

(二) 敢于监督

公平正义的实现,离不开法律监督的坚守。检察机关作为国家的法律监督机关,承担惩治和预防犯罪、对诉讼活动进行监督等职责,检察官从办案中对执法司法违法线索和问题的及时发现,到公益诉讼中对行政机关依法履职的有效督促,再到以"火眼金睛"严格监督减刑、假释、暂予监外执行,检察机关把法律监督落实到每一个办案环节,为人民群众守住公平正义。

做好法律监督,关键是要找准监督的"锚点"。实践中,部分检察人员说起诉讼办案觉得"实",谈起法律监督觉得"虚",办案和监督成了"两张皮",监督从何下手反而成了难题。在党的领导下,检察机关法律监督与诉讼办案一身二任、职能一体两面。不在办案中监督,执法司法的违法问题、社会治理的堵点、人民群众的难点就无从发现,监督职责就无从落实。实践证明,纠正违法行为,依法立案查办就是最直接、最刚性的监督。只有坚持在办案中监督、在监督中办案,案件才会越办越好,监督才能越做越实。

四、勇于纠错,捍卫宪法尊严

检察官作为国家法律监督者,不但负有追诉犯罪、代表国家提起公诉、有效打击犯罪的职责,更承担着"客观公正义务",即检察官需要始终保持中立的立场,对待每一位公民,都必须公正实施法律、公平适用法律,既要打击危害社会秩序的犯罪行为,又要保障公民的合法权利,对于案件可能存在的冤情,有权纠正并给予帮助。检察官们在纠正冤假错案的路上勇往直前,依托检察机关的资源,主动去纠错、挖掘证据、发现真相。

正如赵作海案件一样,当事人的成功申诉往往依赖于"真凶出现""被害人生还"等小概率的事件。检察官身负神圣的使命,应忠实履行法律监督职责,秉持正义之剑,捍卫宪法尊严,将宪法精神贯穿检察工作中的每一个案件细节,从而让社会公平正义得以最终实现。

案例研习与阅读思考

案例一　检察官与严格执法[1]

【基本案情与分析】

小王出生在边远山区，大学就读于医学院，毕业后考入县医院工作。春节期间，小王开车回山区老家过年，与其父老王小酌几杯。不料，老王突发心脏病，小王随即拨打120求救，无奈山区偏远，120司机因路况不熟，迟迟没有到达。身为医生的小王深知，如果再等下去，一旦错过抢救时机，后果不堪设想。当时家中除小王之外再无其他人会驾驶汽车，情急之下，小王自己开车送老王赶往医院。途中，小王因闯红灯被正在执勤的交警甲、乙拦下，了解情况后，由乙驾驶警车护送老王赶往医院抢救，甲留下来继续处理有关工作。后来，老王得到及时抢救脱离危险，小王因涉嫌危险驾驶罪被移送检察机关审查起诉。小王对自己饮酒后驾驶汽车的行为供认不讳，如果小王获刑，不仅面临刑事处罚，还会失去现在的工作。虽然小王送父亲去医院的行为符合孝顺的道德要求，但是，小王明知自己饮酒，仍置公共安全于不顾地驾驶汽车的行为，已经对公共安全构成了威胁，并且触犯了法律，应当承担相应的法律责任。

有人提出这样一个疑问："如果你是当时的小王，你会怎么做？"有人认为，应坚持等待急救车；也有人认为，应该在村里找一个没喝酒的人开车送老王去医院；还有人认为，背着老王去医院也比犯罪强啊！甚至有人开始提出"是不是紧急避险""酌定不起诉的条件有哪些"等问题。

诚然，法网无情、铁面无私是人们对法律和执法者的一般观念，但是，如果所谓的"严格执法"得不到老百姓的普遍认可，而是得到一片唏嘘之声，那么，对此事是需要反思的。

我国是成文法国家，法律条文更需要司法人员予以生动地解读，如果把握不好，很容易陷入教条主义和乡愿的误区之中，进而使法律效果与社会效果相分离，辜负人民群众对司法人员的期待。"酒驾入刑"的初衷在于保护人民群众的生命和财产利益，倘若一个人因顾忌危险驾驶罪而被迫怠慢一个生命，这无疑是对法律莫大的讥讽。然而，与教条主义相对应的另一个误区是毫无原则地妥协，危险驾驶罪是行为犯，检察官不能因为没有实害后果的发生，而急于行使自己的权力。因此，若发现依据该法律

---

[1] 本案例改编自湖北长安网"为救人短途酒驾，相对不起诉显温情"，http://www.hbcaw.gov.cn/fzjs/31333.jhtml。

规范明显违背了公平正义或善良风俗，检察官必须寻找到其他更为恰当的法律规范，才能准确、灵活地适用恰当的法律，进而保障案件的公平正义。

【主要法律问题】

1. 如何判定犯罪情节程度属于刑法规定的不需要判处刑罚或免除刑罚的情形？
2. 本案中因救人等紧急情况触犯刑法是否属于可以免除刑事处罚的情形？

【主要法律依据】

1.《中华人民共和国检察官法》

第3条　检察官必须忠实执行宪法和法律，维护社会公平正义，全心全意为人民服务。

2.《中华人民共和国刑事诉讼法》

第177条　犯罪嫌疑人没有犯罪事实，或者有本法第16条规定的情形之一的，人民检察院应当作出不起诉决定。对于犯罪情节轻微，依照刑法规定不需要判处刑罚或者免除刑罚的，人民检察院可以作出不起诉决定。

【理论分析】

根据刑法、刑事诉讼法相关规定，案情事实及证据清楚确实，当事人自愿认罪认罚，社会危害不大，且没有造成危害后果，这些在实践中通常被认为犯罪情节轻微，属于不需要判处刑罚或免除刑罚的情形。检察机关综合考虑后认为符合相对不起诉条件的案件，可以作出不起诉的决定。

从刑法的角度看，本案当事人触犯刑法的行为是为了救人，符合刑法中人权保护的目的，且没有造成危害后果，也说明行为人主观上没有犯意，不属于恶意犯罪，没有社会危害性，属于法律规定中可以不需要刑事处罚的情形。本案说明司法实践中既要做到不纵不枉、严格依法，也要兼顾具体个案，落实"宽严相济，司法为民"的理念。

案例二　检察官与"自由裁量权"[❶]

【基本案情】

2020年4月6日，周某酒后找到邻居何某，指责何某不应将锯掉的树枝丢到他家茶田里，争吵中双方发生互殴，两人都不同程度受伤。其中，周某右脚骨折，经法医

[❶] 本案选自最高人民检察院推荐案例"少捕慎押的检察实践"，https://www.spp.gov.cn/zdgz/202112/t20211214_538793.shtml。

鉴定为轻伤二级。

信阳市浉河区检察院检察官在办案中了解到，该案系邻里发生摩擦纠纷引发的双方互相伤害事件，彼此都存在过错。被害人周某受伤程度为轻伤二级，如果何某赔偿周某损失并取得对方谅解，双方达成和解协议，不仅有利于双方日后关系的修复，也可以对何某作非羁押诉讼处理。通过检察官的释法说理，何某表示愿意认罪认罚，也愿意向周某道歉并赔偿。周某表示谅解何某的行为。

随后，检察机关对该案启动了羁押必要性审查程序，认为对何某无羁押必要，依法决定对何某变更强制措施，办理了取保候审手续。最终，检察机关认为这起刑事轻伤害案件的双方达成和解且已赔偿完毕，犯罪嫌疑人何某悔过态度诚恳，应当适用"少捕慎诉慎押"的刑事司法政策，遂对何某作出相对不起诉决定。

2012年，羁押必要性审查制度首次以法律形式被确立。这一年，《刑事诉讼法》修正后，新增"尊重和保障人权"原则，细化逮捕条件，赋予了检察机关捕后羁押必要性继续审查权，建立捕后羁押必要性审查制度。2018年修正的《刑事诉讼法》，除了明确"犯罪嫌疑人、被告人被逮捕后，人民检察院仍应当对羁押的必要性进行审查"等要求外，还将认罪认罚从宽制度立法化，使之成为贯穿整个刑事诉讼过程的重要制度。

【主要法律问题】

认罪认罚从宽制度存在于侦查、审查起诉至审判的整个诉讼过程，应如何监督？如何确保认罪认罚出于当事人自愿？

【主要法律依据】

1. 《中华人民共和国刑法》

第67条 犯罪以后自动投案，如实供述自己的罪行的，是自首。对于自首的犯罪分子，可以从轻或者减轻处罚。其中，犯罪较轻的，可以免除处罚。

被采取强制措施的犯罪嫌疑人、被告人和正在服刑的罪犯，如实供述司法机关还未掌握的本人其他罪行的，以自首论。

犯罪嫌疑人虽不具有前两款规定的自首情节，但是如实供述自己罪行的，可以从轻处罚；因其如实供述自己罪行，避免特别严重后果发生的，可以减轻处罚。

2. 《中华人民共和国刑事诉讼法》

第173条 ……犯罪嫌疑人认罪认罚的，人民检察院应当告知其享有的诉讼权利和认罪认罚的法律规定，听取犯罪嫌疑人、辩护人或者值班律师、被害人及其诉讼代理人对下列事项的意见，并记录在案：

（一）涉嫌的犯罪事实、罪名及适用的法律规定；

（二）从轻、减轻或者免除处罚等从宽处罚的建议；

（三）认罪认罚后案件审理适用的程序；

（四）其他需要听取意见的事项。

……

【理论分析】

认罪认罚从宽是 2018 年《刑事诉讼法》修正后规定的一项重要制度，体现了宽严相济的刑事政策，对于化解社会矛盾纠纷、促进社会和谐具有重要意义。实践中加强监督制约是确保认罪认罚公正运行的重要手段，司法机关健全了相关监督制约机制。

为确保当事人出于自愿认罪认罚，设立有专门程序确认当事人出于自愿具结悔过。同时，对认罪认罚后又反悔、群众有反映、社会关注度高的案件加强监督，严密防范滥用职权、徇私枉法行为，确保司法公正。

案例三　检察官不能徇私枉法[1]

【基本案情】

2013 年 5 月 15 日凌晨 2 时许，海南省屯昌县发生一起故意伤害案。屯昌县公安局将涉案人员郭某等人抓获，从作案时郭某驾驶的车辆及其家中搜查出郭某私藏的 3 支枪支和 3 发自制子弹。经鉴定，从车上搜到的 1 支枪支为以火药为动力的枪支，具有致伤力；从郭某家中搜到的 2 支枪支，其中 1 支为以火药为动力的枪支，1 支为以气体为动力的枪支，均具有致伤力。屯昌县公安局移送审查起诉，认定郭某私藏枪支为 3 支。郭某的家人找到何某（另案处理）帮忙对郭某从轻处理，何某找到被告人吴某（时任屯昌县检察院副检察长）帮忙。被告人吴某指使屯昌县检察院办案人员将郭某非法持有枪支的数量由 3 支更改为 2 支，并通知公安机关承办人修改、更换起诉意见书。后屯昌县检察院起诉书认定郭某非法持有 2 支枪，其中 1 支为以火药为动力的非军用枪支，1 支为以气体为动力的非军用枪支。

海南省人民检察院第一分院指控被告人吴某犯徇私枉法罪，于 2019 年 6 月 24 日向海南省第一中级人民法院提起公诉。法院判决认为，被告人吴某身为司法工作人员，在司法活动中，本应忠于职守，忠实于事实和法律，维护国家法律的严肃性，但其却受他人之托，徇情枉法，指使承办有关案件的公诉人采取篡改事实、违反法律的手段，故意使罪重的人受较轻的追诉，其行为已构成徇私枉法罪。公诉机关指控被告人吴某的犯罪事实清楚，证据确实、充分，罪名成立，应予支持。

【主要法律问题】

什么样的行为构成司法工作人员的徇私枉法？本案中检察官吴某接受请托歪曲案

---

[1] 本案例改编自海南省人民检察院通报的"4 名司法人员在郭斌案中充当'保护伞'被立案查处"，https://www.hi.jcy.gov.cn/M001/view/521557/00500008。

件事实，欲使犯罪嫌疑人逃脱法律制裁的行为应如何定性？

【主要法律依据】

《中华人民共和国刑法》

第399条　司法工作人员徇私枉法、徇情枉法，或者在刑事审判活动中故意违背事实和法律作枉法裁判的，处五年以下有期徒刑或者拘役；情节严重的，处五年以上十年以下有期徒刑；情节特别严重的，处十年以上有期徒刑。

在民事、行政审判活动中故意违背事实和法律作枉法裁判，情节严重的，处五年以下有期徒刑或者拘役；情节特别严重的，处五年以上十年以下有期徒刑。

在执行判决、裁定活动中，严重不负责任或者滥用职权，不依法采取诉讼保全措施、不履行法定执行职责，或者违法采取诉讼保全措施、强制执行措施，致使当事人或者其他人的利益遭受重大损失的，处五年以下有期徒刑或者拘役；致使当事人或者其他人的利益遭受特别重大损失的，处五年以上十年以下有期徒刑。

司法工作人员收受贿赂，有前三款行为的，同时又构成本法第三百八十五条规定之罪的，依照处罚较重的规定定罪处罚。

【理论分析】

实践中，司法工作人员行为构成徇私枉法可概括为"一种主体和三种行为"，"一种主体"指的是司法工作人员，"三种行为"包括三种情况。一是使明知是无罪的人受追诉。二是故意包庇明知是有罪的人而使他不受追诉。这里的"追诉"包括法定的全部追诉过程与追诉结果。换言之，对有罪的人或者不立案，或者不侦查，或者不起诉，或者不审判，或者判决裁定无罪的，都属于"不使他受追诉"。本罪中"有罪的人"，显然不是指经过人民法院判决有罪的人，而是指有证据证明实施了犯罪行为的人。至于有罪的人是否实际归案，不影响"有罪的人"的认定。三是在刑事审判活动中故意违背事实和法律，作出枉法判决、裁定。刑法理论与司法实践一般认为，其中的枉法判决、裁定内容，包括无罪判有罪、有罪判无罪，以及重罪轻判、轻罪重判。

本案中，吴某接受何某的请托，利用职权帮助涉嫌故意伤害犯罪的犯罪嫌疑人郭某篡改非法持有枪支的数量，违法指使公安机关修改、更换起诉意见书，置证据和案情于不顾，歪曲案件事实，故意使罪重的人受较轻的追诉，欲使犯罪嫌疑人逃脱法律制裁，其行为已构成徇私枉法罪。同时，《检察人员纪律处分条例（试行）》明确禁止检察人员徇私枉法的行为。吴某的行为也严重违反检察官的纪律要求。公正是司法活动的本质要求。检察官应牢牢树立"公正司法"的理念，自觉将法治理想、目标和要求内化为自身所坚持的行为准则，遵守忠于职守、秉公办案的执法要求，惩恶扬善、伸张正义，正确履行国家所赋予的检察职责。

案例四　检察官严防受贿[1]

【基本案情】

2007年9月20日，百龙公司及法定代表人孙某因涉嫌偷税罪，被张家界市人民检察院立案侦查，时任张家界市人民检察院正科级检察员的被告人张某系该案承办人。被告人张某利用职务上的便利，收受他人财物，共计84万元，其中个人单独收受10万元，伙同他人共同收受74万元，个人分得30万元。具体事实如下：2011年3月1日，为感谢被告人张某在百龙公司及孙某案件上的帮忙，百龙公司总经理黄某在张家界永定区开心茶楼送给被告人张某10万元。2011年10月，百龙公司决定拿100万元用于感谢被告人张某和黎某在案件上的帮忙，并授权公司总经理黄某具体负责处理。随后，黄某与被告人张某及黎某商议后，黎某决定找某公司帮忙。过了几天，被告人张某、黄某、黎某一起进行了商议，决定由百龙公司与某公司签订一份广告代理合同，用以套取100万元。随后，三人就100万元的分配进行了商议，经黎某提议，最后决定，被告人张某、黄某两人分得50万元，黎某负责缴纳相关税费。2011年10月13日，百龙公司将100万元以广告费的名义转账给某公司，某公司向百龙公司开具了100万元发票。2011年10月31日，某公司向被告人张某转款50万元，被告人张某分得30万元，黄某分得20万元。2012年4月至2013年1月，某公司通过银行转账或现金的方式先后分给黎某30万元。2019年4月24日，被告人张某主动上缴违法所得30万元。同年5月13日，被告人张某主动上缴违法所得10万元。

益阳市大通湖管理区人民检察院指控被告人张某利用职务上的便利，为他人谋取利益，非法收受他人财物共计人民币110万元，涉嫌犯受贿罪。

法院认为，被告人张某利用职务上的便利，非法收受他人财物，为他人谋取利益，其行为已构成受贿罪。公诉机关指控被告人张某犯受贿罪的事实清楚，证据确实、充分，其指控的罪名成立。黄某受公司委派向被告人张某及黎某行贿100万元，系行贿方的代表，其所拿20万元是为达到行贿的目的，被告人张某及黎某主观上亦无收受的故意，不应认定为被告人张某与黎某共同受贿的数额。百龙公司为行贿而采取签订虚假合同的形式套取资金，以使其形式上合法，必然将产生税费，某公司开具发票而产生的税费6万元应计入行贿方的行贿成本，被告人张某及黎某亦无收受的故意。因此，被告人张某受贿的金额应认定为单独受贿10万元，共同受贿74万元，辩护人关于黄某收受的20万元及税费6万元不应计入犯罪数额的意见，法院予以采纳。在共同受贿中，被告人张某起次要作用，系从犯，法院依法予以从轻处罚。被告人张某到案后能如实

---

[1] 本案例改编自搜狐网"一个不起诉案件多少感谢费？100万！击倒两名检察官"，https://www.sohu.com/a/449232384_654603。

供述自己的罪行，系坦白，可依法予以从轻处罚。被告人张某能积极退赃，可依法予以从轻处罚。结合本案的案情及与张家界永定区司法局社区的调查评估意见，对被告人张某适用缓刑。据此，依据《刑法》，判决张某犯受贿罪，判处有期徒刑三年，缓刑四年，并处罚金30万元。

【主要法律问题】

被告人张某利用职务上的便利，非法收受他人财物，为他人谋取利益，其行为如何定性？

【主要法律依据】

《中华人民共和国刑法》

第385条 国家工作人员利用职务上的便利，索取他人财物的，或者非法收受他人财物，为他人谋取利益的，是受贿罪。

国家工作人员在经济往来中，违反国家规定，收受各种名义的回扣、手续费，归个人所有的，以受贿论处。

【理论分析】

本案中，张某明知孙某涉嫌偷税罪，其作为案件主办人，利用职务上的便利为他人谋取利益，接受当事人的贿赂，严重违反检察官职业伦理道德，突破法律的底线，已经构成受贿，必将受到刑事制裁。

清廉是检察官作为国家公职人员最起码的职业伦理底线，也是检察官行使职权中面对个人利益时应秉持的基本态度。检察官应恪守廉洁义务，不能以个人职权、身份为由获取不正当利益，触犯党纪国法，在办理案件的态度与行为上严格落实廉洁为公的工作要求，旨在提高人民群众对检察官执法规范的公信力。《检察官职业道德基本准则》明确规定，检察官不得以权谋私，以案谋利，借办案插手经济纠纷；不得利用职务便利或者检察官的身份、声誉及影响，为自己、家人或者他人谋取不正当利益；不得收受案件当事人及其亲友、案件利害关系人或者单位及其所委托的人以任何名义馈赠的礼品礼金、有价证券、购物凭证、干股等；不得参加其安排的宴请、娱乐休闲、旅游度假等可能影响公正办案的活动；不得接受其提供的各种费用报销、出借的钱款、交通通讯工具、贵重物品及其他利益。作为公权力的实施者，检察官若贪图私利，在面对个人职权、身份所涉及的利益关系时，不能廉洁奉公，必将影响司法公平正义的实现。

CHAPTER 5　第五章

律师职业伦理

本章知识要点

（1）律师职业道德规范具有哪些特质？（2）律师在为委托人服务中如何规范自己的执业行为；（3）律师行业内部有哪些职业道德规范？（4）律师如何规范自己在诉讼和仲裁活动中的行为？

本章的主要内容是律师职业伦理，或称律师职业道德，意为律师在代理和辩护等各项职业活动中所应遵守的伦理道德规范。律师作为能够有效促进法律良好实施的主体之一，以其具备的专业知识和技能为委托人提供法律服务，维护委托人合法权益，同时推动案件司法程序，因而提升律师职业伦理水平，是加强国家法治队伍建设、推进国家法治进程的重要环节。

第一节　律师职业伦理概述

律师职业伦理是实习律师、律师助理、公职律师和公司律师等广大律师行业从业人员以及律师执业机构在职业活动中所应遵守的行为规范。律师为大众提供专业的法律服务，维护社会公平正义，维护法律尊严和法律的正确实施，在国家政治、社会经济生活中发挥着重要作用。律师作为国家法治建设的中坚力量，其执业行为会对社会生活中的各类权利义务关系产生重要影响，因而律师职业伦理是法律职业道德体系的重要组成部分，是指导律师执业行为的准则，是评价律师执业行为是否符合职业要求的标准，同时也是对律师和律师事务所的违规执业行为进行追责的依据。[1]

经过几十年的发展，我国关于律师职业行为的规范已形成包括法律、司法解释、规章和律师协会行业规范在内的多层次的规范体系。律师协会的行业规范属于行业自律性规范，虽然不具有法律效力，但是对于协会内部成员具有强大的拘束力。这类规

---

[1] 中国律师网（中华全国律师协会网站）·教育培训，http://www.acla.org.cn/home/toMenu?menuIdStr=52.

范中，最能集中体现律师职业伦理要求的是中华全国律师协会（全国律协）制定的《律师执业行为规范》。此外，涉及律师职业伦理的重要行业规范还有《中华全国律师协会章程》《律师协会会员违规行为处分规则（试行）》《律师办理刑事案件规范》等。1996年10月6日，中华全国律师协会常务理事会通过了由律师协会制定的《律师职业道德和执业纪律规范》，并于2001年对该规范进行了进一步的修订。2009年12月27日，中华全国律师协会正式通过了《律师执业行为规范》，2017年审议通过《律师执业规范修正案》，2018年中华全国律师协会印发加入修正案内容的《律师执业规范（试行）》的通知。与《律师职业道德和执业纪律规范》相比，《律师执业行为规范》在内容上进行了扩充和丰富，已成为目前我国律师职业伦理建设的主要规范基础。2017年9月1日起施行的《律师法》在之前经过多次修改后，强化了律师法律职业的伦理要求，特别细化了关于违反律师职业代理规范行为的责任形式以及处罚方式，反映了全社会对于加强律师职业伦理规范的迫切需求和积极态势。

随着我国在律师职业伦理的体系化规范化建设方面取得的长足进展，各有关部门采取了多种途径来提升律师职业素养和伦理道德水平。中华全国律师协会分别在2009年、2011年和2017年对律师执业行为规范进行了重大修订，根据新时代下的新形势和新情况对律师执业行为规范进行完善。2012年，全国人大根据同年修正的《刑事诉讼法》中关于律师执业行为的新规定，再次对《律师法》进行了修正，对法律援助和律师保密的范围进行了一定程度的扩大。2017年修正的《律师法》增加了不得泄露当事人隐私的规定。同时，我国律师职业领域也出现了一些新情况，如有些律师超出传统职业范围和方式来进行权利诉求，引发了社会的广泛关注。为此，中央政法委在2015年8月专门召开了全国律师工作会议，专题研究如何保障律师执业权利、规范律师执业行为，并进一步探讨如何加强律师队伍建设。为促进律师事业健康发展、深化律师制度改革，司法部、公安部、国家安全部、最高人民法院、最高人民检察院五部门在2015年9月联合颁布了《关于依法保障律师执业权利的规定》。[1] 该规定对充分保障律师执业权利、发挥律师职业作用，建立中国特色社会主义律师制度具有重要意义。该规定特别强调公安机关、人民检察院、人民法院、司法行政机关、国家安全机关应当健全律师执业权利保障制度，依照相关法律规定，在各部门的职责范围内依法保障律师知情权、申诉权、申请权，以及阅卷、会见、收集证据、质证、发问和辩论等方面的执业权利，不得妨碍律师依法履行代理和辩护职责，不得侵害律师的各项合法权利。该规定同时强调，要依法对法律服务秩序进行规范，严肃查处假冒律师执业等非法从事法律服务的行为。

2014年5月，司法部发布《关于进一步加强律师职业道德建设的意见》（以下简称《意见》），要求各地方司法厅局加强以"忠诚、为民、法治、正义、诚信、敬业"

---

[1] 最高人民检察院，关于依法保障律师执业权利的规定（全文），https://www.spp.gov.cn/flfg/gfwj/201509/t20150921_104855.shtml.

为主要内容的律师职业道德建设。《意见》指出，职业道德建设是我国律师队伍建设的重大问题，直接关系到律师职业工作质量，要紧紧围绕社会主义核心价值体系的要求，全面贯彻落实中央关于深化律师制度改革的部署，坚持不懈地大力加强律师职业道德建设，健全完善加强律师职业道德建设长效机制，进一步提高广大律师职业道德素质，进一步规范执业行为、严肃执业纪律，切实解决在当前执业活动中存在的突出问题，努力建设一支政治坚定、法律精通、维护正义、恪守诚信的高素质律师队伍，为推进平安中国、法治中国建设做出积极贡献。《意见》提出，要教育引导广大律师坚定中国特色社会主义理想信念，牢固树立和自觉践行服务为民理念，忠于宪法和法律，努力维护社会公平和正义，恪守诚实信用，切实做到爱岗敬业。《意见》还明确了加强律师职业道德建设的长效机制：要健全完善律师职业道德规范制度体系、教育培训机制、律师践行职业道德的监督管理机制、律师遵守职业道德的考核奖励机制和律师职业道德建设的扶持保障政策。

2014年6月，中华全国律师协会出台《律师职业道德基本准则》（以下简称《准则》），为提高律师队伍的职业素养和执业水平、建设高水准的律师队伍提供了重要依据。《准则》第1条规定，律师应当坚定中国特色社会主义理想信念，坚持中国特色社会主义律师制度的本质属性，拥护党的领导，拥护社会主义制度，自觉维护宪法和法律尊严。第2条规定，律师应当始终把执业为民作为根本宗旨，全心全意为人民群众服务，通过执业活动努力维护人民群众的根本利益，维护公民、法人和其他组织的合法权益。认真履行法律援助义务，积极参加社会公益活动，自觉承担社会责任。第3条规定，律师应当坚定法治信仰，牢固树立法治意识，模范遵守宪法和法律，切实维护宪法和法律尊严，在执业中坚持以事实为根据，以法律为准绳，严格依法履责，尊重司法权威，遵守诉讼规则和法庭纪律，与司法人员建立良性互动关系，维护法律正确实施，促进司法公正。第4条规定，律师应当把维护公平正义作为核心价值追求，为当事人提供勤勉尽责、优质高效的法律服务，努力维护当事人合法权益。引导当事人依法理性维权，维护社会大局稳定。依法充分履行辩护和代理职责，促进案件依法、公正解决。第5条规定，律师应当牢固树立诚信意识，自觉遵守职业行为规范，在执业中恪尽职守、诚实守信、勤勉尽责、严格自律。积极履行合同约定义务和法定义务，维护委托人合法权益，保守在执业活动中知悉的国家机密、商业秘密和个人隐私。第6条规定，律师应当热爱律师职业，珍惜律师荣誉，树立正确的执业理念，不断提高专业素质和执业水平，注重陶冶个人品行和道德情操，忠于职守，爱岗敬业，尊重同行，维护律师的个人声誉和律师行业形象。总的来说，《准则》这6条的内容可以归纳为"坚定信念、执业为民、维护法治、追求正义、诚实守信、勤勉敬业"。

第二节 律师与委托人的关系规范

一、律师—委托人关系的建立和终止

(一) 律师—委托人关系建立的方式和形式

从本质上来说，律师—委托人关系是一种合同关系，双方是平等的民事主体。这一关系的建立首先来自当事人的委托，其建立过程则是二者的洽商过程。另外，受有关机构的指定，也可以形成律师—委托人关系。《律师法》规定，律师应当按照国家规定承担法律援助义务，为受援人提供符合标准的法律服务。国务院2003年颁布的《法律援助条例》对律师的法律援助职责、义务和程序作出了详细规定。根据该条例，律师应当承办有关机构指定的法律援助案件。这种情况下，律师—委托人关系的建立不再是平等主体间的洽商过程，而是体现了法律援助的行政性管理方式和国家管理属性。

2017年修正的《律师法》规定："律师承办业务，由律师事务所统一接受委托，与委托人签订书面委托合同，按照国家规定统一收取费用并如实入账。"根据这一规定，律师—委托人之间关系的成立必须采取书面形式，且委托关系的双方主体是委托人和律师事务所。根据《律师办理民事诉讼案件规范》《律师办理刑事诉讼案件规范》等文件的要求，律师受理案件须办理委托协议、授权委托书和律师事务所介绍信。对于有关机构指定的法律援助案件，由律师事务所指派律师承办，同时须按照规定办理委托手续。

(二) 代理范围和权限划分

对于每一个案件来说，律师和委托人都是并肩作战的队友，清晰明确的代理范围和权限划分是双方携手取胜的前提条件，因而代理范围和权限划分是委托协议中的重要内容。

代理范围主要确定了代理目标和实现手段。律师在提供法律服务时，需要选择能够实现委托人目的的方法，不仅要根据法律和道德等方面的要求，还应当将政治、社会、经济以及其他有关委托人的因素纳入考虑范围。在接受委托时，律师须与委托人明确约定实体法和程序法两方面的委托权限，委托人在进行委托时对委托权限不明确的，律师应当主动提示。特别授权需要委托人进行书面确认。确定代理范围后，律师应当在协议范围内进行代理活动。2021年修正的《民事诉讼法》第62条规定："委托他人代为诉讼，必须向人民法院提交由委托人签名或者盖章的授权委托书。授权委托书必须记明委托事项和权限。诉讼代理人代为承认、放弃、变更诉讼请求，进行和解，提起反诉或者上诉，必须有委托人的特别授权。"第63条规定："诉讼代理人的权限如

果变更或者解除,当事人应当书面告知人民法院,并由人民法院通知对方当事人。"《律师办理民事诉讼案件规范》第 10 条第 2 款第(三)项规定:"律师事务所与委托人签订委托代理合同及委托人签署授权委托书时,应当记明具体的委托事项和权限,委托权限应注明是一般授权还是特别授权。变更、放弃、承认诉讼请求和进行和解,提起反诉和上诉,转委托,签收法律文书,应当有委托人的特别授权。"律师如发现所授权限不能适应受托的法律事项,应当及时告知委托人,在经过委托人同意且办理相关授权委托手续后,方可在授权范围内进行法律事务的处理。律师完成了委托权限范围内的法律事务后,应及时告知委托人。双方解除委托关系后,律师不得再以被委托人的名义处理与委托人相关的法律事务。

未经委托人授权,律师不得将受托的法律事务转委托他人办理。律师在接受委托后,因出现工作调动、突患疾病等情况无法继续胜任委托工作,需要更换律师的,应及时告知委托人。若委托人同意更换,律师之间要及时移交案件材料,并在律师事务所办理相关手续。在这种情况下,非经委托人同意,律师不能因为转委托行为而增加委托人的经济负担。

(三) 律师—委托人关系的终止

从我国律师行业的实践情况来看,律师—委托人关系的终止主要有两种情形:第一种是自然终止,即律师将委托事项办理完毕,律师—委托人关系随即终止;第二种是法定终止,即在法律规定情况出现时,律师—委托人关系应当或者可以终止。❶ 法定终止主要存在于以下 3 种情形中。

1. 律师拒绝辩护和代理

律师在接受委托后,如无正当理由,不得拒绝为委托人辩护或代理。但是,如果委托事项违法、委托人利用律师提供的法律服务从事违法活动或者故意隐瞒与案件相关的重要事实,律师有权拒绝辩护或者代理。《律师执业行为规范》作出了进一步的规定,将律师—委托人关系的终止分为任选性终止和强制性终止两种情况。

出现下列几种情形时,律师可以拒绝辩护或代理:一是委托人利用律师提供的法律服务从事违法活动;二是委托人坚持追求律师认为不合理或无法实现的目标;三是委托人不履行委托合同的义务,并且律师已经合理催告过;四是律师提供法律服务将会给自身带来不合理的额外费用,或者造成难以承受的困难,并且这一情况的出现无法预知;五是委托人提供的证据材料在合法性、关联性与客观真实性方面存疑,或经司法机关审查认为有伪证嫌疑;六是其他合法的理由。

出现下列几种情形时,律师事务所应当终止律师的代理工作:一是双方协商终止委托关系;二是律师被取消或者中止执业资格;三是在律师的代理工作中发现存在不可克服的利益冲突;四是律师的健康状况无法继续胜任代理工作;五是律师继续代理

---

❶ 陈宜,李本森. 律师职业行为规则论 [M]. 北京:北京大学出版社,2006:24-25.

的行为将会违反法律或者律师执业规范。

2. 委托人拒绝辩护和代理

委托人有权拒绝已经委托的律师继续为其辩护或代理,同时可以另行委托律师为其辩护或代理。如果委托人已明确拒绝律师辩护或代理,律师应当结束与委托人相关的法律事务、及时退出代理行为。在这种情况下,律师的退出代理行为是强制性的,如此才能为替代的律师留出空间,充分保障委托人的合法权益。

3. 律师事务所清算

《律师事务所管理办法》第32条中规定:"律师事务所在终止事由发生后,不得受理新的业务。律师事务所在终止事由发生后,应当向社会公告,依照有关规定进行清算,依法处置资产分割、债务清偿等事宜。"在律师事务所出现清算的情况下,律师与委托人的委托关系应当终止。

(四) 律师—委托人关系终止后律师的义务

在律师—委托人关系终止后,律师应当依照法律和执业行为规范完成一系列程序要求和善后义务,具体如下:

1. 程序要求

律师—委托人关系的终止不仅涉及律师和委托人之间的权利义务关系,也会影响到法院等有关机构的工作效率,因此,委托关系的终止应当遵循一定的程序要求。第一,查证和通知。《律师办理民事诉讼案件规范》第18条规定:"委托人利用律师提供的法律服务从事违法活动或者隐瞒事实的,律师可以拒绝代理,经律师事务所收集证据、查清事实后,告知委托人解除委托关系,并记录在卷、整理归档。"律师事务所在查清事实后,应当尽快通知委托人,以便为委托人留出充足的时间寻找其他律师提供法律服务,同时也有利于法院等有关机构避免因律师退出而影响案件进程。第二,批准。在法律援助案件中,被指定代理某委托人的律师在退出代理时,通常需要经过指定机构的批准。如果受援人不遵守相关法律规定、不按法律援助协议的内容予以必要合作,承办律师经法律援助机构批准后,可以拒绝或终止提供法律援助。第三,劝诫义务。律师在提供法律服务的过程中如遇可以拒绝辩护或代理的事由,应当及时向委托人说明,促使委托人接受律师的建议,纠正可能导致委托关系终止的事项。第四,通知。当律师—委托人关系发生终止时,律师应当尽早向委托人发出通知。律师事务所在取得委托人同意后,可另行指定律师接手案件。如果委托人不同意更换其他律师继续为其进行代理活动,则应终止委托代理协议。

2. 善后义务

第一,采取合理保护措施。即使终止代理,律师事务所也应当尽量避免委托人的合法权益受到损害。在委托关系解除前,律师应当采取合理可行的措施持续保护委托人的利益,例如,将文件原件交还委托人、返还委托人提前支付的费用、及时通知委托人以使其有充足的时间委聘其他律师等。根据《律师执业行为规范》的相关规定,律师事务所因合法原因终止与委托人之间的委托关系的，有权收取已完成法律事务部分的费用。委托人因合法原因终止与律师事务所之间的委托协议的，律师事务所同样有权收取已完成法律事务部分的费用。但是，委托人非因合理原因单方终止委托协议的，仍应按照约定支付律师费。第二，不得扣押当事人的案件材料。律师不得阻挠委托人解除委托关系，不得扣留委托人提供的材料，或以扣留其材料的方式对委托人实施威胁、恐吓。但是，因合法理由解除与委托人的委托代理关系后，律师仍可保留与委托人相关的法律文件的复印件。

二、勤勉尽责规范

律师作为委托人法律上的代理人，基本职责是维护委托人的合法权益，因而律师—委托人关系是律师职业伦理体系中最重要的关系之一。为了凸显委托人的中心地位、充分体现这种委托关系所具有的服务性质，美国律师协会库塔克委员会在其制定的《职业行为示范规则》中，将"律师—委托人关系"更名为"委托人—律师关系"。[1]

以委托人为中心的代理理论基础，依托于对律师属性的定位。换言之，律师这一自由职业者的社会角色定位是以委托人为中心的代理理论的根基。自由职业者要与委托人形成信赖关系，在双方互相信任的气氛中为委托人提供服务。在这一社会角色定位里，律师的身份被社会定位成独立于国家公权力的、为公民提供法律服务的自由职业者。如果认为法律的基础是尊重个体的尊严，以及个体通过外界的理性指导而获得的自我管理能力，那么律师的职责就是通过自己的职业行为保护公民个人尊严不受侵犯，维护这种理性自治的状态，防止任何人包括国家公权力肆意侵犯个体的合法权益。对于律师来说，委托人的利益是职业行为的最高价值诉求，因而胜诉是律师职业行为的最大目标。1820年，伯罗汉为英女王卡罗琳辩护时发表了一番精彩论述，为人们揭示了律师这种严格忠诚于当事人的社会角色定位。伯罗汉在上议院为卡罗琳辩护时曾提醒议员们："辩护人在履行义务时，心中只有一个人，即他的当事人。不惜牺牲其他人的利益来千方百计地帮助、解救当事人，是辩护律师首要的和唯一的义务。在实现这一义务时，无须考虑可能会给他人造成的惊惧、折磨甚至毁灭。即使不得不将他的祖国卷入混乱之中，律师也必须把自身作为爱国者和辩护人的义务相区分，然后不考虑后果地投入工作。"这种角色定位主要依据的是个人主义的价值观念，他们认为人的价值位于所有价值的最高阶，不能以牺牲个人合法利益为代价来换取其他任何价值，包括国家、社会的共同价值。在一件具体的诉讼中，国家利益自有强大的国家机器来维护，而当事人的个体价值却只能依赖律师个人对当事人的忠诚来保护，因此这种忠诚必须是"最高的忠诚"。[2] 他们认为，国家机关和律师，或者双方律师各自为自己所代表的利益所进行的斗争越激烈，他们所代表的利益才能在更大程度上获得彰显。因

---

[1] 王进喜. 美国律师协会《职业行为示范规则》律师事务所（2011年版）[J]. 中国律师，2015（05）.
[2] 孙文胜. 论我国律师的角色定位[J]. 河北法学，2005（04）：104-108.

此，任何一方律师在进行法律代理活动时都无须顾及对方的利益，可将对方的不利益视为对方的社会职责未完全履行的后果，本方无须关怀和介意。总之，律师这种社会角色的定位，用一句话来概括就是追求当事人利益最大化的个人主义价值要求。

基于这种"以委托人为中心"理论的个人主义价值要求，勤勉尽责义务成为律师职业行为的基本规范之一。勤勉尽责要求律师在接受委托代理后，代表委托人的利益处理法律事务，采取一切合法且合乎道德的可行方法维护委托人的合法权益，尽最大的努力，以最高的效率和严谨认真的态度为委托人的利益工作。❶ 只有在律师尽到了勤勉尽责义务的情况下，与委托人相关的法律事务才能得到完美的处理，委托人的利益才能得到充分维护。勤勉义务表现为律师尽心尽力为委托人的利益作出付出和贡献，积极、认真地对待自己所从事的法律服务工作。在执业活动中，律师应当在法律和道德允许的范围内，为委托人的利益全力以赴。律师的勤勉义务也可以说是律师在执业行为中的注意义务。律师的注意义务同时也是一种职业责任，是从事法律行业的专业人员所应当具备的职业态度，其内在含义呼应了法律的庄严和崇高。

中华全国律师协会在《律师执业行为规范》的第7条明确提出律师具有勤勉尽责义务："律师应当诚实守信、勤勉尽责，依据事实和法律，维护当事人合法权益，维护法律正确实施，维护社会公平和正义。"据此，律师在进行职业活动时，须时刻依照职业伦理规范的要求，忠诚于委托人，处理好受委托的法律事务。律师要充分运用自身具备的法律专业知识和技能，热情为委托人提供法律服务，恪尽职守、勤奋工作，力求及时、完美地完成委托代理工作。

三、保密义务规范

律师与委托人之间应当形成一种信赖关系，良好的互信合作能够促使工作顺利开展，有助于双方共同完成案件目标。信赖关系的产生建立在律师严格保守职业秘密的基础上，律师在执业过程中的保密问题是贯穿整个律师职业活动的一个基本问题。律师的保密义务不仅对委托人和律师的权利义务有着重要影响，同时也具有平衡控辩双方力量、避免公权力肆意侵犯当事人权利的功能。

我国现行有关律师保守职业秘密规则的渊源主要有两部规范，一部是《律师法》，另一部是《律师执业行为规范》。我国《律师法》第38条规定："律师应当保守在执业活动中知悉的国家秘密、商业秘密，不得泄露当事人的隐私。"《律师执业行为规范》第9条进一步规定："律师应当保守在执业活动中知悉的国家秘密、商业秘密，不得泄露当事人的隐私。律师对在执业活动中知悉的委托人和其他人不愿泄露的情况和信息，应当予以保密。"从这两条规定可以看出，律师的保密义务主要包括三种：一是保守国家秘密的义务，二是保守商业秘密的义务，三是保守委托人秘密的义务。另外，对律师保守职业秘密问题的规定还散见于一些诉讼法律和有关部门颁布的规范性文件中。

---

❶ 王海均. 论中国律师行业的诚信[J]. 经济研究导刊, 2013 (08): 245-246.

(一) 律师保密义务的主体

关于律师保密义务的主体范围,我国 2001 年制定的《律师职业道德和执业纪律规范》第 8 条规定:"律师应当严守国家机密,保守委托人的商业秘密及委托人的隐私。"第 46 条规定:"实习律师、律师助理参照本规范执行。"相较而言,国外的律师保密范围更大。日本《辩护士职业基本规程》(也译为日本《律师职业基本规程》)第 56 条规定:"共同事务所的所属辩护士,对于事务所其他辩护士因职务而得知的有关委托人的秘密,除非有正当理由,否则不得泄露给其他人或者供其他人使用。即使辩护士已经不属于该事务所,亦受同样的限制。"第 62 条规定:"辩护士法人的社员对于辩护士法人本身、其他社员或者作为雇用人之外国辩护士,就因职务上所得知之有关委托人的秘密,除非有正当理由,不得泄露给其他人或者供其他人使用,即使已经不属于法人之社员,亦受相同的限制。"美国律师协会《职业行为示范规则》中有关保密义务规定在规则 1.6 和 1.9。在规则 1.9 (c) 中规定,对于办案所得知的前当事人的秘密,同一事务所的律师不得将其用于不利于该前当事人的事项。规则 1.9 (b) (2) 规定,如果是受规则 1.6 及规则 1.9 (c) 保护的信息,而且与案件有实质关联,则应因利益冲突而受到回避约束,因此这一保密义务事实上将扩及整个事务所的律师。

(二) 律师保密义务的范围的广泛性

律师保密义务的范围十分广泛。对于任何经由办案而得知的事项,或是基于职务行为所得知的和案件没有直接关系的事实,均属律师保密义务的范围,律师都须保守秘密。中华全国律师协会在 2018 年出台的《律师执业行为规范》第 9 条第 1 款规定:"律师应当保守在执业活动中知悉的国家秘密、商业秘密,不得泄露当事人的隐私。"2012 年修正的《律师法》第 38 条第 1 款规定:"律师应当保守在执业活动中知悉的国家秘密、商业秘密,不得泄露当事人的隐私。"根据我国《保守国家秘密法》第 2 条的规定,国家秘密是指"关系国家的安全和利益,依照法定程序确定,在一定时间内只限于一定范围的人员知悉的事项"。根据我国《反不正当竞争法》第 9 条的规定,商业秘密是指"不为公众所知悉、具有商业价值并经权利人采取相应保密措施的技术信息、经营信息等商业信息"。而当事人的隐私,一般是指可能影响到当事人的声誉或其他合法权益,且本人不愿公开的个人生活事件。总之,律师保密义务的范围不仅包括委托人的个人隐私和商业秘密,还包括通过办理委托人的法律事务所得知的委托人的其他信息,以及在委托代理活动中知晓的国家秘密。[1]

(三) 律师保密义务的时间

《律师法》第 38 条第 2 款规定:"律师对在执业活动中知悉的委托人和其他人不愿

---

[1] 程滔. 辩护律师的诉讼权利研究 [M]. 北京:中国人民公安大学出版社,2006:26.

泄露的有关情况和信息,应当予以保密……"《律师职业道德和执业纪律规范》第39条规定:"律师对与委托事项有关的保密信息,委托代理关系结束后仍有保密义务。"根据以上规定,在委托关系终止后,律师不能利用先前职务行为所得到的秘密信息去侵害前委托人的利益。概括说来,律师的保密义务不仅存续于与潜在委托人商谈时和委托代理关系进行中时,也延伸至委托关系终止后。

(四) 律师保密义务的例外

一般来说,律师不得披露委托人的秘密,但是在一些情况下存在例外。《律师法》增加了律师保密义务的例外规定,其中第38条第1款规定:"律师对在执业活动中知悉的委托人和其他人不愿泄露的情况和信息,应当予以保密。但是,委托人或者其他人准备或者正在实施危害国家安全、公共安全以及其他严重危害他人人身安全的犯罪事实和信息除外。"综合《律师法》和《律师执业行为规范》,律师保密的例外大体上涵盖以下几大类:第一,防止未来损害的例外。律师事务所、律师及其辅助人员不得泄露委托人的商业秘密、隐私,以及通过办理委托人的法律事务所了解的委托人的其他信息,但是律师认为保密可能会导致无法及时制止发生人身伤亡等严重犯罪或者国家利益受到严重侵害的除外。亦即,为防止未来出现涉及国家安全或人身安全的严重损害,律师可以披露案件办理过程中知晓的秘密。第二,自我保护的例外。如果律师和委托人之间的互信关系出现问题,律师需要为维护自身利益进行起诉、为自己辩护,或是对当事人的控告或申诉进行回应,律师可以为保护自己的合法权益而公开信息,披露在这段代理关系中和当事人交流得知的内容。第三,授权披露的例外。当事人在充分知情的情况下,可以明确进行意思表示,同意律师披露与其代理的法律事务有关的信息。在当事人理智同意披露信息后,律师可以将委托人授权同意披露的信息进行公开。

(五) 违反保密义务的责任

对于律师泄露商业秘密或者个人隐私的行为,根据我国《律师法》第48条第4项的规定,由设区的市级或者直辖市的区人民政府司法行政部门给予警告,可以处1万元以下的罚款;有违法所得的,没收违法所得;情节严重的,给予停止执业3个月以上6个月以下的处罚。对于律师泄露国家秘密的行为,根据《律师法》第49条第1款第9项的规定,由设区的市级或者直辖市的区人民政府司法行政部门给予停止执业6个月以上1年以下的处罚,可以处5万元以下的罚款;有违法所得的,没收违法所得;情节严重的,由省、自治区、直辖市人民政府司法行政部门吊销其律师执业证书;构成犯罪的,依法追究刑事责任。律师因故意犯罪受到刑事处罚的,由省、自治区、直辖市人民政府司法行政部门吊销其律师执业证书。根据《律师法》第54条的规定,律师违法执业或因过错给当事人造成损失的,由其所在的律师事务所承担赔偿责任。律师事务所赔偿后,可以向出现故意或者重大过失的律师追偿。

此外，在中华全国律师协会《律师协会会员违规行为处分规则（试行）》中也有关于律师违反保密义务的处理。第 11 条规定："个人会员有下列行为之一的，由省、自治区、直辖市及设区的市律师协会给予训诫、通报批评、公开谴责：……（八）泄漏当事人的商业秘密或者个人隐私的。"第 12 条规定："个人会员有下列行为之一的，由省、自治区、直辖市律师协会取消会员资格，同时报请同级司法行政机关吊销其律师执业证书：（一）泄漏国家秘密的……"

四、利益冲突规范

委托人—律师关系的核心要求是律师履行忠实义务，如若律师因为个人或者其他职业上的因素而影响到忠实义务的履行，就可能会出现利益冲突。利益冲突是指律师在执业行为中，律师自身的利益、现委托人的利益以及前委托人的利益之间产生矛盾冲突的情况。[1] 利益冲突是法律职业行为规则的核心问题，也是律师在执业活动中经常面临的普遍性问题。《律师执业行为规范》（2017 年修正）第 49 条规定："律师事务所应当建立利益冲突审查制度。律师事务所在接受委托之前，应当进行利益冲突审查并做出是否接受委托的决定。"

（一）利益冲突规则的理论基础

一般认为，利益冲突规则的理论基础主要是两个。一是律师保守职业秘密的职责。如前所述，律师保守职业秘密的职责是律师执业活动中最为重要的职责。在利益冲突规则中，保守职业秘密的职责得到了具体的运用。二是律师忠诚于委托人的职责。律师忠诚于委托人的职责也是利益冲突产生的重要基础之一。即使在不存在律师违反有关职业秘密的职责的情况下，律师也可能因违反忠诚于委托人的职责而导致利益冲突问题。

（二）利益冲突的种类

利益冲突可以分为律师和委托人的利益冲突和各委托人之间的利益冲突。委托人之间的利益冲突又可以分为同时性利益冲突和连续性利益冲突。[2]

利益冲突是律师在执业活动中普遍面临的一个问题，特别是近几年发生的若干案例显著说明了这一问题的重要性。无论是律师个人还是律师事务所，无论是规模较大的律师事务所还是规模较小的律师事务所，都面临着如何有效处理执业活动中的利益冲突这一棘手问题。调整利益冲突的规则是律师职业伦理的一个重要组成部分。

1. 律师—委托人利益冲突

律师—委托人利益冲突规范主要有：（1）律师和律师事务所不得利用提供法律服

---

[1] 许身健. 欧美律师职业伦理比较研究 [J]. 国家检察官学院学报，2014，22（01）：45-57.
[2] 李本森. 法律职业伦理 [M]. 北京：北京大学出版社，2008.

务的便利，非法牟取委托人的利益。（2）除依照相关规定收取法律服务费用之外，律师不得与委托人争议的权益产生经济上的联系，不得与委托人约定胜诉后将争议标的物出售给自己，不得委托他人为自己或为自己的亲属收购、租赁委托人与他人发生争议的诉讼标的物。（3）律师不得向委托人索取财物，不得获得其他不利于委托人的经济利益。（4）非经委托人同意，律师不得运用向委托人提供法律服务时所得到的信息牟取对委托人有损害的利益。（5）律师和律师事务所不得免除或者限制因违法执业或者因过错给当事人造成损失所应当承担的民事责任。

由于律师自身的利益可能对委托人产生不利影响，因此律师和委托人之间的商业交易、财务资助以及性关系等利益关系都要受到严格的规制。通常来说，律师不能和委托人之间进行商业交易行为，除非合同条款公平合理，相关信息得到了充分的披露，并且委托人在独立征询了其他法律咨询后作出了知情同意书。律师掌握法律知识和技能，委托人相对于律师是弱势方，缺乏相应的博弈能力，所以要给予委托人特别的保护。但是，在一些情况下，即使委托人表示同意，律师也不得进行某些存在利益冲突的法律事务，[1]比如为委托人起草遗嘱，使得律师或者律师的亲属对某些遗产获得所有权等。之所以对此进行严格规定，是因为这些行为即使经委托人同意也存在导致其利益受损的风险。

2. 同时性利益冲突

律师的同时性利益冲突，是指律师或者律师事务所的现有委托人之间存在的利益冲突。在刑事诉讼中，律师担任几个共同被告的辩护人，当这几名被告相互推卸责任的时候，律师的忠诚和保密义务都会面临困境。对于现任当事人之间的利益冲突，职业行为规则并没有绝对地禁止。一般情况下，如果该代理并不被法律所禁止，律师合理地认为能够为每个受到影响的当事人提供称职和勤勉的服务，每个受到影响的委托人都书面确认明示同意，那么就意味着委托人放弃了对利益冲突的权利要求。

关于律师同时性利益冲突的规范主要有：（1）律师不得在同一案件中，为双方当事人担任代理人，（2）律师不得在同一案件中，同时为委托人及与委托人有利益冲突的第三人进行代理、辩护活动，（3）律师不得在两个或者两个以上有利害关系的案件中，分别为有利益冲突的当事人代理、辩护，（4）律师担任法律顾问期间，不得为法律顾问单位的对方当事人或者有其他利益冲突的当事人代理、辩护，（5）在同一案件中，律师事务所不得委派本所律师为双方当事人或者有利益冲突的当事人代理、辩护，但本县（市）内只有一家律师事务所，并经双方当事人同意的除外。律师在接受委托后知道诉讼相对方或利益冲突方已委聘同一律师事务所其他律师的，应由双方律师协商解除一方的委托关系，协商不成的，应与后签订委托合同的一方，或尚没有支付律师费的一方解除委托关系，（6）在未征得委托人同意的情况下，律师不得同时接受有

---

[1] 刘译矾. 论委托人与辩护律师的关系——以美国律师职业行为规范为切入的分析[J]. 浙江工商大学学报，2018（03）：55-71.

利益冲突的他方当事人委托，为其办理法律事务，（7）拟接受委托人委托的律师已经明知诉讼相对方或利益冲突方已委聘的律师是自己的近亲属或其他利害关系人的，应当予以拒绝，但双方委托人签发豁免函的除外。律师在接受委托后知道诉讼相对方或利益冲突方委聘的律师是自己的近亲属或其他利害关系人，应及时将这种关系明确告诉委托人。委托人提出异议的，律师应当予以回避。

3. 连续性利益冲突

律师的连续性利益冲突，是指律师对委托人的代理可能受到其对前委托人的职责或者前职务职责的影响的利益冲突。[1] 连续性利益冲突主要有以下几种情况：（1）曾经在前一法律事务中代理一方的律师，即使在解除或终止代理关系后，也不能再接受与前任委托人具有利益冲突的相对方委托、办理相同法律事务，除非前任委托人作出书面同意；（2）曾经在前一法律事务中代理一方的律师，不得在以后相同或相似法律事务中运用该前一法律事务中获取的不利于前任委托人的相关信息，除非经该前任委托人许可，或有足够证据证明这些信息已为人所共知；（3）委托人拟聘请律师处理的法律事务，是该律师从事律师职业之前曾以政府官员或司法人员、仲裁人员等身份经办过的事务时，律师及其律师事务所应当回避。

（三）域外利益冲突规则概览

1. 美国标准

在 2004 版美国律师协会《职业行为示范规则》中，规则 1.7 至规则 1.13 以及规则 1.18 均对利益冲突作了规定。其中，示范规则 1.7 规定了利益冲突的三种情况：第三方干预、律师个人利益和多委托人利益。示范规则 1.7（a）规定，如果代理行为涉及同时性利益冲突，律师不应代理委托人，具体包括：（1）律师对一个委托人的代理将直接损害另一委托人；（2）律师对一个或多个委托人的代理将导致重大风险，该律师可能因此而违背对另一委托人、前委托人、第三方或律师个人利益的责任。

对于利益冲突例外，美国律师协会《职业行为示范规则》规定，委托人可以基于自身的利益决定是否委托，体现了尊重委托人的原则。对此，示范规则 1.7（b）规定：尽管存在同时性利益冲突……如果存在以下情况，律师仍可为委托人进行代理：（1）律师合理地相信，其能够为每一个关联委托人提供合格而勤勉的代理；（2）法律不禁止该种代理；（3）律师同时代理的两个委托人不在同一诉讼中或同一其他法庭程序中存在诉讼请求；（4）每一关联委托人均知情同意并以书面形式确认。[2]

律师与委托人之间的一系列特殊交易要受到具体冲突规则的规范。示范规则 1.8（a）对律师与委托人之间的商业交易作了规定，要求律师告知委托人其具有获得独立律师的权利，要求双方之间的商业交易具有客观合理性，要求以委托人能够理解的语

---

[1] 徐莹. 律师执业利益冲突探讨[J]. 河南司法警官职业学院学报，2008（01）：114-117.
[2] 美国律师协会职业行为示范规则 2004[M]. 王进喜，译. 北京：中国人民公安大学出版社，2005：17-23.

言对商业交易进行书面记录。该规则涉及的其他特殊情况适用于独特的冲突规则：(1) 律师不得为委托人起草以自己或其近亲属为受赠人的赠与文件［示范规则1.8(c)］；(2) 律师不得在代理结束之前就委托人案件向媒体发表意见［示范规则1.8(d)］；(3) 律师不得超出代理范围为委托人提供经济帮助［示范规则1.8(e)］；(4) 律师不得与委托人订立在将来可能限制其过错责任的合同［示范规则1.8(h)］；(5) 律师不得与非代理委托人或前委托人达成过错赔偿协议，除非律师事先告诉该委托人或前委托人可以获得独立律师的帮助；(6) 2002年2月《职业行为示范规则》纳入一个新的条款［示范规则1.8(j)］。该条款禁止律师与委托人之间的两性关系，但不禁止"律师—委托人"关系建立之前已经存在的两性关系。[1]

示范规则1.9对律师向前委托人负有的义务作了规定。该条款特别禁止：如果前、后委托人的利益相互冲突，在特定事务中代理过前一委托人的律师不得在另一实质关联事务中代理后一委托人。而且，对于非实质关联事务，律师不得利用在前一代理中获得的信息损害前一委托人的利益。这个规则说明，即使"律师—委托人"关系正式终止以后，律师对委托人仍然继续负有不变的保密义务和忠诚义务。

根据示范规则1.10，如果律师涉及利益冲突，则该冲突自然转移至（归入、延伸到）其所属法律机构（通常是律师事务所）的所有律师。这种"牵连失格"规则主要建立在这样一个观念上，即被一个律师知悉的秘密信息必定被同一律师事务所的其他律师有效地知悉。在诉讼中，对律师或其所属的整个律师事务所提出失格动议（失去委托资格动议）是一项有利的战术性策略，可以有效地否定对方的律师选择权并使司法体系的健康运行免受利益冲突的威胁。

2. 欧洲标准

在欧盟，针对律师的相关利益冲突规则由欧盟律师协会制定，欧盟《律师职业行为准则》3.2对此作了规定。其中关于利益冲突的一般规则与上述美国规则非常相似。规则3.2.1的表述如下：如果两个或两个以上的委托人在利益上存在冲突或重大冲突风险，则律师不得在同一事务中为这些委托人提供咨询、代理或其他服务。

然而，如果利益冲突确已发生，有几个关于律师处理程序的规则与美国规则截然不同。一方面，针对发现利益冲突的情况，欧盟《律师职业行为准则》3.2.2是这样规定的：如果两个委托人之间发生利益冲突，律师应当停止对两个委托人的代理；如果存在违反律师保密义务或损害律师独立性的风险，律师也应停止对委托人的代理。[2] 另一方面，针对新委托人的潜在利益冲突风险，欧盟《律师职业行为准则》3.2.3是这样规定的：如果存在侵犯前委托人保密信息的风险或者知悉律师掌握的前委托人信息将对新委托人产生不正当利益，律师不得对新委托人进行代理。

---

[1] 索站超. 论律师职业伦理的冲突与消解［J］. 河南财经政法大学学报，2017，32(03)：62-72.
[2] 唐诗，高江瑜，魏露露. 律师行业利益冲突成因理论初探［J］. 黑龙江省政法管理干部学院学报，2011(02)：21-24.

这些规定反映欧盟的一个共同原则，即委托人不能豁免利益冲突，从而在律师独立于外部因素方面表现出不同的看法。这种不同的看法很可能源于这样一个事实，即美国的利益冲突规则以代理法为基础，而欧盟不是这样。在委托人豁免潜在利益冲突的能力方面，大多数欧洲民法法系国家遵从欧盟的规则。在这些国家，委托人在利益冲突的处理决定方面通常没有话语权。例如，意大利《律师伦理准则》第 37（1）条规定："如果存在潜在利益冲突，委托人无权表达意见，律师必须拒绝与现委托人存在潜在利益冲突的新业务。"在法国，如果存在潜在利益冲突，委托人可以豁免，但是如果冲突已经发生，则委托人无权豁免。如果利益冲突在律师代理之初并不明显，但在之后被发现，律师必须建议委托人更换代理。在德国，律师不得参与先前已经提供法律意见或为对方提供代理的事务，如果律师参加利益冲突代理，和违反保密义务一样，可对其追究刑事责任。

3. 日本标准

日本《律师职业基本规程》和《执业律师法》包含不少与利益冲突有关的规则。总体而言，这些利益冲突规则与美国相关规则类似，在实质上允许委托人对某些冲突情况而不是全部冲突情况豁免其利益冲突。几乎和美国一样，一旦发现潜在利益冲突，律师必须与委托人取得联系。日本《执业律师伦理准则》第 25 条规定："如果律师在某一事务中与对方存在特殊关系，而这种关系可能损害律师与其委托人之间的信赖委托关系，则律师应当将这种情况通知委托人。"该准则第 26 条对委托人不得豁免利益冲突的一般情形作了规定：（1）律师已就某一事务向对方提供法律咨询，并且咨询的过程与方式建立在信托关系的基础上；（2）律师当前委托人的利益与律师正在处理的另一事务的委托人利益存在冲突；（3）律师在为某一事务提供代理的同时，在另一事务中接受对方的委托；（4）律师在处理一项事务的时候，对方要求该律师处理另一正在处理的事务；（5）律师曾作为公职人员、依法律或法规参与公共事务处理的人员或作为仲裁人员处理过相关事务。❶

日本《执业律师法》第 25 条在更大范围内规定了律师不得处理的案件。在该条中，这些案件具体包括：（1）律师在为反方提供咨询过程中支持反方，或接受反方为客户的案件；（2）律师为反方提供过咨询，而该咨询的范围和形式可被视为建立在双重"律师—客户"关系之上的案件；（3）律师先前代理案件的反方请求律师代理的任何其他案件（客户可以豁免）；（4）律师作为公职人员在履行义务过程中处理的案件；（5）律师作为仲裁人员在仲裁过程中处理的案件；（6）律师事务所在咨询过程中支持某案件的反方或接受反方作为其客户，而该律师事务所的合伙人或该律师事务所聘请的执业律师担任该案律师的案件；（7）律师所属律师事务所在范围上和形式上基于"律师—客户"关系为反方提供法律咨询的案件，而该律师是该律师事务所的合伙人或该律师事务所聘请的执业律师；（8）律师所属律师事务所已经为反方代理过的案件，

---

❶ 裘索. 日本国律师制度[M]. 上海：上海社会科学院出版社，1999：19—25.

而该律师是该律师事务所的合伙人或该律师事务所聘请的执业律师；（9）由该法第30条第2款第1段规定的法律服务机构应某一案件的反方请求而处理的任何其他案件，该律师是该法律服务机构的合伙人或雇员且前一案件已由该法律服务机构处理过。❶

（四）我国利益冲突规则

全国律协《律师执业行为规范》（2011年修订）第48条规定："律师事务所应当建立利益冲突审查制度。律师事务所在接受委托之前，应当进行利益冲突审查并作出是否接受委托的决定。"第49条规定："办理委托事务的律师与委托人之间存在利害关系或利益冲突的，不得承办该业务并应当主动提出回避。"第50条规定："有下列情形之一的，律师及律师事务所不得与当事人建立或维持委托关系：（一）律师在同一案件中为双方当事人担任代理人，或代理与本人或者其近亲属有利益冲突的法律事务的；（二）律师办理诉讼或者非诉讼业务，其近亲属是对方当事人的法定代表人或者代理人的；（三）曾经亲自处理或者审理过某一事项或者案件的行政机关工作人员、审判人员、检察人员、仲裁员，成为律师后又办理该事项或者案件的；（四）同一律师事务所的不同律师同时担任同一刑事案件的被害人的代理人和犯罪嫌疑人、被告人的辩护人，但在该县区域内只有一家律师事务所且事先征得当事人同意的除外；（五）在民事诉讼、行政诉讼、仲裁案件中，同一律师事务所的不同律师同时担任争议双方当事人的代理人，或者本所或其工作人员为一方当事人，本所其他律师担任对方当事人的代理人的；（六）在非诉讼业务中，除各方当事人共同委托外，同一律师事务所的律师同时担任彼此有利害关系的各方当事人的代理人的；（七）在委托关系终止后，同一律师事务所或同一律师在同一案件后续审理或者处理中又接受对方当事人委托的；（八）其他与本条第（一）至第（七）项情形相似，且依据律师执业经验和行业常识能够判断为应当主动回避且不得办理的利益冲突情形。"第51条规定："有下列情形之一的，律师应当告知委托人并主动提出回避，但委托人同意其代理或者继续承办的除外：（一）接受民事诉讼、仲裁案件一方当事人的委托，而同所的其他律师是该案件中对方当事人的近亲属的；（二）担任刑事案件犯罪嫌疑人、被告人的辩护人，而同所的其他律师是该案件被害人的近亲属的；（三）同一律师事务所接受正在代理的诉讼案件或者非诉讼业务当事人的对方当事人所委托的其他法律业务的；（四）律师事务所与委托人存在法律服务关系，在某一诉讼或仲裁案件中该委托人未要求该律师事务所律师担任其代理人，而该律师事务所律师担任该委托人对方当事人的代理人的；（五）在委托关系终止后一年内，律师又就同一法律事务接受与原委托人有利害关系的对方当事人的委托的；（六）其他与本条第（一）至第（五）项情况相似，且依据律师执业经验和行业常识能够判断的其他情形。律师和律师事务所发现存在上述情形的，应当告知委托人利益冲突的事实和可能产生的后果，由委托人决定是否建立或维持委托关系。委托人决定

---

❶ 裴索. 日本国律师制度 [M]. 上海：上海社会科学院出版社，1999：31-35.

建立或维持委托关系的,应当签署知情同意书,表明当事人已经知悉存在利益冲突的基本事实和可能产生的法律后果,以及当事人明确同意与律师事务所及律师建立或维持委托关系。"第52条规定:"委托人知情并签署知情同意书以示豁免的,承办律师在办理案件的过程中应对各自委托人的案件信息予以保密,不得将与案件有关的信息披露给相对人的承办律师。"

五、统一收费规范

律师收费问题、律师执业保密问题及利益冲突问题属于律师与当事人关系核心层面的三大问题。律师为当事人提供法律服务收取一定的费用,体现的是律师法律服务的有偿性。律师收费的有偿性为律师业的持续性发展提供了经济基础。[1] 接下来结合各国和各地区的有关律师收费的基本规范,对我国律师收费制度进行初步的分析和介绍。

(一) 律师收费的基本规则

律师收取的费用可以分为律师费和办案费用。律师费是指律师事务所因本所执业律师为当事人提供法律服务,根据国家的法律规定或双方的自愿协商,向当事人收取的一定数量的费用。[2] 办案费用是指律师在办理案件过程中产生的律师费以外的其他费用。这些费用包括:(1) 司法、行政、仲裁、鉴定、公证等部门收取的费用;(2) 合理的通讯费、复印费、翻译费、交通费、食宿费等;(3) 经委托人同意的专家论证费;(4) 委托人同意支付的其他费用。这些办案费用应当由委托人在律师费之外另行支付,律师对需要由委托人承担的律师费以外的费用,应本着节俭的原则合理使用。

律师费的收取应当合理。律师事务所和律师应当根据国家行政管理部门、律师协会制定的相关规定合理收费。在确定律师费是否合理时应当考虑以下因素:(1) 从事法律服务所需工作时间、难度、包含的新意和需要的技巧等;(2) 接受这一委托会明显妨碍律师开展其他工作的风险;(3) 同一区域相似法律服务通常的收费数额;(4) 委托事项涉及的金额和预期的合理结果;(5) 由委托人提出的或由客观环境所施加的法律服务时间限制;(6) 律师的经验、声誉、专业水平和能力;(7) 费用标准及支付方式是否固定,是否附有条件;(8) 合理的成本支出。

我国《律师服务收费管理办法》规定,律师服务收费遵循公开公平、自愿有偿、诚实信用的原则。律师事务所应当便民利民,加强内部管理,降低服务成本,为委托人提供方便优质的法律服务。律师服务收费实行政府指导价和市场调节价。这些规定体现了我国律师收费制度的基本原则。

---

[1] 魏小强. 律师服务新农村建设的动力机制分析 [J]. 安徽农业科学, 2011, 39 (34).
[2] 孟庆华, 朱博瀚. 律师能否成为受贿罪的主体问题探讨 [J]. 河北经贸大学学报 (综合版), 2009, 9 (02): 20-23.

(二) 律师收费的方式

律师收费方式依照国家规定或由律师事务所与委托人协商确定,可以采用计时收费、固定收费、按标的比例收费。在一个委托事项中可以同时使用前列几种方式,也可使用法律不禁止的其他方式。律师承办业务,由律师事务所统一接受委托,与委托人签订书面委托合同,按照国家规定向当事人统一收取费用并如实入账。律师事务所应当在委托代理合同中约定收费方式、标准、支付方法等收费事项。律师不得私自收案、收费。委托人所支付的费用应当直接交付律师所在的律师事务所,律师不得直接向委托人收取费用。委托人委托律师代交费用的,律师应将代收的费用及时交付律师事务所。律师事务所不得向委托人开具非正式的律师收费凭证。律师不得索要或收取除依照规定收取的法律服务费用之外的额外报酬或利益。采用计时收费的,律师应当根据委托人的要求提供工作记录清单。

根据我国《律师服务收费管理办法》第10条的规定,律师服务收费可以根据不同的服务内容,采取计件收费、按标的额比例收费和计时收费等方式。计件收费一般适用于不涉及财产关系的法律事务;按标的额比例收费适用于涉及财产关系的法律事务;计时收费可适用于全部法律事务。另外,《律师服务收费管理办法》第11条对下列案件的风险代理进行了限制性规定:(1) 婚姻、继承案件;(2) 请求给予社会保险待遇或者最低生活保障待遇的案件;(3) 请求给付赡养费、抚养费、扶养费、抚恤金、救济金、工伤赔偿的案件;(4) 请求支付劳动报酬的案件等。第12条规定禁止刑事诉讼案件、行政诉讼案件、国家赔偿案件以及群体性诉讼案件实行风险代理收费。第13条规定实行风险代理收费,律师事务所应当与委托人签订风险代理收费合同,约定双方应承担的风险责任、收费方式、收费数额或比例。实行风险代理收费,最高收费金额不得高于收费合同约定标的额的30%。

美国各司法区在允许计时收费的同时,允许"风险代理费"(contingent fees),即律师根据事项的处理结果进行收取并通常根据赔偿比例加以计算的收费方式。风险代理费通常不允许在特定的家庭关系案件(如以离婚、赡养费和财产分割的胜诉为条件付费)中以及刑事案件的被告代理中收取。

日本的"胜诉费"是风险代理费的一种表现形式。日本律师协会行业规则提供律师收费基准表和建立在诉讼标的额基础上的胜诉费阶梯表。标的额越高,收费比例越低。如标的额为50万日元及以下的民事案件,收费标准是15%的基本雇请费和15%的胜诉费。如果案件价值超过1亿日元,基本雇请费和胜诉费各为2%。需要注意的是,收费表仅具指导意义,雇请费和胜诉费可根据各种因素,包括案件的重要性和过往关系状况,得以商定。费用分阶段支付,即便标的额保持不变,在案件上诉阶段也可能达成新的收费比例。

(三) 律师协商收费考虑的因素

我国《律师服务收费管理办法》第 9 条规定:"实行市场调节的律师服务收费,由律师事务所与委托人协商确定。律师事务所与委托人协商律师服务收费应当考虑以下主要因素:(1) 耗费的工作时间;(2) 法律事务的难易程度;(3) 委托人的承受能力;(4) 律师可能承担的风险和责任;(5) 律师的社会信誉和工作水平等。"

许多外国法律行为规则在确定计时收费和衡量收费的合理性时,会明确需要考虑的各种因素。如英格兰与威尔士律师协会理事会的行为规则中要考虑案件的复杂程度、所需时间以及难易情况,律师的能力、经验、资历,以及律师办理案件导致的开销。法国全国律师协会理事会的《统一执业规则》第 11 条第 2 款规定了要考虑案件所需的时间,案件的性质、复杂程度,案件涉及利益的重要性,律师事务所的偶然性费用与经常性费用,律师的地位、头衔、资历、经验和技能,可能为委托人带来的好处和利益,委托人的具体情况等因素。国际律师协会的《国际伦理准则》第 17 条规定要考虑争议标的以及可为委托人代理的利益、案件所需的时间与劳动、案件的其他个人与事实情况。日本律师协会联合会在《律师收费规则》第 2 条规定收费必须适当,与案件的经济利益、复杂程度、所需时间以及工作量等相称。

(四) 律师收费的禁止性规范

综合我国《律师法》《律师执业行为规范》和《律师服务收费管理办法》等法律、法规,律师收费的禁止性规范主要包括:(1) 禁止律师个人私自收费。律师在执业活动中,不得私自接受委托,收取费用,接受委托人的财务或其他利益。(2) 禁止律师不正当竞争。律师和律师事务所不得以支付介绍费等不正当手段争揽业务。(3) 禁止违反收费标准和办法。律师事务所违反规定,接受委托,违反规定标准和方法收取费用的,由设区的市级或者直辖市的区人民政府司法行政部门予以相应处罚。

(五) 律师收费的监督与争议解决

我国《律师服务收费管理办法》第 28 条规定:"公民、法人和其他组织认为律师事务所或律师存在价格违法行为,可以通过函件、电话、来访等形式,向价格主管部门、司法行政部门或者律师协会举报、投诉。"第 29 条规定:"地方人民政府价格主管部门、司法行政部门超越定价权限,擅自制定、调整律师服务收费标准的,由上级价格主管部门或者同级人民政府责令改正;情节严重的,提请有关部门对责任人予以处分。"第 30 条规定:"因律师服务收费发生争议的,律师事务所应当与委托人协商解决。协商不成的,可以提请律师事务所所在地的律师协会、司法行政部门和价格主管部门调解处理,也可以申请仲裁或者向人民法院提起诉讼。"

六、财务保管规范

律师在执业的过程中经常会对委托人的财物予以保管,如果律师把自己的财产和委托人的财产混合在一起,委托人就会丧失对于律师的信任。[1] 这份信任往往不是针对某一个律师,而是针对整个法律职业。这份信任的维系极其重要,以至于违反此规定的律师可能被处以取消律师资格的处罚。

(一) 律师财务保管理论

美国的律师职业行为规则要求律师把自己的财产和委托人的财产以及第三人的财产分离开。资金应当保存在该律师办公室场所所在的州设立的独立账户中,或是委托人或者第三人同意的其他地方。其他财产也应该加以类似的区分并适当地加以保管。禁止混合的规则是为了避免律师为了个人目的而错误地使用委托人的财产。[2] 美国法律职业伦理教授罗纳德·D.罗汤达曾经说过:"律师经常是他们自己最糟糕的律师。他们知道影响其委托人的法律,因为知道这些是他们的业务需要。但是太多的情况下他们对影响他们自己的法律——规制律师的法律一无所知。美国伊利诺伊州律师登记和惩戒委员会的理事经常告诉我,律师每年要为支持该惩戒委员会而强制性地支付费用,很多律师使用的支票就来自委托人的信托资金账户。很显然,这些律师并不知道禁止混合规则。"1999 年,美国在每个司法辖区都建立了一个委托人保护基金,为那些委托人的财产损失提供补偿,这个基金的费用来自强制律师缴纳的费用。然而,这样的基金所提供的保护远远不够,每年律师挪用委托人资金的数量远远多于委托人保护基金的数量。此外,为了获得补偿,委托人还必须证明自己已经穷尽了其他救济手段。所以,采取预防性措施来规制财产的混合行为就显得尤为重要。

(二) 我国律师财物保管规则

全国律协《律师执业行为规范》第四章第五节有保管委托人财产的规定,第 53 条规定:"律师事务所可以与委托人签订书面保管协议,妥善保管委托人财产,严格履行保管协议。"第 54 条规定:"律师事务所受委托保管委托人财产时,应当将委托人财产与律师事务所的财产、律师个人财产严格分离。"具体而言,我国的律师财务保管规则有以下几项:(1) 律师应当妥善保管与委托事项有关的财物,不得挪用或者侵占。(2) 区分保管义务。律师事务所受委托保管委托人财物时,应将委托人财产与律师事务所的财产严格分离。委托人的资金应保存在律师事务所所在地信用良好的金融机构的独立账号内,或保存在委托人指定的独立开设的银行账号内。委托人其他财物的保管方法应当经其书面认可。(3) 委托人要求交还律师事务所受委托保管的委托人财物,

---

[1] 陈宜,李本森. 律师职业行为规则论 [M]. 北京:北京大学出版社,2006.
[2] 王进喜. 美国律师职业行为规则理论与实践 [M]. 北京:中国人民公安大学出版社,2005.

律师事务所应向委托人索取书面的接收财物的证明，并将委托保管协议及委托人提交的接收财物证明一同存档。（4）通知义务。律师事务所受委托保管委托人或第三人不断交付的资金或者其他财物时，律师应当及时书面告知委托人，即使委托人出具书面声明免除律师的及时告知义务，律师仍然应当定期向委托人发出保管财物清单。（5）律师应当谨慎保管委托人提供的证据和其他法律文件，保证其不遭灭失。

七、执业推广规范

律师与律师、律师事务所与律师事务所之间难免存在着竞争，因而如何有效并且符合职业要求地传播律师的服务信息，对于律师事业的发展具有重要意义。[1] 律师和律师事务所推广律师业务，应当遵守平等、诚信原则，遵守律师职业伦理和执业纪律，遵守法律服务市场及律师行业公认的行业准则，公平竞争，禁止行业不正当竞争行为。律师和律师事务所应当通过努力提高自身综合素质、提高法律服务质量、加强自身业务竞争能力的途径，推广、开展律师业务。律师服务信息传播规则是当代律师职业行为规则的一个重要组成部分，应当受到严格的调整。

（一）律师广告的主体

北京市律协2000年颁布施行的《北京市律师事务所执业广告管理办法（试行）》规定，律师事务所是唯一的广告主，律师个人不得做广告。这种过于严苛的规定被后来的规范否定了。全国律协2011年《律师执业行为规范》第17条规定律师和律师事务所可以依法以广告方式宣传律师和律师事务所以及自己的业务领域和专业特长。律师广告可以以律师个人名义发布，也可以律师事务所名义发布。以律师个人名义发布的律师广告应当注明律师个人所在的执业机构名称。在下列情况下，律师和律师事务所不得发布律师广告：（1）没有通过年度年检注册的；（2）正在接受暂停执业处分的；（3）受到通报批评处分未满一年的。

（二）律师广告的内容

顾名思义，律师广告是指律师和律师事务所为推广业务与获得委托，让公众知悉、了解律师个人和律师事务所法律服务业务而发布的信息及其行为过程。律师个人广告，应当限于以下内容：律师的姓名、肖像、年龄、性别、学历、学位、专业、律师执业许可日期、所任职律师事务所名称、在所任职律师事务所的执业期限；收费标准、联系方法；依法能够向社会提供的法律服务业务范围；执业业绩。律师事务所广告的内容应当限于以下内容：律师事务所名称、住所、电话号码、传真号码、邮政编码、电子信箱、网址；所属律师协会；所内执业律师及依法能够向社会提供的法律服务业务范围简介；执业业绩。律师广告应当遵守国家法律法规和《律师执业行为规范》，坚持

---

[1] 李本森. 法律职业道德概论 [M]. 北京：高等教育出版社，2003：185-186.

真实、严谨、适度原则。律师广告应当具有可识别性,应当能使社会公众辨明是律师广告。

(三)律师广告的禁止规则

律师广告应当体现其严谨性,注意律师的使命和形象,强调职业精神中公共服务的一面。法律职业固有的尊严和专业性会在不得体的广告形式中大打折扣,像不适当的音乐、好斗的口号、炫目古怪的情节等都不利于建立大众对法律职业的信任,因而在律师广告中应当避免出现。❶ 律师广告不得进行不正当竞争,不得提供虚假信息或者特殊关系,不得贬低同行的专业能力和水平,不得提供回扣或者夸大自己的专业能力,不得以明示或者暗示与司法、行政等关联机关的特殊关系等方式承揽业务,不得以明显低于同行业的收费水平竞争法律业务。

我国《律师执业行为规范》第29条、第30条、第31条、第32条和第33条规定了律师宣传的禁止性规则:(1)不得有悖律师使命、有损律师形象;(2)不得采用一般商业广告的艺术夸张手段;(3)不得违反协会相关管理规定;(4)不得歪曲事实和法律;(5)不得使公众产生不合理期望;(6)不得自我声明或暗示为某一领域权威或专家;(7)不得进行律师或律所之间的比较宣传。

美国关于律师广告规则的规范体现在1983年制定的现行美国律师协会《职业行为示范规则》,其中规则7.1禁止律师发布"关于律师或律师服务的虚假性的或误导性的广告";规则7.3对律师揽业行为作了限制,禁止律师基于强烈的获利动机直接接触潜在委托人;规则7.4(d)禁止律师明示或者暗示自己是某一法律专业领域的专家,除非"其确已被相关州政府部门批准的或美国律师协会认证的权威组织机构授予专家资格,并且将该机构的名称显示于广告中";规则7.5要求律师不得使用虚假的律师事务所名称、信笺抬头或其他职业标志;规则7.5和规则7.4(d)在防止虚假性陈述和误导性陈述方面对规则7.1共同作出了明确而具体的延展。

日本《律师职业基本规程》第9条限制律师的广告发布活动,禁止律师"在自己的广告中提供虚假的或误导的信息","律师不得以有损尊严的方式发布广告"。第10条禁止律师向潜在委托人揽业,规定"律师不得为了不正当目的或以损害自身尊严的方式向潜在委托人揽业或挑起事端"。第13条禁止律师支付或收取任何形式的介绍费,特别是:"(1)律师不得因为别人向自己介绍委托人而向其支付任何费用或其他形式的好处。(2)律师不得因为向别人介绍委托人而向其收取任何形式的费用或其他形式的好处。"❷

(四)违反律师广告的罚则

中华全国律师协会2004年《律师协会会员违规行为处分规则(试行)》规定:

---

❶ 迟涛. 律师广告规范的原则与规则探析[J]. 甘肃联合大学学报(社会科学版),2013,29(01):51-56.
❷ 日本辩护士联合会网站:https://www.nichibenren.or.jp/cn/barrister.html.

"个人会员捏造、散布虚假事实,损害、诋毁其他律师、律师事务所声誉的,或者以诋毁其他律师或者支付介绍费等不正当手段争揽业务的,由省、自治区、直辖市及设区的市律师协会给予训诫、通报批评、公开谴责。"司法部2010年《律师和律师事务所违法行为处罚办法》规定:"以不正当手段承揽业务的违法行为,包括以误导、利诱、威胁或者作虚假承诺等方式承揽业务的;以对本人及所在律师事务所进行不真实、不适当宣传或者诋毁其他律师、律师事务所声誉等方式承揽业务的,由司法行政机关给予警告,可以处五千元以下的罚款;有违法所得的,没收违法所得;情节严重的,给予停止执业三个月以下的处罚。"

第三节 律师在诉讼、仲裁活动中的规范

一、律师的回避义务

律师因法定事由或者根据相关规定不得担任诉讼代理人或者辩护人的,应当谢绝当事人的委托,或者解除委托代理合同。根据《律师法》的规定,曾经担任法官、检察官的律师,从人民法院、人民检察院离任后2年内,不得担任诉讼代理人或者辩护人。根据《法官法》的规定,法官从人民法院离任后2年内,不得以律师身份担任诉讼代理人或者辩护人。法官从人民法院离任后,不得担任原任职法院办理案件的诉讼代理人或者辩护人。法官的配偶、子女不得担任该法官所任职法院办理案件的诉讼代理人或者辩护人。根据《检察官法》的规定,检察官从人民检察院离任后2年内,不得以律师身份担任诉讼代理人或者辩护人。检察官从人民检察院离任后,不得担任原任职检察院办理案件的诉讼代理人或者辩护人。检察官的配偶、子女不得担任该检察官所任职检察院办理案件的诉讼代理人或者辩护人。

二、律师的真实义务

(一)理论基础

律师的参与对于实现司法活动的真实和公正有着不可忽视的积极所用。司法活动对真实的追求,主要通过对证据的收集、审查判断以及审判方听取各方的意见等得以实现。律师在司法活动中,作为诉讼一方当事人的代理人,收集有利于委托当事人的证据材料,反驳对方观点,质疑对方提出的证据,依据自己对事实的认定和法律的理解,提出有利于委托人的辩护意见,使法官能够兼听各方意见,依法律和事实作出裁判。[1]

---

[1] 陈宜,李本森. 律师职业行为规则论[M]. 北京:北京大学出版社,2006.

在侦查阶段，辩护律师不仅可以自行收集或申请侦查机关收集有利于被告人的证据，而且辩护律师通过被告人被讯问时在场，可以防止追诉机关采用刑讯、引诱、欺骗等非法手段收集证据，从而在一定程度上保障证据真实、可靠。在审判阶段，控方提出指控并展示证据，辩护律师通过对控方提出和展示的证据加以质证，提出有利于被告人的证据材料，审判方通过对控辩双方在法庭上展示的证据加以评价、判断，并直接听取控辩双方的辩论，整个庭审活动通过控辩双方对证据的展示、质证，使法官"兼听则明"，对事实的认定更接近于真实。[1] 律师通过维护委托人的合法权益，维护法律的正确实施，这也正是辩护制度及律师制度设立的原旨。[2]

（二）真实义务规则

各国和各地区对律师参与诉讼对法庭的真实义务作了明确规定。《英格兰及威尔士出庭律师行为准则》规定，出庭律师不得故意欺骗法院或使法院产生误解，日本《律师职业基本规程》第75条规定，律师不得教唆当事人作伪证及虚假陈述，并不得明知虚假仍提供该证据。美国律师协会《职业行为示范规则》（2011年版）3.3规定："律师应坦诚面对法庭。包括（a）律师不能在明知的情况下：（1）就事实或者法律向裁判庭作虚假陈述，或者不就律师以前向裁判庭作出的关于重要事实或者法律的虚假陈述作出修正；（2）明知在有管辖权的司法管辖区存在直接不利于其委托人并且对方律师没有发现的法律根据，而不向裁判庭公开该法律；或者（3）提交律师明知虚假的证据。如果律师、律师的委托人或者该律师所传唤的证人在提供某重要证据后，律师进而发现该证据是虚假的，则该律师应当采取合理的补救措施，包括必要情况下主动向裁判庭予以披露。除了刑事案件中被告的证言外，律师可以拒绝提交律师合理认为虚假的证据。（b）在司法裁判程序中代理某个委托人的律师在知道某个人意图从事、正在从事或者已经从事了与该程序有关的刑事或者欺诈行为后，应当采取合理的补救措施，包括必要情况下向裁判庭予以披露。（c）（a）款和（b）款规定的责任持续到诉讼终结，即使律师遵守上述规定需要公开本受《规则》1.6保护的信息，上述责任也适用。（d）在单方程序中，律师应当告知裁判庭其知道的所有重要事实，以便裁判庭能够作出明智的决定，无论这些事实是否有利。"

我国台湾地区"律师法"第28条规定："律师对于委托人、法院、检察机关或司法警察机关，不得有蒙蔽或欺诱之行为。"我国台湾地区"律师伦理规范"（2003年9月7日修正）第23条规定："律师于执行职务时，不得有故为蒙蔽欺罔之行为，亦不得伪造变造证据、教唆伪证或为其他刻意阻碍真实发现之行为。"

我国《律师法》第31条规定："律师担任辩护人的，应当根据事实和法律，提出犯罪嫌疑人、被告人无罪、罪轻或者减轻、免除其刑事责任的材料和意见，维护犯罪嫌

---

[1] 范永龙. 民间借贷纠纷案件举证责任分配再辨析 [J]. 辽宁行政学院学报，2014，16（12）：44-45.
[2] 陈宜. 律师天职：依法维护当事人合法权益 [J]. 法学杂志，2003（03）：68-70.

疑人、被告人的诉讼权利和其他合法权益。"我国《律师法》、《律师执业行为规范》、《刑事诉讼法》、《民事诉讼法》和《律师和律师事务所违法行为处罚办法》等相关法律法规明确规定律师在执业活动中不得故意提供虚假证据或者威胁、利诱他人提供虚假证据，妨碍对方当事人合法取得证据。在我国，律师参与司法活动对法庭真实义务，应遵守以下规则：（1）律师不得伪造证据，不能为了诉讼意图或目的，非法改变证据的内容、形式或属性；（2）律师在收集证据过程中，应当以客观求实的态度对待证据材料，不得以自己对案件相关人员的好恶选择证据，不得以自己的主观想象去改变证据原有的形态及内容；（3）律师不得威胁、利诱他人提供虚假证据，不得利用他人的隐私及违法行为，胁迫他人提供与实际情况不符的证据材料，不得利用物质或各种非物质利益引诱他人提供虚假证据；（4）律师不得向司法机关和仲裁机构提交已明知是虚假的由他人提供的证据；（5）律师在已了解事实真相的情况下，不得为获得支持委托人诉讼主张或否定对方诉讼主张的司法裁判和仲裁而暗示委托人或有关人员出具无事实依据的证据；（6）律师作为必要证人出庭作证的，不得再接受委托担任该案的辩护人或代理人出庭。

（三）违反真实义务的罚则

我国《律师和律师事务所违法行为处罚办法》明确规定了《律师法》第49条第4项规定的律师"故意提供虚假证据或者威胁、利诱他人提供虚假证据，妨碍对方当事人合法取得证据的"违法行为，包括：故意向司法机关、行政机关或者仲裁机构提交虚假证据，或者指使、威胁、利诱他人提供虚假证据；指示或者帮助委托人或者他人伪造、隐匿、毁灭证据，指使或者帮助犯罪嫌疑人、被告人串供，威胁、利诱证人不作证或者作伪证；妨碍对方当事人及其代理人、辩护人合法取证，或者阻止他人向案件承办机关或者对方当事人提供证据。律师如有以上行为，由设区的市级或者直辖市的区人民政府司法行政部门给予停止执业6个月以上1年以下的处罚，可以处5万元以下的罚款；有违法所得的，没收违法所得；情节严重的，由省、自治区、直辖市人民政府司法行政部门吊销其律师执业证书；构成犯罪的，依法追究刑事责任。

三、诉讼中的行为规范

为了诉讼活动的正常进行，为了使当事人权益受到合法的保障，同时也为了司法活动的庄严与神圣，参加诉讼活动的律师必须要遵守诉讼规则。尊重法官，遵守法庭秩序以及不得干扰、妨碍诉讼的正常进行是律师在诉讼中应遵循的基本规则。如果违反这些规则，律师不仅会受到职业伦理的谴责，还有可能受到法律的制裁。[1]

---

[1] 陈瑞华. 辩护律师职业伦理的模式转型 [J]. 华东政法大学学报，2020，23（03）：6-21.

(一) 律师应尊重法院及司法人员

法院及司法人员在一定意义上是公平正义的化身，是法律价值的载体，所以律师理应尊重法官及其他司法工作人员。对法院及司法人员的尊重，对法院及司法人员威信的维护，是对法律的至高性的尊重，也是对自己职业的尊重。许多国家和地区的律师法和律师职业行为规则都规定了律师应尊重法院及司法人员。《日本律师联合会章程》要求，无论法庭内外，律师应对法官、检察官和同事遵守礼节，同时不得有公私不分的态度。在英国，《英格兰及威尔士出庭律师行为准则》规定，事务律师不得欺骗或者故意、罔顾后果地误导法院，必须遵守法院的命令，不得藐视法院。《英格兰及威尔士大律师行为准则》规定，大律师无论是出于追求职业目的还是其他目的，不得作出有损于司法的行为，不得作出有可能贬损公众对法律职业或者司法的信任或者其他使法律职业陷入污名的行为。《加拿大律师协会律师职业行为准则》（2009年修订版）规定，当以辩护人身份活动时，律师必须对法庭或审裁处保持礼貌和尊重，并且必须以果断、令人尊敬的方式在法律限度内担任委托人的代理人。

在我国，《律师执业行为规范》第66条规定："在开庭审理过程中，律师应当尊重法庭、仲裁庭。"此外，该规范第70条、第71条还规定了"律师担任辩护人、代理人参加法庭、仲裁庭审理，应当按照规定穿着律师出庭服装，佩戴律师出庭徽章，注重律师职业形象"，"律师在法庭或仲裁庭发言时应当举止庄重、大方，用词文明、得体"。

(二) 律师应遵守法庭秩序，严格遵守出庭时间、提出文书的期限以及其他与履行职务有关的程序规定

司法公正必须通过诉讼程序予以实现，律师同包括法官在内的其他所有法律职业人员一样，有义务保证诉讼程序的公正运作，而公正的运作既包括以人们看得见的方式实现公正，还包括公正的实现是迅速的，正如英国的一句名谚所云："迟到的正义是非正义"，因此各国的诉讼都规定了法定的期限，以确保诉讼在一定的时间内完成。律师参与诉讼应遵守法庭秩序，严格遵守出庭时间、提出文书的期限以及其他与履行职务有关的程序规定。

2012年发布的《最高人民法院关于适用〈中华人民共和国刑事诉讼法〉的解释》（以下简称《解释》）第249条规定："法庭审理过程中，诉讼参与人、旁听人员应当遵守以下纪律：（一）服从法庭指挥，遵守法庭礼仪；（二）不得鼓掌、喧哗、哄闹、随意走动；（三）不得对庭审活动进行录音、录像、摄影，或者通过发送邮件、博客、微博客等方式传播庭审情况，但经人民法院许可的新闻记者除外；（四）旁听人员不得发言、提问；（五）不得实施其他扰乱法庭秩序的行为。"之前一些案件中存在的律师一边开庭一边发微博的行为被明确为法庭纪律不允许的情形。第250条第1款规定："法庭审理过程中，诉讼参与人或者旁听人员扰乱法庭秩序的，审判长应当按照下列情

形分别处理：（一）情节较轻的，应当警告制止并进行训诫；（二）不听制止的，可以指令法警强行带出法庭；（三）情节严重的，报经院长批准后，可以对行为人处1000元以下的罚款或者15日以下的拘留；（四）未经许可录音、录像、摄影或者通过邮件、博客、微博客等方式传播庭审情况的，可以暂扣存储介质或者相关设备。"第251条规定："担任辩护人、诉讼代理人的律师严重扰乱法庭秩序，被强行带出法庭或者被处以罚款、拘留的，人民法院应当通报司法行政机关，并可以建议依法给予相应处罚。"第252条规定："聚众哄闹、冲击法庭或者侮辱、诽谤、威胁、殴打司法工作人员或者诉讼参与人，严重扰乱法庭秩序，构成犯罪的，应当依法追究刑事责任。"

我国《民事诉讼法》第110条规定："诉讼参与人和其他人应当遵守法庭规则。人民法院对违反法庭规则的人，可以予以训诫，责令退出法庭或者予以罚款、拘留。人民法院对哄闹、冲击法庭，侮辱、诽谤、威胁、殴打审判人员，严重扰乱法庭秩序的人，依法追究刑事责任；情节较轻的，予以罚款、拘留。"我国《行政诉讼法》规定，诉讼参与人或者其他人以暴力、威胁或者其他方法阻碍人民法院工作人员执行职务或者扰乱人民法院工作秩序的，人民法院可以根据情节轻重，予以训诫，责令具结悔过或者处10000元以下的罚款、15日以下的拘留；构成犯罪的，依法追究刑事责任。

我国《律师执业行为规范》第65条规定："律师应当遵守法庭、仲裁庭纪律，遵守出庭时间、举证时限、提交法律文书期限及其他程序性规定。"我国《律师和律师事务所违法行为处罚办法》第19条规定，有下列情形之一的，属于《律师法》第49条第6项规定的律师"扰乱法庭、仲裁庭秩序，干扰诉讼、仲裁活动的正常进行的"违法行为：（1）在法庭、仲裁庭上发表或者指使、诱导委托人发表扰乱诉讼、仲裁活动正常进行的言论的；（2）阻止委托人或者其他诉讼参与人出庭，致使诉讼、仲裁活动不能正常进行的；（3）煽动、教唆他人扰乱法庭、仲裁庭秩序的；（4）无正当理由，当庭拒绝辩护、代理，拒绝签收司法文书或者拒绝在有关诉讼文书上签署意见的。"

（三）律师不得在法庭上发表危害国家安全、诽谤他人、扰乱法庭秩序的言论

法庭审判是人民法院代表国家行使审判权，依据法定程序，对刑事、民事、行政诉讼案件进行审理和判决的活动。[1]律师作为辩护人、诉讼代理人参与诉讼，依法享有发问权、质证权、发表辩护意见或代理意见的权利。我国《刑事诉讼法》第37条规定："辩护人的责任是根据事实和法律，提出犯罪嫌疑人、被告人无罪、罪轻或者减轻、免除其刑事责任的材料和意见，维护犯罪嫌疑人、被告人的诉讼权利和其他合法权益。"第198条第1款、第2款规定："法庭审理过程中，对与定罪、量刑有关的事实、证据都应当进行调查、辩论。经审判长许可，公诉人、当事人和辩护人、诉讼代理人可以对证据和案件情况发表意见并且可以互相辩论。"《民事诉讼法》《行政诉讼

---

[1] 吴辉.试论刑事诉讼中国家权力和公民权利的调适［J］.广西民族学院学报（哲学社会科学版），2002（01）：109-113.

法》也规定了律师在庭审中的权利。《律师法》第 36 条还规定，律师担任诉讼代理人或者辩护人的，其辩论或者辩护的权利依法受到保障。律师在法庭上的辩论与辩护其目的是履行其作为辩护人、诉讼代理人的职责，同时担负着"维护法律正确实施，维护社会公平和正义"的使命，律师在法庭上的言论必须限定在合法的范围内。我国《律师和律师事务所违法行为处罚办法》第 21 条明确规定，有下列情形之一的，属于《律师法》第 49 条第 8 项规定的律师"发表危害国家安全、恶意诽谤他人、严重扰乱法庭秩序的言论的"违法行为：在承办代理、辩护业务期间，发表、散布危害国家安全，恶意诽谤法官、检察官、仲裁员及对方当事人、第三人，严重扰乱法庭秩序的言论的；在执业期间，发表、制作、传播危害国家安全的言论、信息、音像制品或者支持、参与、实施以危害国家安全为目的的活动的。如有上述情形，由设区的市级或者直辖市的区人民政府司法行政部门给予停止执业 6 个月以上 1 年以下的处罚，可以处 5 万元以下的罚款；有违法所得，没收违法所得；情节严重的，由省、自治区、直辖市人民政府司法行政部门吊销其律师执业证书；构成犯罪的，依法追究刑事责任。

四、维护司法工作正当性与正派性规范

（一）维护裁判庭廉政性的义务

律师职业从其诞生伊始，就担负起维护委托人权益的特殊社会职能。❶ 但是律师不是也不应该是仅仅维护委托人的利益，还必须对法律负责，对国家负责。❷ 一位美国学者威廉·H. 西蒙认为："律师作为法律的捍卫者，在保卫社会方面发挥着极为重要的作用"，"律师是当事人的代理人，是法律工作者，是对法律的顺利实施和司法的质量负有特殊责任的公民"。日本律师协会编著的《日本律师业务手册》中指出，律师应当基于这种"拥护基本人权和实现社会正义"的使命来开展法庭活动……基于此，律师有维护裁判庭廉政性的义务。在英格兰和威尔士，"出庭律师无论向谁支付佣金或送礼以得到辩护要点，都是严重违反职业道德的行为，如果被发现，很可能要被除名"。美国律师协会《职业行为示范规则》规定，律师不能通过被法律禁止的方式来试图影响法官、陪审员、预备陪审员或其他官员。日本《律师职业基本规程》规定："律师不得为了有利于案件，而与审判官、检察官进行私人方面的接触和交涉活动。"律师不得宣传其在职务方面与审判官、检察官之间的关系，或者利用这种关系。韩国《辩护士法》规定："辩护士或者其事务所职员，不得为了接受法律事件或法律事务的委托，而表示其与审判人员或者从事搜查业务的公务员之间有缘故等私人关系，从而能够影响案件作为宣传手段。"

司法公正需要一个依法设立的、合格的、独立和无偏倚的法庭来实现。❸ 但法官毕

---

❶ 刘怡昕. 当代中国律师职业的意义、困境与对策初探［J］. 知识经济，2011（21）：35.
❷ 陈宜. 律师天职：依法维护当事人合法权益［J］. 法学杂志，2003（03）：68-70.
❸ 朱奕锋. 浅谈国际辩护律师职能豁免依据［J］. 现代交际，2012（06）：24-25.

竟是人，而不是一部机器，作为人来讲，法官不可能完全把自己从作为个体而具有的一切情感、偏好和价值观中分离出来，于是不少办理诉讼业务的律师把研究法官作为"必修课"。诚然，研究法官、了解法官，避免与法官不必要的冲突，提出易于被法官接受的意见，这些是无可厚非的，但律师如果以法律禁止的方式对法官、陪审员或其他司法人员施加影响、与之进行有倾向性的交流，则会妨碍司法的公正。我国法律规定了律师不得以法律禁止的方式对法官、陪审员或其他司法人员施加影响；不得以法律禁止的方式对法官、陪审员或其他司法人员进行有倾向性的交流。

（二）律师不得以法律禁止的方式对法官、陪审员或其他司法人员施加影响

我国《律师法》明确了律师在执业活动中不得向法官、检察官、仲裁员以及其他有关工作人员行贿，介绍贿赂或者指使、诱导当事人行贿。律师不得贿赂司法机关和仲裁机构人员，不得以许诺回报或者提供其他利益（包括物质利益和非物质形态的利益）等方式，与承办案件的司法、仲裁人员进行交易。律师不得介绍贿赂或者指使、诱导当事人行贿。我国《律师和律师事务所违法行为处罚办法》第15条明确了律师向法官、检察官、仲裁员以及其他有关工作人员行贿，介绍贿赂或者指使、诱导当事人行贿的违法行为：（1）利用承办案件的法官、检察官、仲裁员以及其他工作人员或者其近亲属举办婚丧喜庆事宜等时机，以向其馈赠礼品、金钱、有价证券等方式行贿的；（2）以装修住宅、报销个人费用、资助旅游娱乐等方式向法官、检察官、仲裁员以及其他工作人员行贿的；（3）以提供交通工具、通信工具、住房或者其他物品等方式向法官、检察官、仲裁员以及其他工作人员行贿的；（4）以影响案件办理结果为目的，直接向法官、检察官、仲裁员以及其他工作人员行贿、介绍贿赂或者指使、诱导当事人行贿的。

（三）律师不得以法律禁止的方式进行有倾向性的交流

我国《律师法》规定律师不得违反规定会见法官、检察官、仲裁员以及其他有关工作人员，或者以其他不正当方式影响法官、检察官、仲裁员以及其他有关工作人员依法办理案件。《律师和律师事务所违法行为处罚办法》规定了具体情形：（1）在承办代理、辩护业务期间，以影响案件办理结果为目的，在非工作时间、非工作场所会见法官、检察官、仲裁员或者其他有关工作人员的；（2）利用与法官、检察官、仲裁员或者其他有关工作人员的特殊关系，影响依法办理案件的；（3）以对案件进行歪曲、不实、有误导性的宣传或者诋毁有关办案机关和工作人员以及对方当事人声誉等方式，影响依法办理案件的。

（四）律师违反该义务的罚则

我国《律师法》第49条规定，律师违反维护裁判庭廉政性义务的，"由设区的市级或者直辖市的区人民政府司法行政部门给予停止执业6个月以上1年以下的处罚，

可以处 5 万元以下的罚款；有违法所得的，没收违法所得；情节严重的，由省、自治区、直辖市人民政府司法行政部门吊销其律师执业证书；构成犯罪的，依法追究刑事责任。"

五、庭外言论规范

（一）理论基础

律师的法庭外言论，是指律师在执业过程中，对其所承办的案件就有关审判的问题，在法庭之外，公开发表自己的看法和见解的行为。世界上大多数国家把言论自由作为一项宪法原则在宪法中加以明确规定。言论自由被认为是公民的基本权利之一。律师同其他公民一样享有言论自由这一法定权利，有权通过各种语言形式宣传自己的思想和观点，也包括对法院审判案件的有关事项发表自己的思想和见解，向公众发表自己的见解。[1]

律师通过向公众发表自己的见解，宣传自己，提高自身知名度，当然是无可非议的。但当律师作为审判案件当事人的委托律师时，其有关言论则受到不同于一般公民的规则和限制。正如联合国《关于律师作用的基本原则》所规定的一样："与其他公民一样，律师也享有言论、信仰、结社和集会的自由。特别是他们应有权参加有关法律、司法以及促进和保护人权等问题的公开讨论并有权加入或筹组地方的、全国的或国际性的组织和出席这些组织的会议而不致由于他们的合法行为或成为某一合法组织的成员而受到专业的限制。律师在行使这些权利时，应始终遵照法律和公认准则以及按照律师的职业道德行事。"[2] 因为律师法庭外言论已不是单纯意义地对审判事项发表自己的见解，该行为已涉及律师的利益、委托人的利益、新闻界的利益和公众的利益。律师法庭外言论一方面可以从专业的角度发表律师对案件的见解，以正视听，促进司法公正；另一方面，如果超过一定的度，则可能损害委托人的利益，影响司法公正，有损律师的形象。

世界上不少国家和地区对律师的法庭外言论作了相应的规定。《美国法律协会律师法重述条文》第 109 条"诉辩者对未决诉讼的公开评论"规定，在裁判庭就某事务代理委托人时，如果律师知道或者合理地应当知道其所作的常人认为公共交流所传播的程序外陈述，将存在严重损害陪审员或者影响、恐吓程序的潜在证人的重大可能，则律师不得作出该程序外陈述。然而，如果为减轻最近律师或者律师的委托人之外的人所作的重大、不当、有害宣传而对律师的委托人所产生的影响，则律师在任何情况下都可以作出合理必需的陈述。《加拿大律师协会律师职业行为准则》（2009 年修订版）关于律师与媒体的接触，强调"如果律师因职业参与或其他原因而能协助媒体向

---

[1] 田斌. 依法进行舆论监督 [J]. 采写编，2002（06）：48-49.

[2] Basic Principles on the Role of Lawyers, https://www.un.org/ruleoflaw/files/UNBasicPrinciplesontheRoleofLawyers.pdf.

公众传送准确的信息，只要不违背律师对委托人、律师界、法院及审裁处或司法所承担的义务，并且律师作出的评论是真诚的且无恶意或隐秘不明的动机，则律师作此协助是正当行为"。《英格兰及威尔士大律师行为准则》要求，律师不得应其受委托预期作为诉辩者出庭或者已经作为诉辩者出庭的任何预期或者当前的程序或者调解，就程序中的事实或者争点，向新闻界、其他媒体或者在其他任何公开陈述中表达个人意见。《巴黎律师公会规程》（2010年6月11日最新修订）强调，律师就当前案件或与职业活动相关的常见问题发表声明时，必须指出他以何种身份表态，必须表现得格外谨慎。这种律师的公共干预具有特殊性质。我国香港特别行政区的"大律师执业行为守则"第102条规定："除103条的规定外，大律师不得将其已办理或正在办理的案件要点编书出版或通过电台或电视广播、电影或用其他方法向社会公众公开，除非该大律师在这样做时不会泄漏保密情况且并不公开本人在案中的地位。"❶

（二）律师的法庭外言论规则

1. 律师应在法律的限度内发表法庭外言论

尽管律师享有宪法赋予的言论自由的权利，但作为法庭外言论的言论自由却是一把双刃剑，它在律师享有宪法权利的同时，既可能维护委托人的合法权益，促进司法审判的公正进行，也可能损害委托人的合法权益，影响司法审判的公正。所以在一般情况下，律师应避免法庭外言论。但有的情况下律师的法庭外言论是无法避免的，有时，为了维护委托人的合法权益，律师甚至应该积极地进行法庭外言论。美国律师执业守则在限制律师的法外言论的同时还规定，如果一个普通律师认为需要保护某委托人免遭最近非因该律师或该律师的委托人对案情的宣传而带来的不适当的实质损害，则律师可以进行有关陈述，但应当限制在为减轻上述不利宣传带来的后果所必需的范围内。

2. 律师的法庭外言论可以涉及的范围

美国大法官肯尼迪说过："律师的职责并不是在进入法庭之门后才开始的。律师可以为维护委托人的声望采取合理的措施，减少指控的不利影响。包括向法庭说明公众的意见时委托人不值得惩罚。"美国律师协会《职业行为示范规则》3.6［审判宣传］规定：（a）正在参与或者曾经参加关于某事务的调查或者诉讼的律师，如果知道或者合理地应当知道其所作的程序外言论会被公共传播媒体传播，并对裁判程序有产生严重损害的重大可能，则不得发表这种程序外言论。（b）尽管存在（a）款的规定，律师仍然可以就下列事项发表言论：（1）有关的诉讼请求、违法行为或辩护，有关人员的身份，但法律禁止者除外；（2）公共档案中包含的信息；（3）关于某调查正在进行之中的事务；（4）诉讼的日程安排或诉讼每一阶段取得的结果；（5）在必要的证据和信息方面需要获得帮助的请求；（6）当有理由认为对个人或公共利益存在产生严重损害

---

❶ 北京律师协会. 境外律师业规范汇编［M］. 北京：中国政法大学出版社，2012.

的危险时,就有关人员行为的危险性发出的警告;以及(7)在刑事案件中,除(1)到(6)项外的:(i)被告人的身份、住址、职业和家庭状况;(ii)如果被告人还没有被逮捕,有助于逮捕该人的必要信息;(iii)被告人被逮捕的事实、时间和地点;以及(iv)执行调查或逮捕的人员或机构的身份和调查持续的时间。[1]

为了维护委托人的合法权益,维护法律的正确实施,律师的法庭外言论涉及的内容应限定在一定的范围。[2]借鉴美国律师执业守则,我国律师法庭外言论应遵守以下规则:(1)非经委托人授权,不得泄露委托人的个人隐私;(2)不得煽动、教唆当事人采取非法集会、游行示威,聚众扰乱公共场所秩序、交通秩序,围堵、冲击国家机关等非法手段表达诉求,妨害国家机关及其工作人员依法履行职责,抗拒执法活动或者判决执行;(3)不得发表、散布危害国家安全,恶意诽谤法官、检察官、仲裁员及对方当事人、第三人,严重扰乱法庭秩序的言论;(4)不得对案件进行歪曲、不实、有误导性的宣传;(5)不得公布未经确认的事实或仅根据委托人提供的事实而进行宣传。

第四节 律师职业内部规范

一、律师在执业机构中的纪律

(一)律师的执业机构

律师事务所是律师的执业机构。《律师法》规定:律师事务所是律师的执业机构。律师必须在一家律师事务所内注册执业,才能够合法地履行职责,承办法律事务。依据《律师法》和有关行政规章的规定,律师事务所虽然是由律师组成的,但相对于律师个人而言,律师事务所是更为本位的机构。[3]律师个人不能独立地以律师的身份承办法律事务,而必须通过律师事务所。与委托人签订法律服务合同的主体是律师事务所,而不是律师。律师因执业上的过错给委托人造成损失,也是由律师事务所负责赔偿。律师是受律师事务所的指派而为委托人提供法律服务。律师事务所还拥有一些由《律师法》和有关行政规章规定的对律师和律师事务所各类事务的管理权。因而在法律上,律师事务所具有相对独立于律师的法律地位。在某种意义上,律师事务所是最基本的律师事务的管理部门。[4]律师事务所具有经营法律服务事务的法定权利,而律师个人虽然具有从事法律服务事务的权利,但却不能独立行使,而必须通过律师事务所。因此,律师事务所的性质是双重的,它既是法律服务事务的经营者,又是律师的管理者。根

---

[1] 北京律师协会. 境外律师业规范汇编[M]. 北京:中国政法大学出版社,2012.
[2] 郭春涛. 戴着什么样的镣铐跳舞——再论律师性质[J]. 中国司法,2009(05):57-60.
[3] 周文杰. 我国律师监管中的注销制度现状及立法完善[J]. 天津法学,2017,33(01):53-59.
[4] 谷旭东. 论公司律师制度[J]. 河南司法警官职业学院学报,2004(02):45-47.

据《律师法》的规定，我国律师事务所目前共有国家出资设立的律师事务所、合伙律师事务所和个人律师事务所三种组织形式。国家出资设立的律师事务所，以该律师事务所的全部资产对其债务承担责任；合作律师事务所合伙人根据合伙形式承担责任；个人律师事务所设立人对该所的债务承担无限连带责任。

（二）律师在执业机构中的行为规范

根据《律师执业行为规范》的规定，律师在执业机构中的行为规范主要有以下几条。(1) 律师在承办受托事务时，对出现的不可克服的困难和风险应当及时向律师事务所报告。律师与委托人发生纠纷的，律师应当接受律师事务所的解决方案。(2) 律师因执业过错给律师事务所造成损失的，律师事务所有权向律师追究。(3) 律师对受其指派办理事务的辅助人员出现的错误，应当采取制止或者补救措施，并承担责任。(4) 律师变更执业机构的，应当按规定办理转所手续。转所后的律师，不得损害原所属律师事务所的利益，应当信守对其作出的保守商业秘密的承诺；不得为原所属律师事务所正在提供法律服务的委托人提供法律服务。接收转所律师的律师事务所应当在接受转所律师时注意排除不正当竞争因素，不得要求、纵容或协助转所律师从事有损于原所属律师事务所利益的行为。

二、律师与同行之间的行为规范

（一）律师与同行关系类型

律师与同行关系的类型有以下几种：

1. 内部同行关系与外部同行关系

以律师同行关系的存在范围为标准，可以分为内部同行关系与外部同行关系。内部同行关系是一个相对的概念，它可以指同一律师协会属下的律师同行，也可以指某一特定区域内的律师同行，但通常是指同一律师事务所内部律师之间的职业关系。外部同行关系也是一个相对的概念，它可以指不同律师协会的律师之间的同行关系，也可以指不同区域律师之间的同行关系，但通常是指不同律师事务所的律师之间的同行关系。

2. 同行竞争关系与同行合作关系

以律师同行关系的表现形式为标准，可以分为同行竞争关系和同行合作关系。所谓同行竞争关系，是指两个或多个律师在案源、业务或资源方面存在的合作关系，是法律服务市场打破垄断和提升质量的必备条件。所谓同行合作关系，是指两个或多个律师在案源、业务或资源方面存在的合作关系，是法律服务市场健康有效运行的必备条件。律师的同行合作关系并不简单地表现为团队合作。要实现真正意义上的合作，还必须强化合作共赢意识。只有做到这一点，才可以更好地提升每一位律师的业务水平，达到真正建立律师精英队伍的目的。

3. 良性同行关系与恶性同行关系

以律师同行之间的竞争性质为标准，可以将律师同行之间的关系分为良性同行关系与恶性同行关系。良性同行关系是一种正面的、建立在实力和声誉之上的竞争关系。恶性同行关系则是一种负面的、以非法手段或非道德方式形成的竞争关系。

(二) 律师与同行关系规则

从律师行业的整体上来说，所有律师构成了律师这样一个职业阶层。因此律师之间既有共同的整体利益，又有在具体的法律服务事务中的竞争。每个律师在处理与同行的关系时，既要维护自身的个体利益，又要维护行业的整体利益。所谓维护行业的整体利益，就是每一个律师都有义务维护律师业在社会上的存在价值和生存环境。或者说，就是要遵守律师的行为准则和同行间的竞争规则，不得违反职业道德、执业纪律和从事不正当的竞争。只有这样，才能营造良好的行业内的融洽氛围，也才能得到社会各方面的积极评价，使全行业受益，推动律师业的向前发展。所以处理好同行关系的意义是非常重大的。根据《律师执业行为规范》的规定，律师与同行之间的行为规范主要有：

1. 相互尊重

相互尊重是人与人之间相处的最基本的要求，只有学会尊重别人，才会赢得别人的尊重。相互尊重也是律师与同行之间相处的最基本要求，律师在一般的日常生活中应当尊重他人，在职业生涯中更要尊重同行。正因为如此，全国律协《律师执业行为规范》对律师与同行之间的相互尊重作了规定。

全国律协《律师执业行为规范》第72条规定："律师与其他律师之间应当相互帮助、相互尊重。"第73条规定："在庭审或者谈判过程中各方律师应当互相尊重，不得使用挖苦、讽刺或者侮辱性的语言。"第74条规定："律师或律师事务所不得在公众场合及媒体上发表恶意贬低、诋毁、损害同行声誉的言论。"此外，律师间的相互帮助对于培养律师与律师之间的职业认同感，避免律师之间的不正当竞争具有非常重要的意义。正因为如此，全国律协《律师执业行为规范》和《律师职业道德和执业纪律规范（修订）》都对此作了明确规定。《律师职业道德和执业纪律规范》第42条规定："律师之间应该相互学习，相互帮助，共同提高执业水平。"《律师执业行为规范》第9条规定："律师应当尊重同行，公平竞争，同业互助。"律师之间的相互帮助包含许多方面的含义。比如律师之间在业务上的相互切磋、相互研讨、相互支持，等等。其中最受律师认同和欢迎的方面就是律师之间相互介绍案源。

2. 相互合作

中国的律师业经过30多年的快速发展，一批批的律师成长起来，随着律师执业时间和经验的积累，随着大量新的律师从业人员的进入，随着律师行业准入的各项政策的不断变化与完善，和世界上许多国家的律师一样，中国的律师们也已经呈现出不同的类型与生存状态。在这种情况下，如何培养正常的职业竞争环境，如何增强律师之间的相互合作，显得尤为重要。关于律师之间的相互合作，全国律协《律师执业行为规范》和《律师职业道德和执业纪律规范》均作了明确规定。《律师职业道德和执业纪律规范》第4条规定，自觉维护执业秩序，维护律师行业的荣誉和社会形象。全国律协《律师执业行为规范》第9条规定："律师应当尊重同行，公平竞争，同业互助。"

3. 禁止不正当竞争

律师执业不正当竞争行为是指律师和律师事务所为了推广律师业务，违反自愿、平等、诚信原则和律师执业行为规范，违反法律服务市场及律师行业公认的行业准则，采用不正当手段与同行进行业务竞争，损害其他律师及律师事务所合法权益的行为。律师和律师事务所在与委托人及其他人员接触过程中，不得采用下列不正当手段与同行进行业务竞争：（1）故意诋毁、诽谤其他律师或律师事务所的信誉、声誉；（2）无正当理由，以在同行业收费水平以下收费为条件吸引客户，或采用承诺给予客户、中介人、推荐人回扣，馈赠金钱、财物的方式争揽业务；（3）故意在委托人与其代理律师之间制造纠纷；（4）向委托人明示或暗示律师或律师事务所与司法机关、政府机关、社会团体及其工作人员具有特殊关系，排斥其他律师或律师事务所；（5）就法律服务结果或司法诉讼的结果作出任何没有事实及法律根据的承诺；（6）明示或暗示可以帮助委托人达到不正当目的，或以不正当的方式、手段达到委托人的目的。

律师或律师事务所在与行政机关或行业管理部门接触过程中，不得采用下列不正当手段与同行进行业务竞争：（1）借助行政机关或行业管理部门的权力，或通过与某机关、某部门、某行业对某一类的法律服务事务进行垄断的方式争揽业务；（2）没有法律依据地要求行政机关超越行政职权，限定当事人接受其指定的律师或律师事务所提供的法律服务，限制其他律师正当的业务竞争。

律师和律师事务所在与司法机关及司法人员的接触中，不得采用下列不正当手段与同行进行业务竞争：（1）利用律师兼有的其他身份影响所承办业务的正常处理和审理；（2）在司法机关内及附近200米范围内设立律师广告牌和其他宣传媒介；（3）向司法机关和司法人员散发附带律师广告内容的物品。

依照有关规定取得从事特定范围法律服务的执业律师和律师事务所不得采取下列不正当竞争的行为：（1）限制委托人接受经过法定机构认可的其他律师或律师事务所提供法律服务；（2）强制委托人接受其提供的或者由其指定的其他律师提供的法律服务；（3）对抵制上述行为的委托人拒绝、中断、拖延、削减必要的法律服务或者滥收费用。

律师和律师事务所相互之间不得采用下列手段排挤竞争对手的公平竞争，损害委托人的利益或者社会公共利益：（1）串通抬高或者压低收费；（2）为争揽业务，不正当获取其他律师和律师事务所收费报价或者其他提供法律服务的条件；（3）泄露收费报价或者其他提供法律服务的条件等暂未公开的信息，损害相关律师事务所的合法权益。

律师和律师事务所不得擅自或非法使用社会特有名称或知名度较高的名称以及代表其名称的标志、图形文字、代号以混淆、误导委托人。所称的社会特有名称或知名度较高的名称是指：(1) 有关政党、国家行政机关、行业协会名称；(2) 具有较高社会知名度的高等法学院校名称；(3) 为社会公众共知、具有较高知名度的非律师公众人物名称；(4) 知名律师以及律师事务所名称。

律师和律师事务所不得伪造或者冒用法律服务质量名优标志、荣誉称号。使用已获得的律师以及律师事务所法律服务质量名优标志、荣誉称号的应当注明获得时间和期限。

第五节　律师与行业管理机构关系中的规范

司法行政机关的行政管理和律师协会的行业管理相结合，是我国目前的律师管理体制的主要特点。[1] 在这种体制中，律师既要接受律师协会的行业管理，也要接受司法行政机关的行政管理。根据《律师执业行为规范》的规定，律师与律师行业管理机构或行政管理机构关系中的行为规范主要有以下内容。

一、接受行业管理和行政管理的义务

1. 律师和律师事务所应当遵守司法行政管理机关制定的有关律师管理的规定、律师协会制定的律师行业规范和规则。律师和律师事务所享有律师协会章程规定的权利，承担律师协会章程规定的义务。

2. 律师和律师事务所应当办理入会登记手续和年度登记手续。

3. 律师和律师事务所应当参加、完成律师协会组织的律师业务学习及考核。

4. 律师和律师事务所应当按时缴纳会费。

二、重大事项报告义务

1. 律师和律师事务所参加国际性律师组织或者其他组织并成为会员的，应当提前报律师协会批准。律师以中国律师身份参加境外国际性组织的，应当报律师协会备案；在上述会议作交流发言的，其发言内容亦应当报律师协会备案。

2. 律师和律师事务所因执业成为民事被告或被确定为犯罪嫌疑人或受到行政机关调查、处罚，应当向律师协会作出书面报告。

三、参与律师协会活动的义务

律师和律师事务所应当参加律师协会组织的律师业务研究活动，完成律师协会布

---

[1] 朱伟. 律师协会与国家机关之间的关系述论 [J]. 理论导刊, 2007 (07): 57-59.

置的业务研究任务，参加律师协会布置的公益活动。

四、自觉接受调解处理的义务

律师和律师事务所应当妥善处理律师执业中发生的各类纠纷，自觉接受律师协会及其相关机构的调解处理。律师和律师事务所应当认真履行律师协会就律师执业纠纷作出的裁决。

第六节 律师执业机构的行为规范

律师事务所是律师的执业机构。根据《律师和律师事务所违法行为处罚办法》和《律师执业行为规范》的规定，律师的执业机构也是律师职业行为规则的规范对象，也要承担某些职业责任。根据这些规定，律师执业机构的行为规范可以分为以下几个方面。

一、对司法行政机关和律师协会的行为规范

1. 遵守向管理机关登记管理行为的义务

司法行政机关和律师协会是我国的律师管理机构。这种管理的重要内容之一就是对律师事务所的重大事项的登记管理。因此，律师事务所变更名称、住所、章程、合伙人等重大事项或者解散，应当报原审核部门。根据有关规定，律师事务所不得从事下列行为：（1）使用未经核定的律师事务所名称从事活动，或者擅自改变、出借律师事务所名称；（2）变更名称、章程、负责人、合伙人、住所、合伙协议等事项，不在规定的时间内办理变更登记；（3）将不符合规定条件的人员发展为合伙人、合作人或者推选为律师事务所负责人；（4）未经批准，擅自在住所以外的地方设立办公点、接待室，或者擅自设立分支机构。

2. 维护律师管理严肃性的义务

律师事务所不得从事下列行为：（1）向司法行政机关、律师协会提供虚假证明材料、隐瞒重要事实或者有其他弄虚作假行为；（2）允许或者默许受到停止执业处罚的本所律师继续执业；（3）采用出具或者提供律师事务所介绍信、律师服务专用文书、收费票据等方式，为尚未取得律师执业证的人员或者其他律师事务所的律师违法执业提供便利；（4）为未取得律师执业证的人员印制律师名片、标志或者出具其他有关律师身份证明，或者已知本所人员有上述行为而不予制止。

二、内部管理上的行为规范

1. 财务管理规范

律师事务所不得从事下列行为：（1）不按规定统一接受委托、签订书面委托合同

和收费合同，统一收取委托人支付的各项费用，或者不按规定统一保管、使用律师服务专用文书、财务票据、业务档案；（2）不向委托人开具律师服务收费合法票据，或者不向委托人提交办案费用开支有效凭证；（3）违反律师服务收费管理规定或者收费合同约定，擅自扩大收费范围，提高收费标准，或者索取规定、约定之外的其他费用。

2. 依法纳税

根据《律师法》《律师执业行为规范》等有关规定，律师事务所应当依法纳税。

3. 内部监督管理规范

律师事务所有义务通过建立律师事务所的规章制度和有效的管理措施，规范自身执业行为并监督律师认真遵守律师执业行为规范。律师事务所对本所律师执业行为负有监督的责任，对律师违规行为负有干预和补救的责任。律师事务所有义务对律师、实习律师、律师助理、法律实习生、行政人员等辅助人员在律师业务及职业道德方面给予指导和监督。

三、对委托人的行为规范

律师事务所不得从事下列行为：

（1）利用媒体、广告或者其他方式进行不真实或者不适当的宣传。

（2）在同一案件中，委派本所律师为双方当事人或者有利益冲突的当事人代理、辩护，但本县（市）内只有一家律师事务所，并经双方当事人同意的除外。

（3）泄露当事人的商业秘密或者个人隐私。

四、同行之间的行为规范

律师事务所不得从事下列行为：

（1）采取不正当手段，阻挠合伙人、合作人、律师退所。

（2）利用与司法机关、行政机关或者其他具有社会管理职能组织的关系，进行不正当竞争。

（3）捏造、散布虚假事实，损害、诋毁其他律师事务所和律师的声誉。

五、其他行为规范

律师事务所不得从事下列行为：

（1）律师事务所不得向法官、检察官、仲裁员行贿。不得为承揽案件事前和事后给予有关人员任何物质的或非物质的利益。

（2）律师事务所不得投资兴办公司、直接参与商业性经营活动。

（3）律师事务所不得拒绝或疏怠履行有关国家机关、律师协会指派承担的法律援助和其他公益法律服务的义务。

案例研习与阅读思考

案例一　浙江某律师因利益冲突代理受行业处分[1]

【基本案情】

被告人陈某某涉嫌强奸罪一案（李某某等人均另案处理），杭州市萧山区人民法院于2012年6月11日作出一审判决。陈某某不服一审判决并提出上诉。2012年6月18日，陈某某妻子陶某与F律师事务所签订《刑事辩护协议书》，F律师事务所指派王某某律师担任陈某某的二审阶段辩护人。2012年8月7日，杭州市中级人民法院不公开开庭审理了此案，王某某到庭参加诉讼。2012年8月30日，杭州市中级人民法院作出二审判决。

2016年12月23日李某某因涉嫌犯强奸罪再次被抓获并羁押，2017年1月26日被逮捕。2017年1月26日，李某某的姐姐李某与F律师事务所签订《刑事辩护协议》，F律师事务所指派王某某律师担任李某某侦查阶段和一审阶段的辩护人，律师费约定为14000元。F律师事务所于2017年1月26日和3月23日分别收取了律师费并开具了7000元律师费发票各一张。王某某律师接受委托后，参与了侦查阶段和一审阶段的诉讼活动。

2018年1月11日，杭州市萧山区人民法院作出一审判决。判决书认定，被告人李某某与陈某某、王某、顾某某等人结伙，违背妇女意志，采用胁迫手段，强行且轮流与妇女发生性关系，其行为已构成强奸罪，系共同犯罪。李某某不服一审判决，提出上诉。2018年1月18日，李某某与F律师事务所签订《刑事辩护协议》，F律师事务所指派王某某律师担任李某某二审阶段辩护人，律师费约定为8000元。2018年1月19日，F律师事务所收取律师费后开具了8000元律师费发票。王某某律师接受委托后，向杭州市中级人民法院出具了律师事务所公函、授权委托书等委托代理手续。杭州市中级人民法院受理李某某的上诉后，组成合议庭并进行了不开庭审理。

2018年3月23日，杭州市中级人民法院作出（2018）浙01刑终174号刑事裁定书。裁定书认为，被告人李某某的一审辩护人曾为同案犯提供辩护，该辩护人的行为违反了一名辩护人不得为两名以上的同案被告人辩护的禁止性规定，严重影响了被告人辩护权的实现，可能影响案件的公正处理，并裁定撤销一审判决，发回重审。

---

[1] 中国法律服务网. 王某某律师因利益冲突代理受行业处分案，http://alk.12348.gov.cn/Detail?dbID=43&sysID=942.

2018年7月30日，杭州市司法局决定给予王某某律师停止执业二个月、没收违法所得13207.54元（税后）的行政处罚（杭司罚决〔2018〕11号）。2018年8月7日杭州律师协会给予王某某律师中止会员权利二个月的行业纪律处分。

【主要法律问题】

作为专业法律机构，律师事务所在接受委托过程中应当进行利益冲突审查，如果审查发现新委托的业务与原委托客户为同一案件的双方当事人，应避免同时代理。

【主要法律依据】

1.《中华人民共和国律师法》

第39条　律师不得在同一案件中为双方当事人担任代理人，不得代理与本人或者其近亲属有利益冲突的法律事务。

2.《律师执业行为规范》（2011年修订）

第48条　律师事务所应当建立利益冲突审查制度。律师事务所在接受委托之前，应当进行利益冲突审查并作出是否接受委托决定。

第50条　有下列情形之一的，律师及律师事务所不得与当事人建立或维持委托关系：（一）律师在同一案件中为双方当事人担任代理人，或代理与本人或者其近亲属有利益冲突的法律事务的；……

3.《律师协会会员违规行为处分规则（试行）》

第17条　……会员被司法行政机关依法给予相应期限的停业整顿或者停止执业行政处罚的，该会员所在的律师协会应当直接对其作出中止会员权利相应期限的纪律处分决定……

【理论分析】

本案涉及的律师执业伦理问题主要体现在律师—当事人的利益冲突方面。

案件中陈某某与李某某为同一刑事案件的被告人，为了维护其各自的法律权利，应分别委托律师，这样做的目的是避免同一律师在为双方当事人代理时发生利益冲突。在同一案件中，几个被告人在案件中所处的地位和所起的作用不同，他们之间的利害关系既有相互一致的方面，又有相互冲突的一面。同一案件中，一个律师同时为多个被告人进行辩护，就可能使辩护人处于自相矛盾的境地，难以同时维护多个被告人的合法权益。

《律师法》《律师执业行为规范》等均禁止律师为同一案件的双方当事人担任代理人。

案例二 上海市 H 律师事务所诉某研究院服务合同纠纷案[1]

【基本案情】

原告上海市 H 律师事务所因与被告某研究院发生服务合同纠纷,向上海市黄浦区人民法院提起诉讼。原告诉称:2003 年 5 月,被告委托原告律师王某代理其与上海市黄浦区商业网点管理办公室(以下简称商业网点)赔偿纠纷一案(以下简称赔偿纠纷案),被告提出风险代理。双方协议约定:被告按照诉讼标的额的 15% 给付原告律师代理费;被告如有接受调解、和解及终止代理等情形,需与原告协商一致,否则,按照约定律师代理费的数额补偿原告经济损失。2005 年 6 月,被告在不让王某律师知晓的情况下与对方达成调解,并由法院制作了调解书。在原告提出异议时,被告承诺同意支付相应律师代理费,但至今拖延未付。原告认为,对于原、被告之间的风险代理,原告已为之付出大量投入,被告应依约按诉讼标的(房屋市场评估价)人民币 209 万元的 15% 赔偿原告的经济损失(律师代理费)。现请求判令被告赔偿经济损失(律师代理费)18.8 万元,并按中国人民银行同期贷款利率支付自 2005 年 9 月 1 日起至判决确定的支付日止的利息。

被告某研究院辩称:涉案律师代理合同履行过程中,原告 H 律师所不同意被告接受与对方调解,因而在调解中拒绝出席。原、被告之前已就律师代理费达成协议,风险代理方式由原告提出。风险代理合同条款中,真正的风险承担者是被告。风险代理合同中有关调解问题的约定,应体现诉讼代理的依附性特征,双方发生争议时,应以被告的意思表达为准,而该合同相关条款明显限制了被告的诉讼权利。

一审的争议焦点是:原告 H 律师所与被告某研究院于 2004 年 2 月 18 日签订的协议书中有关"某研究院如有调解、和解及终止代理等需与 H 律师所协商一致,否则以约定律师代理费额补偿 H 律师所经济损失"的约定是否有效。

法院一审认为:首先,在民事诉讼中,尽管委托代理人可以在代理权限内根据具体情况独立进行意思表示,但委托代理人最终体现的是被代理人的意思表示,诉讼行为的后果也归属于被代理人,因此,委托代理人在诉讼中所进行的独立意思表示,应基于维护被代理人的利益,并受制于被代理人的意思表示和接受被代理人的指示。在与商业网点一案中,被告某研究院决定与对方调解,系对自己诉讼权利的处分,对此,原告 H 律师所作为诉讼代理人可以运用自己的法律专业知识提供自己的见解,但最终应当贯彻的是被告的意思,而不应将原告的意思强加于人。其次,被告某研究院在诉讼调解中处分的是自己与对方争议的利益,对该利益的处分不可能侵犯到作为代理人

---

[1] 上海第二中级人民法院. 上海市弘正律师事务所与中国船舶及海洋工程设计研究院服务合同纠纷上诉案(2009)沪二中民四(商)终字第 450 号,https://www.shezfy.com/view/jpa/flws_view.html?id=202.

的原告 H 律师所的利益。即使该处分的结果可能影响原告的收费额，原告也无理由要求被告因此牺牲自己的利益，承担更大的诉讼风险，或因此要求被告赔偿律师代理费。综上，原告 H 律师所在法律服务合同中订立诸如调解等需与其协商一致，否则以约定律师代理费额补偿其经济损失的条款，是侵犯被告某研究院诉讼权益的行为。

综上，原告 H 律师所的诉讼请求缺乏事实和法律依据，依法不予支持。

H 律师所不服一审判决，向上海市第二中级人民法院提起上诉，二审法院审理后认为，一审认定事实清楚，判决并无不当。上诉人 H 律师所的上诉理由不能成立，不予支持。

【主要法律问题】

诉讼代理中，作为代理人的律师应当遵守哪些职业道德规范？

【主要法律依据】

1. 《中华人民共和国合同法》

第 7 条　当事人订立、履行合同，应当遵守法律、行政法规，尊重社会公德，不得扰乱社会经济秩序，损害社会公共利益。

第 410 条　委托人或者受托人可以随时解除委托合同。因解除合同给对方造成损失的，除不可归责于该当事人的事由以外，应当赔偿损失。

2. 《中华人民共和国律师法》

第 2 条第 2 款　律师应当维护当事人合法权益，维护法律正确实施，维护社会公平和正义。

【理论分析】

本案所涉代理内容为诉讼代理。代理的概念系委托人将相关事项授权给代理人，由代理人处理委托事务，代理结果归于委托人。因此，从代理的目的和结果归属而言，委托人对代理人权利的授予并不意味着放弃自己在代理权所涉范围发出或受领意思表示的能力，即委托人对委托事项仍享有自行处分的权利并可以随时终止代理权。代理人的义务为运用法律专业知识搜集、提供证据、参加诉讼、提出法律意见等，其目的是通过律师的服务尽量使当事人增加胜诉概率，以保护当事人的合法权益。

关于本案协议书中约定的调解、和解必须由当事人与代理人协商一致，否则应赔偿损失的条款应如何认定的问题，法院认为，该条款虽然并未明文约定禁止某研究院进行调解、和解，但该条款对某研究院自行与诉讼对方当事人调解、和解设定了违约责任，必然使被告受制于违约责任条款而产生顾忌，以致无法按照自己的意愿依法进行调解、和解。

律师与当事人之间约定实行风险代理，如果律师收取费用的标准以案件最终的处理结果为依据，该处理结果不应以结案方式的不同有所差别。上诉人 H 律师所为获取自身利益最大化的可能而限制被上诉人某研究院进行调解、和解，加重了当事人的诉讼风险，侵犯了委托人在诉讼中的自主处分权。

律师的职业责任是接受当事人的委托，为当事人提供法律服务，维护当事人的合法权益，维护社会的公平正义。在执业过程中，如律师为获取自身利益的最大化，限制当事人依法享有的诉讼权利，其行为不受法律保护。

案例三　湖南 Q 律师事务所及律师喻某某行贿、违规挪用、侵占委托人财物案[1]

【基本案情】

2010 年 4 月，湖南律师协会收到投诉人湖南电力公司长沙电业局（以下简称投诉人）举报湖南 Q 律师事务所律师喻某某违法违纪的材料。

投诉人称，2001 年前后，喻某某向长沙市中院原法官陈某某先后 3 次行贿 8 万元；在代理长沙市电力局与湖南省长沙矿业集团有限责任公司供用电合同纠纷一案中，将该案执行中投诉人应得到的 4717 万元案款全部据为己有，侵占巨额国有资产，要求依照律师执业规范取消喻某某的会员资格，并依规范作出提交司法行政机关处罚或追究法律责任的建议。同时，投诉人向湖南律师协会提供了喻某某向法官行贿的证据和喻某某与投诉人的委托代理协议、法院的判决裁定书，湖南 Q 律师事务所收取案款 4717 万元以及将 4717 万元案款全部据为己有等证据。

湖南律师协会经审查后受理了投诉人的投诉，并立案调查。依规举行了听证。湖南 Q 律师事务所负责人喻某某律师出席了听证会。

经过调查及听证，被投诉人喻某某及湖南 Q 律师事务所存在如下违规事实：

（1）挪用委托人（投诉人）的案款 189 万元。属于投诉人的案款 189 万元未交给投诉人，而是被被投诉人湖南 Q 律师事务所、喻某某挪用。

（2）向投诉人下属单位宁乡电业局谎称需 300 万元审计费，从中侵占投诉人资金 100 余万元。

（3）侵占委托人（投诉人）巨额案款。从 2005 年 5 月 27 日起至 2007 年 2 月 14 日止，被投诉人多次以借款、代理费名义从投诉人下属单位宁乡电力局支取款项 710 万元。上述事实有喻某某签字的借款凭证、银行送票凭证、银行进账单等证据足以证实该案执行过程中，被投诉人将被执行人拍卖所得价款 4528 万元打入被投诉人银行账户，擅自占有，拒不交付给委托人，也不与委托人进行结算。

（4）与南县人民法院进行利益交换，影响人民法院依法办案。喻某某除了向南县

---

[1] 湘西律师协会. 关于湖南 Q 律师事务所及湖南 Q 律师事务所喻某某律师违规行为处分决定书，http://www.xxlsxh.com/newsview.asp?id=331.

人民法院支付了50余万元的执行费用外,还以费用、借款等形式从执行款项中拿出现金200万元给南县人民法院。南县人民法院向喻某某出具了一张100万元的借条。

(5)向法官行贿。根据益阳市中级人民法院(2005)益中刑二初字第16号刑事判决书认定,被投诉人喻某某在长沙市中级人民法院办理案件过程中,先后3次送给该院承办法官陈某某贿赂款8万元。

经惩戒委员会讨论,认为被投诉人湖南Q律师事务所以主张权利的主体不一致作为留置投诉人执行案款的理由明显不能成立;被投诉人以电力局私下和矿业集团达成执行和解协议作为留置案款的理由也不能成立。此外,被投诉人未对投诉人的投诉进行申辩,对投诉不具抗辩力。

惩戒委员会决定给予Q律师事务所公开谴责的行业处分,给予喻某某取消会员资格的行业处分。

【主要法律问题】

1. 律师是否可以从当事人业务中谋取私利、侵占当事人财产?
2. 律师是否能以当事人利益为借口向法官行贿?

【主要法律依据】

1. 《中华人民共和国律师法》

第49条 律师有下列行为之一的,由设区的市级或者直辖市的区人民政府司法行政部门给予停止执业六个月以上一年以下的处罚,可以处五万元以下的罚款;有违法所得的,没收违法所得;情节严重的,由省、自治区、直辖市人民政府司法行政部门吊销其律师执业证书;构成犯罪的,依法追究刑事责任:(一)违反规定会见法官、检察官、仲裁员以及其他有关工作人员,或者以其他不正当方式影响依法办理案件的;(二)向法官、检察官、仲裁员以及其他有关工作人员行贿,介绍贿赂或者指使、诱导当事人行贿的;……

2. 《律师执业行为规范》

第46条 律师和律师事务所不得利用提供法律服务的便利,牟取当事人争议的权益。

第47条 律师和律师事务所不得违法与委托人就争议的权益产生经济上的联系,不得与委托人约定将争议标的物出售给自己;不得委托他人为自己或为自己的近亲属收购、租赁委托人与他人发生争议的标的物。

第48条 律师事务所可以依法与当事人或委托人签订以回收款项或标的物为前提按照一定比例收取货币或实物作为律师费用的协议。

【理论分析】

律师不可以从当事人业务中谋取私利、侵占当事人财产。律师是中国特色社会主义法律工作者，律师事务所是律师的执业机构，应当恪守诚信，维护当事人的合法权益，维护法律正确实施，维护社会公平和正义；应当遵守宪法和法律，恪守律师职业道德和执业纪律，维护良好的职业形象。律师作为当事人的代理人，其职责是维护当事人的合法权益。律师要对自己的当事人负责，禁止律师不尽责、不履行对当事人的义务，更禁止律师从当事人业务中谋取私利、侵占当事人财产等行为。本案中喻某某律师挪用委托人案款、骗取侵吞委托人巨额审计费和侵占委托人巨额案款的行为，违背了中华全国律师协会《律师执业行为规范》禁止律师非法牟取委托人权益的规定，其行为既侵害了委托人的合法权益，也损害了律师的良好形象。

律师不可以从当事人业务中谋取私利、侵占当事人财产，这是对维护法庭清正廉洁义务的违背。律师、法官、检察官作为法律工作者，在工作中不可避免会有接触，会对对方产生影响。我国律师职业伦理要求律师在与法官的交往中不得有损害法官廉政的行为。本案中喻某某的利益交换方式影响人民法院依法办案，违反《律师法》第49条第1款第1项之规定，扰乱了司法秩序，也影响了司法公正，社会危害很大；喻某某身为Q律师事务所主任侵占委托人巨额案款，向法官行贿，其行为不仅违规，而且违法，数额达到一定程度还可能构成行贿罪。

【思考题】

王律师为罗某某故意伤害一案做辩护人时，罗某某的家属表示想给办案法官送一份大礼，希望王律师搭桥。王律师听后说，这可是违反律师职业伦理的事，我不能接受你们的要求，你们自己去办吧。随后将法官的联系方式给了罗某某的亲属。对王律师的行为应当如何评价？

CHAPTER 6 第六章

公证员职业伦理

本章知识要点

（1）公证制度的起源与公证职业伦理；（2）公证员与当事人之间应遵循的职业行为规范；（3）公证员与律师、司法人员的职业伦理规范有哪些？

公证制度是国家预防纠纷、维护法治、巩固法律和社会秩序的一种法律手段。2005年颁布的《中华人民共和国公证法》（以下简称《公证法》）规定从事公证的职业人员必须通过国家法律职业资格考试，使公证行业纳入法律职业的范围。公证职业伦理是指公证员在职务活动中遵循的伦理准则，或者说是公证员职业道德。公证职业伦理是公证制度的构成要素，是公证公信力的立业之本。始终维护和不断加强公证公信力是公证制度的本质属性和公证工作者的职责使命。

第一节 公证员职业伦理简述

一、公证制度的起源

由于公证职业伦理与公证制度紧密相连，所以在学习了解公证员职业伦理前，有必要学习了解一下公证制度。

1. 西方公证制度的起源

公证制度有着悠久的历史，最早可追溯到古罗马时期，当时随着罗马法的发展，社会上出现了大量的"职业代书人"，他们不仅提供法律文书代书服务，同时也可以作为证人在文书上署名作证。这据称是古代公证制度的雏形，也是现代公证制度的源头。[1] 罗马帝国中后期，随着基督教对社会影响的加剧，出现了教会公证制度，公证由此与宗教联系在了一起，出现了被称为达比伦的人员，为经过许可的私人工商业者代写证明文书。公元8—9世纪，宗教公证员开始大量增加，不仅为教廷服务，也开始为

---

[1] 米婷. 中西比较：公证制度的起源与发展[J]. 现代交际，2019（10）：54-57.

广大民众提供日常生活帮助。公元9世纪后期，随着欧洲大陆国家王权的不断增强，由国王任命的公证员逐渐取代了宗教公证员，这时用来规范和管理公证的专门条例也随之产生。公元10世纪，公证首先在意大利发展显现出现代公证的特征，随后在11世纪普及整个欧洲。当时北部意大利法官们确立了公证的认定原则，即公证必须由法院认可的代书人来完成，私人证明不再具有法律意义上的有效性，只有由法官委托制作的公证书才具有公信力。12世纪后，从事公证的代书人从法官的助手逐渐独立为不依赖法院的公证人，从此公证员变成了一种特定的职业。文艺复兴后的1512年，德意志神圣罗马帝国皇帝马克西米利安二世颁布了世界上第一部公证法——《帝国公证法》，1803年法国颁布了《风月法令》，统一了公证职业，明确了公证在法律体系中的地位，奠定了西方现代公证制度的基础。

2. 中国公证制度的演进

中国历史上的公证活动，其萌芽可以追溯到公元前770年的金文法。这是一种得到当时统治阶级认可的法律制度，最早充当公证人的是司马、司空、司徒等司法行政官员。汉唐时期出现的"券书"是具有现代意味的公证，券书由政府制发，是买卖关系成立的合法依据。宋代的"红契制度"和"书铺"标志中国古代公证的顶峰，书铺不仅代人起草文书、诉状，还提供证明供状、验证田产契约、证明婚约等服务，就其发挥的作用看，与现代公证没有实质的差别。清末修律后开始引进西方的公证制度。1912年北洋政府颁布的《登记条例》正式出现"公证"的法律条文规定。1943年民国政府颁布了《中华民国公证法》，标志着当时已经具有比较规范的公证法律制度。❶

新中国公证制度始建于20世纪50年代，主要移植苏联的公证制度，由法院办理公证事务。1978年以后各地开始重建公证机构，其管理隶属司法部。1982年，国务院发布第一部公证法规《中华人民共和国公证暂行条例》，公证制度随之逐渐发展完备。2005年8月，全国人大常委会通过《公证法》，至此公证制度在我国确立了正式的法律地位，也在性质上改变了我国公证机构的性质，从行使国家证明效力转变为"依法设立，不以营利为目的，依法独立行使公证职能、承担民事责任的证明机构"。截至2020年，根据中国公证协会官网的统计，全国公证机构数量为2965家，公证员13218人，全国范围内每个基层区、县均设立公证机构，为辖区公众提供公证服务。

二、公证员职业伦理

从以上公证制度发展的历史看，公证员进入法律职业共同体本身就说明公证员作为证明人，要解决的是法律行为、法律事实、法律文书的真实性、合法性，对于社会预防纠纷、减少诉讼、促进稳定起到重要作用，这意味着对从事公证的公证员提出了更高的职业道德要求。

公证员职业伦理，是指在公证活动中，公证人员从思想到具体事务的处理所应遵

---

❶ 米婷. 中西比较：公证制度的起源与发展 [J]. 现代交际，2019（10）：54-57.

循的行为规范和基本准则。就适用的对象范围看，不仅指依法取得公证资格的执业公证员，也包括办理公证的辅助人员和其他工作人员；从公证执业伦理调整的内容看，既包括办理公证的行为，也包括办理公证人员的道德意识。公证人员的职业道德建设对于公证业的发展和运行具有重大意义，直接关系到公证业的公信力，以及能否获得社会信赖的根本，所以加强公证员的职业道德建设是公证业得以发展的基础。

1. 公证职业伦理规范依据

2005 年 8 月 28 日，全国人民代表大会常务委员会通过了新中国第一部《公证法》，后经 2015 年、2017 年两次修正，该法成为规范公证员执业和提升公证员素质的主要法律依据。并且，对于进一步加强公证员队伍建设和加快推动公证事业的发展具有现实意义，也对公证员职业伦理建设提出了新的更高要求。2006 年，在《公证法》颁布一年后，司法部制定颁布了《公证机构执业管理办法》《公证员执业管理办法》，这和司法部下辖的中国公证员协会 2002 年公布的《公证员职业道德基本准则》一起构成由法律、规章和行业规定组成的公证职业伦理规范体系。

这些公证职业伦理规范体系对于提高公证人员思想认识、实现自我约束、自我管理，以及规范公证机构的管理，建立了比较牢固的制度基础，促进和保障了公证行业的规范发展。

2. 公证职业伦理的主要内容

公证员作为法律职业共同体的组成部分，首先，应该与法官、检察官、律师在法律意识和道德意识上具有相同的标准，这是作为法律职业共同体的基本要求，也就是要忠于宪法和法律、坚持以事实为依据，以法律为准绳，按照真实合法的原则和法定的程序办理公证事务。其次，由于公证职业实现的社会功能不同，公证员也需要遵守特有的职业道德和职业伦理。公证员核心的任务是通过对法律行为、有法律意义的事实或文书的真实性、合法性进行证明，来维护当事人的合法权益，预防诉讼，稳定社会秩序和经济秩序，实现公平正义，因此公证员必须按照法定程序去办理公证事务，用法律标准去衡量申办事项是否达到真实、合法的标准。从公证活动的后果看，由于其证明效力高于一般的私证，受到法律的特殊保护，另外，公证的后果主要是申办人获益，费用由申办人承担，公证员完全凭借个人知识和技能出证，并非如法院判决一样，是国家意志的体现，因此公证又带有自由职业的属性。这些使得公证员职业道德规范，既有与法官、检察官共性的地方，也有与律师相同的地方，还有自身行业固有的特点。

从《中华人民共和国公证法》《公证员职业道德基本准则》等规定看，公证员职业伦理的具体内容可以概括为以下方面。

1. 忠于事实、忠于法律

《公证法》第 3 条规定，公证机构办理公证，应当遵守法律，坚持客观、公正的原则。《公证员职业道德基本准则》第 1~6 条规定：公证员应当忠于宪法和法律，自觉践行社会主义法治理念；应当政治坚定、业务精通、维护公正、恪守诚信，坚定不移地做中国特色社会主义事业的建设者、捍卫者；应当依法办理公证事项，恪守客观、公正原则；遵守法定回避制度；履行执业保密义务；积极采取措施纠正、制止违法行为。这些法律规定和道德准则规定，都把忠于法律、尽职尽责放在公证职业活动的首要地位。

2. 爱岗敬业、规范服务

《公证员职业道德基本准则》第7~13条具体要求：公证员应当珍惜职业荣誉，强化服务意识；履行告知义务；平等、热情地对待公证当事人、代理人和参与人；注重文明礼仪，维护职业形象；不发表不当言论。这些都是爱岗敬业、规范服务的具体规定。

3. 加强修养、提高素质

《公证员职业道德基本准则》第14~19条具体要求：公证员应当牢固树立社会主义荣辱观，遵守社会公德；具有良好的个人修养和品行；应当忠于职守、不徇私情、弘扬正义；应当热爱集体，团结协作，相互支持、相互配合、相互监督；应当不断提高自身的业务能力和职业素养；应当树立终身学习的理念，勤勉进取、努力钻研，不断提高职业素质和执业水平。

4. 清正廉洁、同业互助

《公证员职业道德基本准则》第20条、第23~27条规定了公证员应当树立清正廉洁的自律意识，尊重同行、同业互助，共谋发展。比如，公证员不得对其他公证员正在办理的公证事项或处理结果发表不同意见；不得从事与公证员职务、身份不相符的活动；应当妥善处理个人事务，不得利用公证员身份和职务为自己、家属或他人谋取私人利益；不得接受当事人及其代理人、利害关系人的答谢款待、馈赠财物和其他利益。公证员不得从事不正当竞争行为，如贬损他人，排斥同行，为自己招徕业务等。

综合来看，公证员的职业道德可以大体上划分为两个方面，第一方面是对当事人、代理人和同行之间的职业道德关系规范，这类规范是直接规范公证执业活动的；第二方面是公证员与其他法律职业人员的规范，比如与法官、检察官（司法人员）以及与律师的职业道德行为规范。下面分两节分别介绍这两类涉及公证员的职业道德规范。

第二节 公证员与当事人、同行的关系规范

公证员在执业过程中，主要业务涉及的是当事人和同行，这是公证职业伦理的主要组成部分。

一、公证员与当事人的关系规范

根据《公证法》以及中国公证协会制定实施的《公证员职业道德基本准则》等公证职业道德规定，公证员与当事人关系规范主要有以下5项：

1. 公证员的保密义务

公证员在办理公证事务过程中，会不可避免地接触到当事人不愿意让他人知悉的一些信息，比如遗嘱、收养、婚前财产公证涉及的秘密信息，公证员对此有保密义务。这意味着公证员不得向办理公证事务之外的任何人泄露，包括公证员的亲属、同事，也不得利用办证过程知悉的秘密信息为个人或他人牟利。特别是涉及开奖公证、拍卖公证、合同公证、证据保全公证等，会使公证员知晓能够为自己或他人（亲属）带来重大利益的信息，这时公证员必须严守职业道德，不能为了一己私利，毁了公证的信誉。中国公证协会颁布实施的《公证员职业道德基本准则》第4条规定："公证员应当自觉履行保密的法定义务。不得利用知悉的秘密为自己或他人谋取利益。"保密义务对于公证员十分重要，不仅要注意不能故意泄露，还要注意不能无意泄露，比如会议研讨、宣传、出庭作证等场合的不当泄露。

2. 公证员的告知义务

作为法律职业人员，公证员精通法律知识和程序，而办证当事人多数情况可能对法律一无所知，对此，公证员应当不厌其烦地将有关法律规定和当事人依法享有的权利和义务一一告知，还要将有关的法律概念尽量地讲解清楚，使得当事人在办理公证的过程中能够很好地行使权利、承担义务，配合公证事项的顺利办理。《公证员职业道德基本准则》第8条规定："公证员在履行职责时，应当告知当事人、代理人和参加人的权利和义务，并就权利和义务的真实意思做出明确解释，避免形式上的简单告知。"

3. 注重礼仪言行文明

作为依法设立的公证机构，公证员提供的是具有法律效力的证明，行使的是国家证明权，因此必须树立良好的职业形象，维护公证的行业信誉。在执行公证执业活动中，应注重礼仪、着装整洁规范、举止文明大方；接待会谈，调查访问，查阅资料及制作笔录，应表现出法律职业人员的儒雅风范；现场宣读公证词时，应庄重、严肃，反映出法律的威严与神圣。《公证员职业道德基本准则》第12条规定："公证员应当注重礼仪，做到着装规范、举止文明，维护公证员的职业形象。现场宣读公证词时，应当语言规范、吐字清晰，避免使用可能引起他人反感的语言表达方式。"

4. 依法办证提高素质

《公证员职业道德基本准则》第6条规定："公证员应当珍爱公证事业，努力做到勤勉敬业、恪尽职守，为当事人提供优质的法律服务。"第10条规定："公证应当按照规定的程序和期限办理公证事务，及时受理、审查、出证，不得因个人原因和其他主观因素拖延推诿。"第15条规定："公证员应当道德高尚、诚实信用、谦虚谨慎，具有良好的个人修养和品行。"第17条规定："公证员应当不断地提高自身的道德素养和业务素质，保证自己的执业品质和专业技能能够满足正确履职的需要。"以上这些规定充分说明，公证职业如要发挥预防纠纷、减少诉讼、防患于未然的社会作用，就要意识到公证员的工作绝不仅仅是盖个章的问题，要明白公证图章的背后是国家证明权力对真实性、合法性的确认，具有强制执行效力的债权文书公证，还会产生既判力的效果，没有高水平的法律专业素质和一定实践经验的公证员是无法履行好这些职责的。另外，公证职业又是艰苦和高尚的，在需要过硬的法律专业素质的同时，也需要高尚的职业情操，敢于坚持正确意见，只服从法律和事实，排除一切干扰，用自己的良心和品行开展工作，赢得公证的信誉。

5. 清正廉洁忠于职守

改革后的公证员虽然不是国家机关的公务员，也不是司法官员，但是其对国家证明权的行使，以及在社会和司法活动中的地位，依然具有公共管理的属性，也就是说有一定的权力。因此，公证员必须保持清正廉洁的职业道德，不为物质利益所惑，不拿法律做交易，不从事与身份不符的活动。《公证员职业道德基本准则》第16条规定："公证员应当具有忠于职守、不徇私情的理念和维护平等、弘扬正义的良知，自觉维护社会正义和社会秩序。"第23条规定："公证员不得经商和从事与公证员职务、身份不相符的活动。"第24条规定："公证员应当妥善处理个人事务，不得利用公证员职务和身份为自己、家属或他人谋取私人利益。"

公证员办理的公证事务涉及社会生活的方方面面，尤其是经济领域的财产利益。公证员在执业过程中，必须树立为当事人服务的良好意识，按照规定和程序办证，妥善处理好个人事务，不得为个人、亲属或他人谋取私利。不能因为主观原因致使当事人的合法权益受损。

二、公证员同行之间的关系规范

根据《公证法》第6条的规定，公证机构是依法设立，不以营利为目的，依法独立行使公证职能、承担民事责任的证明机构。第7条规定，公证机构不按行政区划层层设立，可以在县、不设区的市设立；在设区的市、直辖市可以设立一个或若干个公证机构。公证机构之间没有隶属关系，属于事业法人组织。公证处之间、公证员之间都是公平竞争的平等关系。在市场经济条件下，特别是没有国家财政拨款支持的情况下，公证行业的公平竞争、尊重同行就尤为重要了。从相关规定中，公证员同行之间的关系规范主要有：

1. 独立办证原则

根据《公证员职业道德基本准则》第14条规定，公证员在执业过程中，应当独立思考、自主判断、敢于坚持正确的意见。独立办证是公证员应当坚持的一项基本原则，公证员要凭借自己的知识和技能，对受理的公证事项依法进行审查，对重大、疑难案件，可以请示汇报，对难以判定的可以向领导或有经验的公证员请教。除审批程序外，公证员都是独立办理公证事务。同时，注意在向同事、专家请教或讨论疑难问题时，不得泄露有关公证事项的秘密。经过讨论、请教，最终还需公证员自己作出判断，提请审批也要有自己明确的意见。对自己认为正确的意见，要找出充分的理由和依据，敢于坚持，并善于同不同意见进行辩论，这样才能最终确保公证书的准确。

2. 不干涉他人办证原则

《公证员职业道德基本准则》第 20 条规定："公证员不得通过非正常程序或不恰当场合，对其他公证员正在办理的公证事项或处理结果发表不同意见。"公证员在同一公证处内，应当互相尊重，各自依法受理公证事项、认真履行职责，不得干涉他人的正常工作、不得为当事人请客送礼，也不得将公证员的住宅电话、地址等私人信息透露给当事人，不得向正在办理公证事务的公证人员打听办证情况，也不得了解相关内容。对于其他公证员正在办理的公证事项或处理结果，除非在正常讨论的情况下，不得发表有可能影响公证员独立自主判断的不同意见。对于有充分理由的不同意见，不发表有可能导致错误发生的情况，可以按管理权限向公证处的负责人汇报，并充分阐述不同意见之理由，通过审批程序来维护正常的办证秩序。

3. 维护公证书权威原则

维护公证书的权威就是维护职业荣誉，任何一个公证员都要自觉维护每一份公证书的严肃性和权威性，对于办证事项的不同看法，允许保留，在出具公证书时要尊重主办公证员和审批者的意见。《公证员职业道德基本准则》第 21 条规定："公证员不得在公众场合或新闻媒体，发表泄私愤、不负责任的有损公证严肃性和权威性的言论。"当然，维护公证文书的权威性并不意味着不能有不同意见，在尊重主办公证员和审批者的意见的前提下，如果有比较充分的理由认为是错证，可以依照法定程序予以纠正，依法向公证处负责人和司法行政机关反映。如果有学术上的不同观点，要选择适当的场合讨论，但不得干涉他人依法出具公证书，更不得为了泄私愤，不负责任地在公众场合或新闻媒体上发表有损公证形象和权威的言论。

4. 尊重同行公平竞争

《公证员职业道德基本准则》第 26 条规定："公证员应当与同行保持良好的合作关系，尊重同行，公平竞争，同业互助，共谋发展。公证员应当相互尊重，不得在任何场合损害其他同事的威信或名誉。"改革后的公证业，成为竞争的行业，同业之间存在竞争，但是公证业也是充满理性的行业，公证员都是受过良好法律教育的工作者，在这样的职业群体中，尊重同行，遵守公平竞争的职业道德规范是不言而喻的。只有互相尊重，公平竞争，才能找到差距，共同发展，否则，恶性竞争极有可能导致整个公证行业的停滞、破坏。公证职业的发展取决于公证员这支队伍的建设，不懂得尊重他人就无法发展，公证员的威信和名誉要靠自己来维护。

根据《公证法》的规定，公证机构的设立并非无序的，其实际上设定了公证机构各自的业务领域，即使在设区的市已有多家公证机构设立的情况下，往往也会通过调整公证辖区和整合公证机构避免过度的业务竞争。因此公证员或者公证机构不得通过新闻媒体或其他手段炫耀自己、贬损同行、排斥异己，为自己招徕业务；更不能利用与行政机关、社会团体或者经济组织的特殊关系垄断部分公证业务，使得同行失去市场、无事可做。总之，公证业要获得良性发展，必须公平竞争，尊重同业，共谋发展，才可以使整个公证业获得长久的良性发展。

第三节 公证员与司法人员、律师的关系规范

公证业作为法律职业共同体的一员，与其他法律职业也存在着一些联系，比如公证员作为证人出庭，与法官、检察官产生联系，司法行政机关也会对公证业行使行政管理权，公证员和律师也存在关于证明文书上的联系，比如律师出具的见证书与公证员出具的公证书之间也有些许的竞争。因此，公证员在执业过程中，也应注意在职业道德方面处理好与其他法律职业群体之间的关系。

一、公证员与司法行政机关的关系

司法行政机关是人民政府负责司法行政事务的部门，代表国家行使对司法行政事务的行政管理权。具体到公证业的行政管理，司法行政机关管理的行政事务包括：统一法律职业资格考试的组织实施，公证员的遴选，专业技术职务的聘任，公证事务的行政复议，公证处的设立、合并、终止审批，公证管理辖区的划定，公证管辖争议的裁决等。公证员的一般行政事务应服从司法行政机关的管理。

需要指出的是，司法行政机关具有的对公证员的行政事务管理权，并不意味着可以代替公证机构、公证员行使国家证明权。公证书的出具仍然是公证机构公证员的职权。即便公证当事人对于公证员出具的公证书有异议，依法向司法行政机关申请行政复议时，司法行政机关也主要审查公证员的办证程序，不能进行公证事项真实性、合法性审查，也就是说不能审查证明权的内容。当事人对证明事项内容有异议，只能向法院起诉，由法院依法审判作出判决。司法行政机关审查公证程序合法，没有发现程序违法的情况，应予维持，驳回申诉。只有在发现办证程序违法的情况下，才可以依法作出撤销公证书的复议决定。对于违法的公证员，司法行政机关可以对其进行行政处罚，受处罚的公证员依法可以申诉或者提起行政诉讼。

二、公证员与法官的关系

当公证员以证人的身份出席法庭审判时，就会与法官发生联系，公诉案件中还会与检察官联系。公诉人法庭上的身份是证人，主要对所出具的公证书的真实性、合法性作出解释和说明，回答法官、检察官（公诉、公益诉讼或抗诉案件）以及其他诉讼参与人就所出具公证书提出的问题。当公证机构因公证事项被当事人或利害关系人起诉到法院时，公证员可以作为公证机构的诉讼代理人出庭参加诉讼，依法就原告的指控进行答辩，陈述办证的程序事实，运用相关法律法规与原告进行法庭辩论，维护公证机构的合法权益，行使当事人的权利，承担诉讼义务。公证员对司法行政机关处罚不服向人民法院提起诉讼时，公证员是行政诉讼的原告，享有法定的原告的诉讼权利，可以请求法官支持自己的诉讼请求。

三、公证员与检察官的关系

2000年司法部颁发《关于深化公证工作改革的方案》实施后，公证员的身份由国家干部身份转为承担民事责任的人员，公证机构也成为依法设立的承担民事责任的证明机构，性质是事业法人。公证员和公证机构在性质上发生了变化。这样一来，检察机关对于公证机构、公证员的法律监督就没有明确的法律规定，也就是说检察机关对于公证机构、公证员就不再适用对国家机关工作人员的监督了。某些基于国家机关工作人员身份的罪名，公证员因不具备主体要件，就不能受到相应的指控（比如渎职罪）。不过有学者指出，由于公证员行使的是国家证明权，其履职行为应当与公务员一样受到检察官的法律监督。[1] 当然，党的十八大后，随着检察、监察的改革，未来的公证行为法律监督适用也需要法律进一步明确。

四、公证员与律师的关系

我国公证业和律师业同属法律服务行业，都是凭借自身的法律知识和法律技能为委托人提供法律服务，都从委托人那里收取费用。改革前，公证员和律师都曾经是国家的法律工作者，先后经历了从国家机构中分离的过程，现今都由政府的司法行政机关管理，都是法律专业人员，都需要通过法律职业资格考试，都受苏联法律制度的影响走过了初创阶段，留下了大陆法的痕迹。

从欧美公证业发展的情况看，普通法系的英美和大陆法系的法国等国家的公证制度的发展是有很大不同的。英美普通法系国家，律师业的高度发达使其职业触角延伸到社会的各个方面，律师也可以开展公证业务，也就是公证职能并非专属。但是在大陆法系国家，特别是法国，公证员的社会地位很高，属于国家公务员，由共和国总统任命，非争议性的法律事务几乎都通过公证解决，形成了独立的公证法律制度，公证与审判的密切联系也提升了公证的社会地位，欧洲列强的殖民统治，使宗主国对殖民地产生了深刻影响，拉丁美洲国家的公证制度就是受欧洲影响发展起来的，形成了公证业与律师业并行的格局。

我国律师制度的改革，更多的是借鉴美国律师制度的长处，而公证制度的改革，受国际拉丁公证联盟的影响更多，但在实际操作中又仿效律师制度的改革，给人的印象是公证制度较律师制度慢了一个节拍。需要注意的是，同样是提供法律服务，律师和公证员具体业务还是有很大不同的。律师执业的特点是站在委托人的立场为其提供法律服务，委托人的合法权益是第一位的，律师通过代理、辩护、法律咨询和代书实现委托人的合法利益；公证员行使的是国家证明权，通过法律授权或确认获得，以出具公证书的行使实现法律的预防功能，目的是预防纠纷、减少诉讼，追求真实、合法。即便是出庭，公证员也只是为了说明公证书的理由，维护的是公证书的权威性、合法

---

[1] 李本森. 法律职业伦理 [M]. 3版. 北京：北京大学出版社，2020：223.

性和真实性,这与律师出庭为了实现委托人的合法利益,竭尽手段说服法官、检察官有着巨大的差别。并且,律师业务相对于公证业务范围更广,公证业务相对固定,其发展数量与管辖区域人口需保持一定比例,而律师事务所则没有这样的限制。目前,随着法治建设的深入,人们法律意识的提高,公证业务与律师业务在非诉证明部分存在竞争,尽管2005年《公证法》颁布后基本划分了公证业务与律师业务的范围,但是由于改制后,面对市场的压力,公证业务与律师业务在非诉领域激烈竞争也是事实,比如房地产合同证明、金融业务中的资金监管等业务。因此,需要有职业道德规范这方面两者的执业行为,但是目前这方面的规范尚不完善,需要行业协会出面进行协调,划分各自业务范围,出台相应职业道德规范,避免恶意竞争。

第四节 公证职业责任

公证职业责任是指由于公证人员的违法和违反职业伦理规范的行为所造成的,公证机构和公证员对当事人所承担的责任,包括纪律处分、行政法律责任、民事法律责任和刑事法律责任。公证职业的重点是财产责任,追究公证职业责任的范围应与给当事人造成的损害相当。

一、公证行政法律责任

公证执业活动中最主要的法律责任是行政法律责任。公证员和公证机构在执业过程中违法行为的行政法律责任具体表现为司法行政部门给予的行政处罚,在我国司法行政部门主要为司法部及其下属厅局。根据《公证法》第41条的规定,公证机构及其公证员有下列行为之一的,由省、自治区、直辖市或者设区的市人民政府司法行政部门给予警告;情节严重的,对公证机构处一万元以上五万元以下罚款,对公证员处一千元以上至五千元以下罚款,并可以给予三个月以上六个月以下停止执业的处罚;有违法所得的,没收违法所得。这些行为包括:以诋毁其他公证机构、公证员或者支付回扣、佣金等不正当手段争揽公证业务的;违反规定的收费标准收取公证费的;为本人及近亲属办理公证或者办理与本人及近亲属有利害关系公证的;等等。第42条规定,公证机构及其公证员有下列行为之一的,由省、自治区、直辖市或者设区的市人民政府司法行政部门对公证机构给予警告,并处二万元以上十万元以下罚款,并可以给予一个月以上三个月以下停业整顿的处罚;对公证员给予警告,并处二千元以上一万元以下罚款,并可以给予三个月以上十二个月以下停止执业的处罚;有违法所得的,没收违法所得;情节严重的,由省、自治区、直辖市人民政府司法行政部门吊销公证员执业证书;构成犯罪的,依法追究刑事责任。这些行为包括:私自出具公证书的;为不真实、不合法的事项出具公证书的;侵占、挪用公证费或者侵占、盗窃公证专用物品的;毁损、篡改公证文书或者公证档案的;泄露在执业活动中知悉的国家秘密、商业秘密或者个人隐私的;检索报告;依照法律、行政法规的规定,应当给予处罚的其他行为。《公证机构执业管理办法》第 36 条和《公证员执业管理办法》第 29 条规定了行政处罚的程序和权限。《公证机构执业管理办法》第 41 条和《公证员执业管理办法》第 32 条规定,公证协会依据章程和有关行业规范,对公证机构、公证员违反执业规范和执业纪律的行为,视其情节轻重,给予相应的行业纪律处分。公证协会在查处公证机构执业规范和执业纪律的过程中,发现依据《公证法》的规定应当给予行政处罚的,应当提交有关司法行政机关处理。

二、公证民事法律责任

《公证法》第 43 条规定了公证不当导致他人经济损失应承担的民事责任,具体为:公证机构及其公证员因过错给当事人、公证事项的利害关系人造成损失的,由公证机构承担相应的赔偿责任;公证机构赔偿后,可以向有故意或者重大过失的公证员追偿。2014 年最高人民法院审判委员会通过的《关于审理涉及公证活动相关民事案件的若干规定》中列出了公证机构或公证员应当承担的 7 类民事责任:(1) 为不真实、不合法的事项出具公证书的;(2) 毁损、篡改公证书或公证档案的;(3) 泄露在执业活动中知悉的商业秘密或者个人隐私的;(4) 违反公证程序、办证规则以及国务院司法行政部门制定的行业规范出具公证书的;(5) 公证机构在公证过程中未尽到充分的审查、核实义务,致使公证书错误或者不真实的;(6) 对存在错误的公证书,经当事人、公证事项的利害关系人申请仍不予纠正或者补正的;(7) 其他违反法律、法规、国务院司法行政部门强制性规定的情形。当事人提供虚假证明材料申请公证致使公证书错误,造成他人损失的,当事人应承担赔偿责任。公证机关依法尽到审查、核实义务的,不承担赔偿责任;未尽到审查、核实义务的,不承担赔偿责任;明知公证证明的材料虚假或者与当事人恶意串通的,承担连带赔偿责任。

三、公证刑事法律责任

《刑法》第 229 条第 3 款规定,以出具证明文件重大失实罪追究刑事责任。按照刑法的这条规定,《公证法》第 42 条规定,公证机构或者公证员因执业行为构成犯罪的,应当追究其刑事责任。因故意犯罪或者职务过失犯罪受刑事处罚的,应当吊销公证员的执业证书。最高人民检察院在 2009 年 1 月给甘肃省人民检察院的一份批复中规定:《公证法》施行以后,公证员在履行公证职责过程中,严重不负责任,出具的公证书有重大失实情况,造成严重后果的,依照《刑法》229 条第 3 款规定追究刑事责任。需要说明的一点是,该规定的背景是公证机关改制后公证机构的性质已经由行政机关转为依法设立承担民事责任的证明机构,公证员也不再是公务员,原来的刑法规定的玩忽职守罪不再适用于现有的公证员执业行为。

四、公证行业责任

为了保障公证员能够严格遵守职业伦理,公证行业规定了 6 种惩戒:警告、严重警告、罚款、记过、暂停会员资格、取消会员资格。公证行业纪律处分的实施主要包括惩戒机构、惩戒管辖、惩戒投诉及处理、惩戒调查、惩戒作出与送达、惩戒决定的复核等内容。中国公证协会和地方公证协会设立惩戒委员会，惩戒委员会是对公证员实施惩戒的专门机构。惩戒案件一般由地方公证协会惩戒委员会受理，中国公证协会惩戒委员会认为影响较大、案情重大的案件也可以自行受理。投诉人可以直接投诉，也可以委托投诉。

案例研习与阅读思考

"虚假公证"的罪与罚[1]

【基本案情】

谈某、洪某、马某某（均因犯诈骗罪被判刑）三人合伙从事抵押贷款业务，于2013年年初与时任上海某公证处公证员的被告人张某熟识。同年12月17日，被害人周某在谈某的陪同下至该公证处签订了《借款合同》、《抵押担保合同》及《委托书》，约定周某向谈某借款35万元，以周某名下一处房屋为抵押，抵押价值为80万元，并委托洪某在借款到期后出售该房屋。双方就上述合同等办理了《公证书》。

2014年3月18日，周某因无力偿还上述借款，按谈某的要求向洪某借款55万元，并约定将前述房屋以95万元的价值抵押给洪某作为担保，并委托马某某在借款到期后出售该房屋。双方于当日签订了相关手续并进行公证。

在办理上述公证过程中，被告人张某未当场见证，未核实公证事项的合法性及当事人意思表示的真实性，指使公证员助理曹某某出具了《具有强制执行效力的债权文书公证书》和《公证书》，分别对上述合同等进行公证并赋予强制执行效力。

2015年1月9日，马某某将周某的房屋以95万元的价格出售，并将房款交给洪某。经价格认定，涉案房屋价值179.15万元。2017年9月19日，该公证处撤销了上述《公证书》。事后，被告人张某为掩盖上述事实，指使其助理曹某某篡改公证档案。

一审法院审理后认为，被告人张某作为承担法律服务职责的中介组织人员，故意提供虚假证明文件，情节严重，其行为已构成提供虚假证明文件罪，遂以提供虚假证明文件罪判处张某有期徒刑3年8个月，并处罚金10万元。

【主要法律问题】

公证是一种证明活动，经过公证员公证的事实或行为具有法律上的真实性，这也

---

[1] 潇湘晨报，https://baijiahao.baidu.com/s?id=1722926424569306637&wfr=spider&for=pc.

是公证的效力或权威所在。公证员需要遵守哪些职业伦理规范，如何维护公证权威？

【主要法律依据】

1. 《中华人民共和国公证法》

第3条　公证机构办理公证，应当遵守法律，坚持客观、公正的原则。

第13条　公证机构不得有下列行为：

（一）为不真实、不合法的事项出具公证书；

（二）毁损、篡改公证文书或者公证档案；

（三）以诋毁其他公证机构、公证员或者支付回扣、佣金等不正当手段争揽公证业务；

（四）泄露在执业活动中知悉的国家秘密、商业秘密或者个人隐私；

（五）违反规定的收费标准收取公证费；

（六）法律、法规、国务院司法行政部门规定禁止的其他行为。

2. 《公证员职业道德基本准则》

第15条　公证员应当道德高尚、诚实信用、谦虚谨慎，具有良好的个人修养和品行。

第16条　公证员应当具有忠于职守、不徇私情的理念和维护平等、弘扬正义的良知，自觉维护社会正义和社会秩序。

3. 《中华人民共和国刑法》

第229条　承担资产评估、验资、验证、会计、审计、法律服务、保荐、安全评价、环境影响评价、环境监测等职责的中介组织的人员故意提供虚假证明文件，情节严重的，处五年以下有期徒刑或者拘役，并处罚金；有下列情形之一的，处五年以上十年以下有期徒刑，并处罚金：

……

有前款行为，同时索取他人财物或者非法收受他人财物构成犯罪的，依照处罚较重的规定定罪处罚。

第一款规定的人员，严重不负责任，出具的证明文件有重大失实，造成严重后果的，处三年以下有期徒刑或者拘役，并处或者单处罚金。

【理论分析】

根据《公证员职业道德基本准则》和《公证法》，公证员应当遵守法律，坚持客观、公正原则，保守执业活动中知悉的秘密，不做假证；应当诚实信用、谦虚谨慎，应当具有忠于职守、不徇私情的理念和维护平等、弘扬正义的良知，自觉维护社会正义和社会秩序；自觉维护每一份公证书的严肃性和权威性。不为物质利益所惑，不拿法律做交易，不从事与身份不符的活动。

任何一个公证员都要自觉维护每一份公证书的严肃性和权威性，对于办证事项的不同看法，允许保留，公证机构在出具公证书时要尊重主办公证员和审批者的意见。维护公证书的权威就是维护职业荣誉，维护公证的权威。

【思考题】

近年来，各地出现的一些假证等所谓"公证不公正"的现象确实引起了人们对公证的反思。

1. 结合本案，请谈谈公证的证明标准、形式公证与实质公证的关系。
2. 本案中体现了哪些公证员需要遵守的职业伦理规范？现行的公证制度是否存在纰漏？

CHAPTER 7　第七章

仲裁职业伦理

本章知识要点

（1）仲裁员职业行为规范有哪些特点？（2）仲裁员职业行为规范的具体内容？（3）我国仲裁员职业行为规范如何完善？

由于社会不同利益群体对解决冲突的需求各异，化解社会纠纷的机制措施势必也不完全相同。在我国，诉讼是正式的司法活动，人民法院作为行使审判权的国家司法机关，诉讼管辖权的确立不以当事人是否愿意接受为必要条件。而仲裁则是另外一种古老而又重要的争议解决方式，随着世界范围内商业贸易的繁荣与发展，凭借其专业、灵活、高效、保密等优势备受青睐，并且将发挥越来越重要的作用。仲裁兼具契约性、自治性、民间性和准司法性。仲裁机构虽不是司法机关，但仲裁制度作为解决财产权益纠纷的重要方式，是我国司法体系的重要组成部分。形式上看，仲裁与诉讼具有某些类似之处：仲裁员居中裁决与法官居中判决是类似的；有效的仲裁裁决和法院判决对当事人的法律效力亦是相同的。通说认为，仲裁是指纠纷当事人在自愿的基础上达成协议，将纠纷提交非司法机构的第三者审理，第三者就纠纷居中评判是非，并作出对争议各方均有拘束力的裁决的一种解决纠纷的制度。

第一节　仲裁员职业行为规范概述

仲裁界有一法谚："仲裁的全部价值在于仲裁员"。仲裁员是实施仲裁制度、行使仲裁权的主体，当事人提交仲裁的争议能否得到公正的裁决，与仲裁员的素质有着直接联系。作为一个合格的仲裁员，除了应当具备法定的条件和较高的专业技能外，还应当具有仲裁职业道德，践行仲裁员职业行为规范。

一、仲裁制度与仲裁员

(一) 仲裁制度

为实现经济资源的最优配置，构建多元化纠纷解决机制，一直是当下的制度目标和未来的发展方向。当事人双方在争议发生前或争议发生后达成协议，自愿将争议交给第三者裁决，以期使纠纷得到快速解决，仲裁制度正是适应这种社会需要而产生并发展起来的。在众多的解决纠纷方式中，仲裁之所以备受青睐，盖因仲裁制度具有自愿、专业、保密、快捷、中立等特点。仲裁员的仲裁职业道德与职业行为只有契合仲裁制度所彰显的这些优势，才能激发仲裁制度的最大价值，才能赢得社会的尊重和认可。

仲裁制度具有以下特征：

1. 自愿性

仲裁的启动需依据自愿原则，应当由双方自愿达成仲裁协议。因此，仲裁在程序上不像诉讼那样严格，当事人享有较大的自主权。一项纠纷产生后，是否将其提交仲裁、交给谁仲裁、仲裁庭的组成人员如何产生、仲裁适用何种程序规则和实体法，都是在当事人自愿的基础上，可以由当事人协商确定的，故仲裁能充分体现当事人意思自治原则。例如，诉讼案件当事人不能选择法官，而仲裁活动中当事人具有一定范围内自主选择仲裁员的权利。在约定仲裁机构时，当事人可以根据自己的需要，灵活选取，而在进行诉讼时，必须按照级别管辖与地域管辖的规定，向有管辖权的法院起诉和应诉。

2. 专业性

仲裁侧重于商事纠纷，不受理婚姻、收养、监护、扶养、继承等具有人身关系的民事纠纷，故仲裁的对象常常涉及复杂的法律、经济、贸易和技术性问题，因此各仲裁机构大都备有按专业设置的仲裁员名册，供当事人选定，这样就能保证仲裁的专业权威性，也有利于当事人对裁决结果的信服。例如，建设工程纠纷的处理不仅涉及与工程建设有关的法律法规，还常常需要运用大量的工程造价、工程质量方面的专业知识，以及熟悉建筑业自身特有的交易习惯和行业惯例，仲裁员应具有建工领域背景知识，熟悉行业规则，对公正高效处理纠纷、确保仲裁结果公正准确，发挥着关键作用。

3. 保密性

仲裁的保密性，其最基本的含义是指仲裁案件不公开审理，与案件无关的人在未得到所有仲裁当事人和仲裁庭的允许之前，不得参与仲裁审理程序。各国的仲裁法律和仲裁规则都规定了仲裁员及相关人员的保密义务。选择仲裁方式解决纠纷的当事人也都相信仲裁将维系私人本质，保护他们的形象与声誉，不必过分担心其商业秘密和贸易活动因进行仲裁而被泄露。从仲裁实践看，仲裁当事人违反保密义务通常会导致承担违反仲裁保密义务的赔偿责任，仲裁员违反保密义务会导致撤换仲裁员，甚至承担个人责任。

4. 快捷性

由于仲裁实行一裁终局制，不像诉讼程序那样实行两审终审制甚至三审终审制，仲裁机构对于程序的掌握也比法院诉讼程序更为灵活一点，有利于当事人之间纠纷的迅速解决。仲裁程序期限较短，目前最快的民商事仲裁程序从申请受理到裁定书作出仅需7天，与民事一审普通程序的6个月审期要求相比，更为快捷。此外，迄今已有100多个国家加入了1958年《承认及执行外国仲裁裁决公约》，在一个缔约国作出的裁决，可以很方便地到另一缔约国去申请执行，这一优势是法院判决难以拥有的。

5. 中立性

仲裁机构独立于行政机关，仲裁机构之间亦无隶属关系，仲裁独立进行，不受任何机关、社会团体和个人的干涉。即使在机构仲裁下，仲裁庭审理案件时，也不受仲裁机构的干涉，显示出充分的独立性。从当事人与仲裁员关系看，当事人选定的仲裁员应当用其专业知识充分发表意见，保证案件公平公正裁决，而非"选立场站队"。仲裁员缺乏公正和中立，仅维护一方当事人利益，会从根本上对仲裁的公信力造成损害，造成极其严重的法律后果。

(二) 仲裁员

仲裁员是指有权接受当事人的选定或者仲裁机构的指定，具体审理、裁决案件的人员。通常情况下，仲裁员只有通过仲裁委员会的聘任，才能被列入仲裁员名单，当事人或仲裁委员会主任只能在仲裁员名册中选择仲裁员。为了保障仲裁的专业水准和公正性，我国实行的是强制名册制，即一方当事人按仲裁程序从仲裁员名册中选定仲裁员，对方当事人不能对仲裁员的资格提出抗辩，除非存在法定回避事由。

法律的实践性和应用性决定了仲裁员是需要深厚法学素养、娴熟法律职业技能和高尚法律职业道德的专门化工作人员。整体上，被选定或由仲裁机构指定的仲裁员要契合仲裁制度之特点，其道德水准要公正廉洁、勤勉高效；其业务能力要学识渊博、经验丰富；其职业操守要声誉良好、公道正派。仲裁员也肩负维护民主与法治、践行社会正义、保障人民权益之重大使命。仲裁员能否严格遵从职业行为规范，事关个案中人民能否感受到公平正义，事关司法权威的维护。因而，提升仲裁员职业行为水平就显得颇为重要。

二、仲裁员职业道德规范的概念与意义

(一) 仲裁员职业行为规范概述

众所周知，社会分工孕育了具有广泛差异性的职业分野，为了社会长期的利益和互助合作，社会整体对职业行为有一个最低的规范要求，除此之外，因特定的职业领域专业性不同，人们对特定职业人群亦有一定的职业道德规范要求，期待从业人员在职业生活中应当遵守特定的职业行为规范，以彰显职业特质。职业行为规范指从事一定职业的人员在职业活动中应遵循的行为规范的总和，是社会认可和人们普遍接受的在特定职业领域内具有一般约束力的行为标准，能够引导和规范特定职业领域从业人员可以做什么、不可以做什么和怎样做，是社会和谐重要的组成部分。仲裁员的职业行为规范是指仲裁员在审理案件时必须遵循的道德行为准则，是对仲裁员道德品行、专业能力和行为规范的具体要求，供全体仲裁员作为行为的指引。仲裁员职业行为规范与仲裁法、仲裁规则并存而对仲裁员的行为加以约束，是对仲裁法和仲裁规则的一种补充，是为了避免仲裁员在法律和仲裁规则以外的灰色地带失去监督或者指引以致影响仲裁的公信力。

（二）仲裁员职业行为规范的体系

仲裁员的职业行为规范是指仲裁员的道德行为准则，是对仲裁员道德品行、专业能力和行为规范的具体要求，能对仲裁的公信力产生具体的基础性的影响。倘若仲裁员能够有明确的职业目的，避免受到外界的引诱，就能提升仲裁的作用与公信。因此，应当从思想道德观念、核心业务准则、对外人际关系、组织纪律责任四个维度构建仲裁员的职业行为规范，构筑仲裁员全方位思想意识与业务能力体系。

首先，要在仲裁员的职业行为规范系统中嵌入品德要求。目的是以观念的形态预先于行为所期达到的目标，反映了人对客观事物的认识，并影响人的行为方式。仲裁员正确的思想观念对于在全社会不同群体中培育和践行社会主义核心价值观，具有典型示范作用。因此，仲裁员必须具有坚定的政治方向和明确的职业操守，做到诚实守信，严格自我约束和控制，珍惜这份光荣，爱惜这份职业，修炼淡泊名利、志存高远的情怀。

其次，要明确将公正廉洁作为仲裁员行为的基本方向。仲裁员在裁决活动中，应忠于法律、秉公执法、辨法明理，不得以任何直接或间接方式接受当事人或其代理人的请客、馈赠或提供的其他利益。否则，将会导致仲裁权威不彰，仲裁公信力下降。

再次，要培养仲裁员独立审慎的专业能力。我国多地的仲裁委制定的行为规范，一直注重思想道德养成，促使仲裁员树立信仰和恪守职操，引导仲裁员乐于奉献，懂得坚持，但健康的职业伦理并不能替代专业的实践。"选贤与能，讲信修睦"。对于仲裁制度而言，必须适应环境之变化，通过系统培训组织内成员的业务能力，强化人力资源质量方能维系和促进长存与发展，防止陷入衰退。我国仲裁员行为规范缺乏具体的实施细则、制度，不注意从专业建设、人才队伍建设培养仲裁员业务能力。因此，应当在仲裁员的职业行为规范系统中体现专业能力的训练机制，并有效将专业能力转化为行为规范，全面提高仲裁员素质。

最后，要构建仲裁员的职业行为规范系统的责任内涵，使约束机制形成闭环。仲裁员的一言一行都能深刻影响社会对于我国仲裁制度的评价，甚至影响对我国司法制度的评价。个别仲裁员自作聪明、心存侥幸、顶风作案，违反廉洁纪律随意接受宴请，查处曝光的案例令人震惊，充分印证了仲裁员队伍中开展纪律教育、严惩违纪违法行为的重要性。对于仲裁员不当的职业行为，应严格追责，甚至实行一票否决制，倒逼仲裁员在仲裁活动中慎言慎行。

(三) 仲裁员职业行为规范的特征

仲裁正是仲裁员职业行为规范产生的基础，是仲裁员专业知识和技能所形塑的特定行为表现的道德观念与情感。因此，仲裁员职业行为规范具有以下四个方面的特征：

(1) 仲裁员职业行为规范具有特定性。仲裁员职业行为规范是在当事人双方在争议发生前或争议发生后达成协议，自愿将争议交给第三者裁决的活动中产生的，涵盖了对从业人员与职业目标的准则要求，是契合仲裁制度特点的行为规范体系。

(2) 仲裁员职业行为规范具有稳定性。职业道德一般仅在特定范围内适用，这一范围是特定职业在长期发展过程中形成的，具有稳定性。

(3) 仲裁员职业行为规范具有多样性。为了规范仲裁员基本行为，树立良好的仲裁制度形象，仲裁员职业行为规范涵盖了仲裁员的诸多方面，涉及品德要求、行为规范、专业能力和效能责任，全面提升仲裁员的行为规范。

(4) 仲裁员职业行为规范具有纪律性。一方面，仲裁员职业行为规范表现为任意性规范，仲裁员应当予以遵守，例如，仲裁员应忠于宪法和法律，坚持以事实为根据，以法律为准绳，严格依法执业；另一方面，仲裁员职业行为规范还表现为强制性行为规范，表现为禁止从事某些有损仲裁制度公信的行为，如果仲裁员违反相应规范，将依据相关规范性文件受到处分或惩戒，因此有强烈的纪律性。

(四) 仲裁员职业行为规范之价值

仲裁员职业行为规范是仲裁员在行使裁判权、履行职能的过程中或者从事与之相关的活动时，应当遵守的行为规范的总称。仲裁员职业行为规范是评价仲裁员职业行为的标准，对仲裁员具有特殊的约束力，对于树立仲裁员良好形象，确保仲裁公正，维护国家法治尊严具有以下重要价值。

(1) 提升仲裁员自身素质。仲裁员与法官不同，其权力不是来源于法律的授予，而是来源于当事人的信任和授权。案件是否能得到公正仲裁，不仅在于仲裁员的学识与仲裁能力，还在于仲裁员是否能站在中立的立场，严格仲裁纪律。只有坚持了仲裁员职业行为规范，在与当事人的沟通中，在对复杂案情的审查中，不轻易受其他因素的干扰，并且读懂、吃透法律条文、司法解释，把所学的法律知识运用到具体的案件当中，依法公正仲裁案件，才能提高仲裁案件的质量。仲裁活动的核心是裁判案件，检验仲裁工作好与坏的标准是案件质量。仲裁员职业行为规范直接影响仲裁结果的公正，要做到公正办案，办成铁案，就要求仲裁员事事公心，自觉遵守职业行为规范，坚持公正仲裁，使案件得到公正处理，也就提高了案件的质量。

(2) 提升仲裁制度的公信力。在经济社会转型期，有限的司法资源面对爆炸式增长的纠纷冲突,需要其他纠纷解决机制予以辅助。仲裁是解决民商事争议的重要手段,具有独立、快捷、保密等优点。为了充分有效地发挥仲裁的优势,仲裁员职业行为规范要求仲裁员平等、公允地对待双方当事人,必须站在客观公正的立场,考虑案件的全部情况,查清事实,分清是非,合法、公正地作出裁决。仲裁员职业行为规范告诉仲裁员应当做什么,不应当做什么,自我教育、自我约束,对于违反仲裁纪律的仲裁员,仲裁委员会应予以解聘,甚至移交有关部门追究相关人员法律责任,提升社会公众对仲裁制度的信任与认可。

(3) 增强争端解决效果,快速化解专业纠纷。现代经济方式复杂化与专业化正逐步加深,司法职业亦应专门化,否则,司法就无法发挥定分止争与权益保障之功能。随着开放深入,经济贸易领域中各种专业、复杂的争端势必频发,而且超出一般法院审判能力。当前,专业的经济贸易纠纷由仲裁予以解决,成为符合国际惯例和世界贸易规则的市场经济运行机制,为各类市场主体投资兴业营造稳定、公平、透明、可预期的良好环境。国际著名的仲裁机构根据纠纷产生的领域,及时搭建起化解纠纷的专门性机制,避免规则体系面对复杂、专业的纠纷时失灵,推动经济贸易规则的深度发展,并快速解决专业纠纷。因此,仲裁员只有严守职业行为规则,在仲裁活动中诚实守信、公正廉洁、独立审慎、勤勉高效、恪守纪律,才能在仲裁案件的过程中获得公信与尊重。否则,仲裁员的公信度就会大打折扣,并将直接拉低社会公众对仲裁制度的信任度,最终掣肘国家法治建设的步伐。

(4) 提升中国仲裁制度国际影响力,改善我国营商环境。在经济全球化的今天,人才、技术、资金等生产要素按照价值规律的作用迈出一国之藩篱流动于世界范围,在国际市场参与竞争与博弈。于是,如何吸引外资和引进技术是一个严肃且迫切的问题。现代国家间的竞争不仅仅是经济实力的竞争,更是文化实力、法制实力等等软实力的竞争。优化营商环境的核心在于简政放权、放管结合、优化服务改革,最大限度减少政府对市场资源的直接配置,加强和规范事中事后监管,切实降低制度性交易成本,更大激发市场活力和社会创造力,增强发展动力。便利化与自由化共同构成21世纪国际贸易法发展的趋势,立法必须具有国际视野,应对新形势、新挑战。仲裁员的职业素养和业务水平决定了一个仲裁机构乃至整个国家的仲裁制度的竞争力,完善的仲裁员职业行为规范会有效提高我国仲裁制度的竞争力。仲裁作为促进贸易便利化核心特征的纠纷解决机制,为国际人才与资金提供基础性的制度保障,符合高效解决纠纷和保护当事人权利的国际潮流,将提升我国仲裁制度在国际上的影响力,为我国营商环境的提升起到积极的促进作用。

第二节 仲裁员职业行为规范的内容

随着我国经济社会的发展和法治建设的不断推进,人民群众对仲裁制度有了更高的期待，客观形势对仲裁员队伍建设提出了新的要求，各地仲裁委在借鉴吸收美国仲裁协会（AAA）和美国律师协会（ABA）制定于1976年的《商事争议中仲裁员的行为道德规范》，国际仲裁员协会（IBA）于1986年制定的《国际仲裁员行为准则》，1993年4月6日通过、1994年5月6日修订的《中国国际经济贸易仲裁委员会、中国海事仲裁委员会仲裁员守则》，以及2006年8月14日第四届北京仲裁委员会第五次会议修订并通过的《仲裁员守则》的基础上，不断细化仲裁员行为准则，规范仲裁员基本行为，树立良好的仲裁制度形象，这些行为规范大致可以归纳为品德要求、行为规范、专业能力和效能责任四个方面的内容。

一、诚实守信

诚实守信，是中华民族的优良美德，是社会主义道德建设的根本。诚实守信反映了市场经济客观规律的要求，是促进我国社会主义市场经济健康发展的有力保证。现代社会，利益格局日益复杂，人与人之间要相互合作，互惠互利，必然要求恪守信用、遵守诺言，尤其在法律法规尚未健全的领域，依靠诚实守信作为行为准则。当前，仲裁制度的权威性和公正性已经被广大民众所认可，广大仲裁员以对人民高度负责的精神公正仲裁，主持正义、清正廉洁，成为维护社会正义和社会稳定的重要力量。但因个人职业道德修养不足，有些仲裁员社会责任感和使命感缺失，对仲裁工作敷衍了事；不论是否有相应时间、精力与能力，随意接受案件；不遵守保密规定，随意披露当事人商业秘密；为了私利而偏袒一方当事人，随意使用手中的裁判权；向一方当事人索要财物，甚至与一方当事人相互勾结枉法裁判，一定程度上造成了仲裁制度的信用危机。仲裁员作为纠纷的裁决者，判定当事人之间的权利与义务关系，如果仲裁员缺乏诚信，那么快捷、公正、保密的仲裁程序根本就无从谈起。

诚实守信的基本要求，就是"依法裁判，秉公仲裁"，这也是作为仲裁员所应遵循的最起码的职业道德。仲裁员一旦接受选定或指定，就应付出相应的时间、精力，尽职尽责、毫不延迟地审结案件。因此，仲裁员在接受案件前，应首先考虑自己是否有足够的时间和精力办理案件。如果工作忙或个人事务多，可以不接受选定或指定，一旦接受选定或指定，"受人之托，忠人之事"，就不能再以工作忙为由耽误案件审理，否则，不仅拖延了审理，也使自己和仲裁庭的信誉受损。在仲裁案件中，如果被选定的仲裁员不具备某方面的学识与经验，不要勉强，不能为了面子而办理自己不能胜任的案件，仲裁员必须确实相信自己具有丰富的知识和经验以解决该案，才能接受选定或指定，否则就不能在仲裁中正常发挥作用，影响仲裁的质量。此外，仲裁员要行事光明磊落，公正仲裁，毫无偏私地对待实情，以自己的良心对事实负责，对法律负责，对当事人负责，对社会负责，不作感情和欲望的奴隶。在仲裁案件后，仲裁员应忠实于职责的信托关系，应当为当事人保密。仲裁员不应利用在仲裁中了解的情况牟取私利或损害他人。法无诚信，将无法治可言；人无诚信，则无立足之本。不管时移世易，风云变幻，仲裁员诚信之心不可改变，当始终内化于心，外化于行。仲裁员唯有诚实守信，才能维护司法的威信和仲裁制度的良好形象，才能维护社会主义法制的尊严，为社会主义法制建设作出重大的贡献。

二、公正廉洁

公正是仲裁的灵魂和生命。现代意义的公正有两层含义：一是公平，二是正义。公平，要求仲裁员在仲裁活动中不偏不倚，保持中立；正义，要求仲裁活动追求科学和真理，摒除邪恶与反动，实现文明。仲裁作为社会纠纷解决的重要机制，也是解决纠纷的重要"防线"。仲裁员不论是当事人选定，还是仲裁委员会指定的，只要从事仲裁活动，就应当完全地保持中立与公正，平等地对待双方当事人，超脱各种利益和人情关系，忠实于事实和法律，维护双方当事人的合法权益。仲裁员裁判案件时要公平合理，不徇私偏袒，平等对待当事人和其他诉讼参与人，不偏袒或歧视任何一方当事人。仲裁员如果将自己视作当事人一方的代表，只考虑当事人一方的情况，只维护当事人一方的利益，就难免产生倾向性，出现歧视或偏袒，影响裁决的公正性。基于我国的法治建设，仲裁员只有"以事实为根据，以法律为准绳"，才能实现仲裁活动的公正，尊重和维护当事人的合法权益。具体而言，仲裁员在仲裁期间不得私自会见一方当事人、代理人；不得以任何直接或间接方式单独同一方当事人、代理人谈论有关仲裁案件的情况。在调解过程中，仲裁庭应慎重决定由一名仲裁员单独会见一方当事人或代理人；如果仲裁庭决定委派一名仲裁员单独会见一方当事人或其代理人，应当有秘书在场，并告知对方当事人。仲裁员应平等公允对待当事人，应给予当事人亲自出庭或委托代理人陈述的充分机会和自由。在案情需要时，要积极进行调查。应尽力防止当事人拖延、纠缠或扰乱。

廉洁是公正的保证，廉洁是指不损公肥私，不贪污。作为纠纷的解决者，仲裁员首先就应该将廉政作为自己开展工作的首要原则。没有清正廉洁，就不可能实现公正仲裁。仲裁员应当绝对居间中立，不存在任何倾向性。作为社会生活的一分子，各种利益的博弈总是有机会波及裁决案件的仲裁员。有的当事人受不正之风的影响，只要能赢得仲裁，不惜通过各种方式拉拢腐蚀仲裁员。因此，仲裁员不得以任何直接或间接方式接受当事人或其代理人的请客、馈赠或提供的其他利益。仲裁员在接受指定后或担任仲裁员期间，应当避免建立金钱、商业、职业、家庭或社交联系，在案件裁决后的相当一段时间，担任仲裁员的人们应当避免建立上述关系，做到"出淤泥而不染，濯清涟而不妖"，树立法律守护者、实现者的良好形象。若选定的仲裁员与当事人之间或重要证人之间存在金钱、商业、职业、家庭或社交方面的关系，以及与仲裁结果直接或间接的金钱或个人利害关系，应当主动要求回避。在具体的制度设计上，如果仅凭仲裁员名册上提供的有限的关于仲裁员身份背景信息，如姓名、职务、职称等，不足以使当事人全面了解并准确判断该仲裁员能否独立、公正地进行裁决。只有建立完善的仲裁员信息披露制度，增强仲裁员的信息透明度，当事人才能及时知悉并作出选择或申请仲裁员回避。

三、独立审慎

司法裁判机关依法独立行使职权，不受行政机关、团体和个人的干涉，依据法律事实，依照法律的规定对案件作出公正的判决或裁决，是近代司法制度发展的客观规律。仲裁制度作为司法制度的有机组成部分，也应当遵循这一司法原则。独立与廉洁一样都是公正的保障。没有独立的仲裁，就不是真正仲裁。仲裁员的公正性与独立性是相互联系的两个概念，二者在实践中使用时其含义也相互涵盖或交叉。仲裁员的公正性，侧重于仲裁员的主观思想，是仲裁员的内心活动，指仲裁员主观上不得对任何一方当事人或者争议涉及的问题有偏见或歧视。仲裁员的独立性则侧重于仲裁员与当事人之间的关系，即仲裁员与当事人或其代理人之间不存在影响仲裁员独立裁决的密切关系或联系。公正性与独立性具有紧密的联系：如果仲裁员与当事人或与案件结果之间存在使之丧失独立性的某种关系，这种关系可能会使仲裁员对一方当事人或者案件存有偏见或歧视，从而使仲裁员丧失公正性，不能作出公正判决。仲裁员的独立至少包括以下两层含义：首先，某一特定仲裁委员会裁决案件时依法独立，不受非法干涉，尤其是不受行政机关、团体和个人的干涉，任何组织和个人都无权加以非法干预。其次，仲裁员作为独立的个体，在裁决具体案件时，超脱各种利益和人情关系，凭借自己对法律的理解、对社会正义和公平的把握，考虑案件的全部情况，查清事实，分清是非，表达出自己真实意志，从而作出客观、公正的裁决，维护当事人双方的合法权益。

作为"奉法者"的仲裁员应当时刻牢记，国家的正义和法律的尊严不仅必须得到维护，不能背离甚至亵渎，也要考虑法律之适用须顾虑其妥当性。因此，仲裁员在仲裁活动中除了不应慑于外界压力而摇摆不定，影响决断，不因任何私利、外界压力而影响裁决的公正性，还应站在客观公正的立场，不可盲从、照搬经验。要有认真、严谨的工作态度，一丝不苟地核实证据、查明事实，认真全面地考虑案件的全部情况，准确把握住案件脉搏，慎之又慎，让案件的处理过程和结果能够经得起实践和历史的检验。法律漏洞抑或规则冲突无疑是任何国家都存在的法律现象，且法律漏洞与规则冲突都是在适用法律时发现的，仲裁员在适用法律时填补漏洞也就是必然的，仲裁员同样不得以法无明文规定为由而拒绝裁决。法律适用过程不是一个纯粹复制的行为，而总是创造性的、由意志控制的行为。因此，这要求仲裁员在缺乏具体规则指引的背景下，不能机械执法，要忠诚于法律精神，又不能过分游离于法律文义，应当综合运用文义解释与论理解释的方法，依据民商法基本原则作出裁决，协调各种利益冲突，维护社会公平正义及法律秩序。

四、勤勉高效

勤勉，是一位合格仲裁员必须具备的职业修养和优良品质。随着我国仲裁案件数量的持续攀升，仲裁员面临着案件快速增长的实际困难。仲裁员必须具备合理安排工作的能力，适应案件繁简不同和各自特点，杜绝粗心大意、无故拖延、贻误工作现象。因此，勤奋的工作作风、精诚的敬业精神就成为仲裁员的职业行为规范重要部分。仲裁员要有高度的责任感，牢固树立仲裁为民理念，及时化解纠纷，公平、公正地解决争议，不辜负当事人的信任与期望。仲裁的一大优势就是简便与快捷，当事人对仲裁最大的要求，就是公正、及时地解决争议。面对符合受理条件的案件应及时予以立案；案件受理后，应按照法定的仲裁程序，及时、准确地进入案件的裁判程序，并尽量在法定期限内作出裁判。如果仲裁员不严格遵守时间，不积极地推进仲裁，尽快结案，就会加重当事人在时间、精力、财力上的负担和损失，使仲裁失去意义。仲裁员接受指定后若不积极作为，实际上便造成了当事人利益的损害。

迟到的正义为非正义，公正与效率是人民对仲裁的要求和期待。效率是仲裁制度的重要目标和原则，它要求仲裁员在履行职责时，应当具备强烈的高效意识和经济意识，充分利用合理的制度设计，通过其自身行为实现成本的最小化。提高仲裁效率，就是在可能的条件下最大限度地减少仲裁成本，最大限度地确认和实现当事人的合法权益。因此，仲裁员只有做到勤勉敬业，才能让人民群众切身感受到仲裁效率提升，不断提高仲裁公信力。当然，提高仲裁效率并不意味着不顾主客观条件，盲目要求仲裁员办案越快越好。确保公正是提高效率的前提，片面追求效率，以牺牲公正为代价的效率实质上是低效率甚至是零效率，务必要在仲裁活动中杜绝、避免这种现象出现。

仲裁理论与实践表明，握有裁断万千金钱归属重权的仲裁员应崇尚公平、伸张正义。因此，仲裁员要崇尚法律、知法守法，遵循职业道德与职业行为规范，增强仲裁员在执行法律裁断纠纷过程中的社会责任感，避免以权谋私、徇私枉法，才能坚定地维护当事人合法权益，才能树立仲裁制度的公信力，才能有利于仲裁职业整体的长远发展。

第三节　我国仲裁员职业行为规范的完善

市场经济争议丛生，利益冲突不断，仲裁作为平抑纠纷、促进交易、繁市兴贸的纠纷解决机制，对促进社会主义市场经济的完善和发展具有重要意义。仲裁员职业伦理是对从事仲裁员这一法律职业群体的总体性价值要求，涉及仲裁职业活动中的伦理关系及其调节原则，仲裁职业活动中一切关涉伦理性的方面构成职业伦理的现实内容。一方面，当前我国仲裁员职业伦理与行为规范尚不够完善，尚存诸多不足，需要结合我国仲裁活动的实际予以补充；另一方面，随着整体社会伦理和仲裁员职业环境的变化，仲裁员职业伦理与行为规范的内容也需要与时俱进地调整优化，以更好地实现仲裁制度的重要社会功能。

一、我国仲裁员职业行为规范的问题

(一) 缺乏统一的仲裁员职业行为规范

目前，我国对于法官、检察官、律师，已经制定了全国性一体适用的《法官职业道德基本准则》《检察官职业道德规范》《律师执业行为规范》等规定，为相关法律从业人员职业行为提供了详细的规范指引。但全国性统一适用的仲裁员行为规范尚未出台，除了《仲裁法》少数条文涉及仲裁员职业行为规范外，仲裁员职业行为规范零星分散于其他法规、政令性通知、办法（如 2002 年国务院法制办发布的《关于进一步加强仲裁员、仲裁工作人员管理的通知》）以及各地仲裁委员会单独制定的《仲裁员守则》或管理办法（如中国国际经济贸易仲裁委员会制定的仲裁员守则，北京仲裁委员会的仲裁员守则明确定性该守则是仲裁员的道德准则）。尽管同为法律职业共同体，法官、检察官、律师的职业行为规范的部分内容也可供仲裁员参考，但毕竟不具有针对性和明确性。就各地零散出台的仲裁员守则而言，侧重点各异，且详细程度不同，有的多达二十几条，有的却不超过十条，难以全面涵盖品德要求、行为规范、专业能力和效能责任等多个方面内容，更难有深入细致的规定，难以对仲裁员职业行为起到全面、细致的引导作用。

(二) 维护独立审慎的行为规则较为粗糙

仲裁员应当独立、公正、勤勉、审慎地处理案件，不代表任何一方当事人利益，平等地对待双方当事人。在仲裁活动中仲裁员与一方当事人的关系较为微妙，一方面，仲裁员的仲裁权是基于一方当事人的选择而产生，另一方面，仲裁员为了保证仲裁的公正性又要谨慎地处理好与一方当事人之间的关系。仲裁实践中，除了商讨是否接受委任之外，一些仲裁员和当事人单方接触的频率太高，甚至有悖于独立审慎的仲裁原则，表现出明显的偏袒倾向。譬如，《仲裁法》规定从事律师工作满八年且公道正派者，可以受聘担任仲裁员。虽然资深律师担任仲裁员有其独特的优势，但是律师仲裁员确实是有可能存在利益冲突。如果不能有针对性地加以规制，极有可能减损当事人对仲裁公正的信心。再如，被称为"仲裁员独立性和公正性的基石"的仲裁员披露义务制度缺位，如果仲裁员在仲裁程序之初不能主动披露有碍于公正中立的信息，那么仲裁员回避制度就难以有效落实。仲裁员披露义务作为保障仲裁独立性与公正性的预防性手段，对公正裁决形成一种监督机制，逐渐受到国际仲裁界的普遍认可，成为各国仲裁法、仲裁机构的仲裁规则不可或缺的部分。

(三) 仲裁员职业行为责任体系不完整

通常情况下，仲裁员都是在专家中产生，具有较高的素质，能够公正地作出裁决，认真履行职责。但是，有的仲裁员却疏于履责，甚或为私利私欲而枉法裁判。在我国，仲裁员认定事实不清、适用法律不当以及裁决被撤销或拒绝执行并不必然导致承担仲裁责任，仲裁员、仲裁机构只对其故意的不当行为或重大疏忽造成的后果负责。在仲裁日益普及的今天，不确立仲裁责任机制，可能会纵容仲裁员或仲裁机构不勤勉、不公正，不利于人们对仲裁树立信心。大多数守则规定"若仲裁员不遵守守则规定，仲裁机构将不予续聘或解聘"。这样的惩罚条款力度很难对仲裁员起到威慑作用。因此，有必要对仲裁员施加一定的责任，使其不致有意或不加注意地滥用权力，这在一裁终局的情况下尤为重要。

譬如，仲裁员是否需要承担民事责任。不同国家对此有着不同的理论主张和法律实践，普通法系国家传统上都赋予仲裁员绝对的民事责任豁免权，而大陆法系和伊斯兰法系国家则要求仲裁员承担无限制的民事责任或只赋予其范围有限的豁免。根据我国现行仲裁法之规定，仲裁员如有私自会见当事人或其代理人、接受当事人或其代理人的请客送礼、索贿受贿、徇私舞弊和枉法裁决等行为，应当依法承担法律责任。但仲裁法所规定的法律责任主要是刑事责任和行政责任，仲裁员事实上享有民事责任绝对豁免权。民事责任绝对豁免之理论基础存在严重缺陷，受到了广泛的质疑和批判。

（四）仲裁员独立履行职责之能力欠缺

我国仲裁员选任与培训一直注重思想道德养成，促使仲裁员坚守法治信仰和法治操守，形成健康的职业道德，引导仲裁员保持廉洁操守。这本身是正确的取向，值得坚持，但是在仲裁员培训中也应坚持司法能力培训。健康的司法伦理并不能替代案件的裁判，最终定分止争仍须落到裁判能力上，必须加强仲裁员办案能力。随着诸如知识产权纠纷、海事纠纷以及金融领域的案件越发呈现出专业化和复杂化趋势，其纠纷主要涉及有关核心问题的事实认定。仲裁员由于不具备相关领域的专业知识，往往将这些问题委托给专业性的行政机构认定。司法实践中，由于不同地方仲裁员对相同类型的争议理解不一，引发公众对司法权威的质疑。仲裁员与法官之间的重要差别在于仲裁员的裁决权需要当事人双方的合意授权，所以裁判行为性质具有民间性、约定性，而法官的审判权来自法律的授权，其裁判行为性质具有公权性、法定性。所以，仲裁员并不能和法官等同，仲裁员与纠纷当事人之间存在特殊的合同关系，也就不能像法官那样享有完全的职业责任豁免。

二、完善我国仲裁员职业行为规范的建议

（一）制定统一的仲裁员职业行为规范

仲裁员的信誉是仲裁的生命力，是仲裁得以生存、发展的必要条件。仲裁制度的优势能否得到充分发挥，在很大程度上取决于仲裁员的能力与素质。《仲裁法》第15条第3款规定中国仲裁协会依照本法和民事诉讼法的有关规定制定仲裁规则。因此，为了充分有效地发挥仲裁制度快速高效解决经济纠纷的制度优势，我国有必要在建立

统一的全国仲裁协会后制定统一的仲裁员职业行为规范,推广全国各地仲裁委员会予以适用,并且允许各地仲裁机构可以在此基础上予以细化。

(二) 强化仲裁员地位中立的约束机制

纵观我国各地的仲裁委员会制定的仲裁员守则,大多守则侧重点较单一,只能在某一方面规定得比较翔实。除了回避制度、披露制度规定得较为详细,能够很好地实施之外,很多条文规定都仅一笔带过,包括仲裁员中立的规则操作性着实不强。"任何人不能作为有关自己案件的法官",是程序公正的基本要求,仲裁程序也不得例外。作为一种准司法制度,在解决争议纠纷时,维持案件的公平正义仍是第一要义。为了达到公正的目的,最重要的就是保证仲裁员地位的中立性,仲裁员无论由哪方当事人指定均应保证其地位的中立性,只服从于案件本身。仲裁作为准司法制度,为保证裁决的公正独立,原则上不允许仲裁员和当事人私下接触,这就需要详细的约束规范予以指引。

就仲裁员信息披露制度的具体内容来说,依据判断仲裁员披露事项是否影响其公正性和独立性的主体的不同,将披露义务适用标准划分为客观标准与主观标准、严格的存疑即披露与仲裁员自决等披露标准。客观标准,是指从理性第三人角度来判断披露事项是否会引起对仲裁员的合理怀疑;主观标准,是指从案件当事人的视角来审断仲裁员针对某一事项是否应当进行披露。中国国际经济贸易仲裁委员会对此采用了综合性的披露标准,以客观标准为主,辅之以主观标准、存疑即披露标准和仲裁员自决标准。根据中国国际经济贸易仲裁委员会的《仲裁员行为考察规定(修订)》第6条,仲裁员接受选定或指定时,应当如实填写接受选定或指定的声明书。存在下列可能导致当事人对仲裁员的独立性、公正性产生合理怀疑的情形之一的,仲裁员应当及时向本委员会书面披露:(1) 仲裁员、所在工作单位与案件有关联,或者与当事人、代理人及其关联单位两年内有业务往来的;(2) 当前或两年内,与同案仲裁员在同一个单位工作的;(3) 仲裁员与当事人、当事人的主要管理人员或代理人在同一社会组织担任专职工作,有经常性工作接触的;(4) 当前或两年内,仲裁员在与案件有关联的机构担任职务的;(5) 仲裁员或其近亲属与当事人或代理人有较为密切私人关系的;(6) 仲裁员两年内曾经接受同一当事人、代理人或律师事务所选定担任仲裁员超过三次(不含三次)的,关联案件或同类型案件除外;(7) 其他可能导致当事人对仲裁员的独立性、公正性产生合理怀疑的情形。案件仲裁过程中,仲裁员知悉应予披露情形的,应当立即披露。本委员会根据披露情况,研究决定仲裁员是否回避。

(三) 健全仲裁员职业行为责任体系

毋庸置疑,只有打造廉洁公正且富有责任感的仲裁员队伍,提升仲裁制度的公信力,才能促使我国仲裁制度获得更多当事人的信赖与选择。根据《仲裁法》,裁决应当按照多数仲裁员的意见作出,即使仲裁错误,如果有《仲裁法》第58条规定的6种情形之一，当事人可以向仲裁委员会所在地的中级人民法院申请撤销裁决，但是对于仲裁员应当承担什么样的责任却语焉不详。仲裁实践中，对仲裁员违反职业伦理规范的行为，主要是由仲裁委员会根据情节严重程度予以提醒、提出建议、警告、减少报酬或取消其仲裁员资格等内部纪律性处罚。如果有证据证明仲裁员在仲裁该案时有索贿受贿、徇私舞弊、枉法裁决行为的，要追究其刑事责任，但我国尚未在仲裁立法中规定仲裁员的民事责任。这样，当事人在选定仲裁员时不仅要选任学识渊博、具有丰富经验的人员，还要选任具有良好声誉的仲裁员，颇有"撞大运"之感。

为了保障仲裁的公正性，应当建立仲裁员有限补偿性的民事赔偿责任和终身禁入的行业责任制度。其一，建立有限民事责任制度。根据认知心理学，豁免的范围应限于仲裁员的主观思想，即裁判行为中涉及主观判断的行为可以得到豁免。❶ 应区分自由裁量与拘束裁量两种裁决行为，凡是依赖仲裁员主观判断的自由裁量行为都应得到豁免，仲裁员拥有自主判断和独立决定的职业权利；而严重违反法律明确规定和当事人明确约定的拘束裁量行为并给当事人造成了实际损害的，才应当承担民事责任。而且，这种民事赔偿责任仅具有补偿性和象征性，应设定上限，即合理限制仲裁员职业风险，使其更加积极地参加仲裁活动。其二，明确终身禁入的行业责任制度。仲裁员行业责任是仲裁员违反其义务时，所应承担最基础的责任。"富士施乐仲裁案"中，作为仲裁员的戚某某，在仲裁庭开庭之前，由于私下接触了一方当事人，被其所在的仲裁机构除名，之后，国务院法制办向全国各仲裁委下发通知，要求"如有聘任戚某某担任仲裁员的，应予除名，今后亦不得再聘任"。这样一来，戚某某成为我国仲裁法实施以来首个被仲裁界终身禁入的仲裁员。❷ 这样，可有效惩戒和遏制一些不公正、不作为的仲裁行为，从而提高仲裁质量，促进仲裁的健康发展。

（四）加强仲裁员履职能力的培训

仲裁是一项高度专门化和技术性的工作，不仅依赖法学基础，更需要社会学、管理学以及哲学等相关学科的配合和支撑，并对仲裁专业技能以及社会阅历有着较高的要求；不仅要求仲裁员具有崇高的职业道德，也要求具有广博的科学文化知识，否则，无法有效应对日益复杂和专业的矛盾纠纷。仲裁员培训应以各仲裁委员会为实施主体，以仲裁实务、仲裁理论、仲裁员职业操守、仲裁法和其他相关法律、仲裁文化等为主要内容，可采取讲座、交流会、研讨会等仲裁员学习、研讨和交流等活动形式，实行最低课时管理。各仲裁委员会应当适应仲裁员的需求，制订年度培训计划，并适时通过仲裁委员会网站或其他渠道公布。此外，仲裁员培训也应适当调整，不能单纯以法学知识为受训内容，而是应以类型化方式对相关高频出现的专业性争议进行学习，至少具有基础知识，避免行政决议的"司法化"倾向。中国仲裁协会作为仲裁行业的自

---

❶ 刘卫翔. 评仲裁员民事责任[J]. 环球法律评论，1993（1）.
❷ 萧凯. 从富士施乐仲裁案看仲裁员的操守与责任[J]. 法学，2006（10）.

律性组织,应当大力推进仲裁行业培训的常态化,不断提升培训质量。

案例研习与阅读思考

案例一　仲裁员接受一方代理人宴请被解聘[1]

【基本案情】

2016年,某仲裁委员会仲裁员张某承办某仲裁案件期间,在一家高档餐厅私自会见一方当事人的代理人,接受代理人的宴请与礼物。投诉人将相关录音录像予以曝光,并提交给该仲裁委,要求追究张某的相关责任。

【主要法律问题】

1. 仲裁员能否在非工作场合会见一方当事人的代理人?
2. 仲裁员接受一方当事人代理人的宴请与礼物应当承担什么责任?

【主要法律依据】

1.《中华人民共和国仲裁法》

第34条　仲裁员有下列情形之一的,必须回避,当事人也有权提出回避申请:……(四)私自会见当事人、代理人,或者接受当事人、代理人的请客送礼的。……

第38条　仲裁员有本法第三十四条第四项规定的情形,情节严重的,或者有本法第五十八条第六项规定的情形的,应当依法承担法律责任,仲裁委员会应当将其除名。

第58条　当事人提出证据证明裁决有下列情形之一的,可以向仲裁委员会所在地的中级人民法院申请撤销裁决:……(六)仲裁员在仲裁该案时有索贿受贿,徇私舞弊,枉法裁决行为的。……

2.《仲裁员职业行为规范》

《仲裁员职业行为规范》明确规定,仲裁员不得接受当事人及其代理人宴请;不得接受当事人及其代理人的旅游邀请或者应邀参与营业性歌舞厅、夜总会等场所的高消费娱乐活动。

---

[1] 安徽安庆中级人民法院判决(2016)皖08民特19号,https://wenku.baidu.com/view/732baaeb5bf5f61fb7360b4c2e3f5727a5e924bc.html。

【理论分析】

1. 仲裁员不能私自会见代理人、当事人。仲裁本是一种民间性、准司法纠纷解决机制，其核心竞争力即在于对当事人意思自治的尊重和维护，但这种核心竞争力能否有效发挥主要依赖于仲裁员是否独立、公正。正如皮埃尔·拉里夫（Pierre Lalive）先生所言，"仲裁的好坏完全取决于仲裁员的好坏"，仲裁员的职业素养和水平很大程度上能够决定一个仲裁机构的优劣，甚至一个国家仲裁制度的声誉。也正因此，对仲裁员独立、公正性的要求往往是仲裁相关法律的规范重点。❶ 在此背景下，各仲裁机构为强化对仲裁员的管理，从制度上保证仲裁的公正和效率，纷纷制定了仲裁员行为规范，涉及仲裁员的道德品质、业务能力、行为举止，以维护仲裁的形象与公信力。凡是违反规范的仲裁员，不仅要承担相应的法律责任，甚至刑事责任，还要接受仲裁机构的纪律处分，严重的将被解聘或除名。

2. 仲裁员接受一方当事人代理人的宴请与礼物应当承担法律责任，依法除名。该仲裁委对本案启动仲裁员除名听证程序，惩戒委员会成员一致认为，张某违反《仲裁法》和该仲裁委员会制定的《仲裁员行为规范》之相关规定，决定依据《仲裁法》第38条对其予以除名。

【思考题】

当前，我国仲裁事业的发展面临诸多不规范问题，如何通过仲裁伦理养成和职业规范塑造来提高仲裁的社会公信力呢？

案例二 仲裁员未依规回避导致裁决被撤销❷

【基本案情】

2019年1月，阳光公司（化名）与海滩公司（化名）签订了房地产共同开发合作协议，随后双方在履行协议的过程中对某些条款产生了分歧，按照协议约定的仲裁条款，阳光公司向某仲裁委员会申请仲裁。该仲裁委员会于2019年11月作出仲裁裁决，海滩公司认为仲裁结果明显存在偏袒，向仲裁委员会所在地法院申请撤销仲裁裁决。更为严重的是海滩公司的申请书中表明，仲裁庭的首席仲裁员刘某所在的律师事务所近几年曾先后代理阳光公司十五起诉讼案件，该律师事务所律师何某一直担任阳光公司的法律顾问，并且律师何某在律所主页宣传栏对外宣传律师刘某（即本案首席仲裁

---

❶ 张圣翠，张心泉. 我国仲裁员独立性和公正性及其保障制度的完善［J］. 法学，2009（7）.

❷ 以安徽省淮南市中级人民法院"中国移动通信集团安徽有限公司淮南分公司与淮南市洞山房地产开发有限公司申请撤销仲裁裁决"一案的《民事裁定书》【（2016）皖04民特313号】为蓝本改编而成。https://aiqicha.baidu.com/wenshu?wenshuId=f3758626907f4af209374049e4f0d49052546427.

员）是其律师团队核心成员，因此认为仲裁庭的组成或者仲裁的程序违反法定程序，首席仲裁员刘某依法应当回避而没有回避，根据《仲裁法》相关规定向仲裁委员会所在地的中级人民法院申请撤销裁决。

阳光公司辩称：海滩公司在仲裁程序中的代理律师与仲裁员属同一律师事务所，不违反法定程序，因为律师事务所是比较松散的组织结构，每个律师仅负责处理自己的法律事务，相互之间没有利益关系，故请求依法驳回海滩公司的撤销仲裁裁决的申请。

【主要法律问题】

1. 本案中首席仲裁员刘某是否属于必须回避的情形？
2. 本案仲裁裁决应否被撤销？

【主要法律依据】

《中华人民共和国仲裁法》

第34条　仲裁员有下列情形之一的，必须回避，当事人也有权提出回避申请：

（一）是本案当事人或者当事人、代理人的近亲属；

（二）与本案有利害关系；

（三）与本案当事人、代理人有其他关系，可能影响公正仲裁的；

（四）私自会见当事人、代理人，或者接受当事人、代理人的请客送礼的。

第58条　当事人提出证据证明裁决有下列情形之一的，可以向仲裁委员会所在地的中级人民法院申请撤销裁决：……

（三）仲裁庭的组成或者仲裁的程序违反法定程序的；……

人民法院经组成合议庭审查核实裁决有前款规定情形之一的，应当裁定撤销。

人民法院认定该裁决违背社会公共利益的，应当裁定撤销。

【理论分析】

1. 在法院审查中，有两种不同的观点：第一种观点认为，首席仲裁员刘某不属于必须回避的情形，无法证明刘某与本案当事人、代理人有其他关系，可能影响公正仲裁，故不应撤销仲裁裁决。第二种观点认为，对律师作为仲裁员的回避情形进行严格审查，首席仲裁员刘某应回避却未回避，仲裁庭组成违反法定程序，应撤销该仲裁裁决。

我们认为，仲裁员的独立性和公正性对于案件当事人而言至关重要，仲裁员回避制度系仲裁员独立性与公正性的当然要求，其旨在保障仲裁庭的独立性和公正性，进而确保仲裁程序与结果的公平、公正。基于社会资源优化配置的考虑，在优秀专业律师选拔体系下，律师和仲裁员身份的重合是各国仲裁制度的共性，律师仲裁员直接或间接地与仲裁案件当事人一方产生联系，也是在所难免，故这并非律师仲裁员必须应予回避的情形,要综合判断导致律师仲裁员偏袒裁判的盖然性。我国仲裁员回避制度由自行回避与申请回避两部分构成。从《仲裁法》第34条"必须回避",以及"当事人也有权提出回避申请"的表述来看,自行回避与申请回避系两项相互独立的回避路径。也就是说,存在"必须回避"情形时,自行回避实际上是仲裁员的一项法定义务,其并不以一方当事人提出回避申请为前提;另外,虽然是否回避的决定权归属于仲裁机构主任,但在出现仲裁员应当回避而未主动回避的情形时,仲裁机构知情的也应当决定其回避。否则,裁决同样很可能被认定为存在"仲裁庭的组成或者仲裁程序违反法定程序"的情形。

2. 本案仲裁裁决应依法撤销。理由如下:首席仲裁员刘某与一方当事人虽没有发生直接的委托代理关系,但首席仲裁员刘某所在的律师事务所、所在的团队均与一方当事人存在经济利益关系,极可能造成首席仲裁员刘某一定程度上有受到影响的倾向性,应当属于《仲裁法》第34条第3款禁止的情形。此外,在首席仲裁员刘某被指定后,刘某没有按照仲裁委员会要求披露相关事项,以致无法消除另一方当事人对仲裁员独立性的担忧与不安。因此,为了保证仲裁的独立性和公正性,应当依据《仲裁法》第58条第3项撤销原仲裁裁决。

【思考题】

仲裁员不同于法官,仲裁员可能是律师、学者等,其社会关系较为复杂。并且,仲裁员与仲裁机构的关系不同于法官与人民法院,仲裁员不是仲裁机构的常驻工作人员,仲裁庭相对于仲裁机构也具有一定的独立性,能够主导仲裁程序的进行,独立作出裁决。那么,对这些兼职仲裁员的回避要求是否应当更为严格?应当增加哪些法定回避情形?

案例三 仲裁员枉法仲裁被追究刑事责任[1]

【基本案情】

2017年5月,开发商刘某以900万元的价格取得正义北路45号正义大厦的开发权。在建设开发中,由于资金紧缺,刘某陆续找大学同学王某借款1000余万元,并出具了一张借期一年的借条,明确以正义大厦103号门面房作抵押。然而,借款期满后,刘某未还款。2018年5月,刘某答应以"抵押门面房"进行"抵债",将产权办理到王某名下。然而,因刘某开发的正义大厦项目拖欠政府规费,未取得国有土地使用权证,也未通过竣工验收,该项目通过正规途径根本无法办理房屋产权证。正当刘某在

---

[1] 搜狐新闻. 湖南省首例枉法仲裁案一审宣判 仲裁员被判有罪, http://news.sohu.com/20110922/n320169660.shtml.

为如何办理产权一事一筹莫展时，其好友、衡阳仲裁委员会仲裁员赵某给他指出了一条"捷径"，即刘某以购房户或他人的名义伪造相关资料申请仲裁，赵某则根据刘某需要制作仲裁调解书，再申请法院强制执行，凭强制执行裁定书到房产局办理产权登记。当时，经仲裁过户后的案件，法院和房产局一般不再对项目是否符合办理产权条件进行实质审查。所以，按此办法，仲裁员赵某通过虚假仲裁的形式为开发商刘某办理了12套住宅（门面）的产权证，其中10套已经办成，2套在案发时手续尚未办完。案发后，检察院对仲裁员赵某以涉嫌枉法仲裁罪立案侦查并提起公诉。赵某最终被判处有期徒刑3年。

【主要法律问题】

1. 仲裁员赵某的行为应承担什么法律责任？
2. 本案仲裁裁决应否予以撤销？

【主要法律依据】

1.《中华人民共和国刑法》（2006年修正）

第399条之一　依法承担仲裁职责的人员，在仲裁活动中故意违背事实和法律做枉法裁决，情节严重的，处三年以下有期徒刑或者拘役；情节特别严重的，处三年以上七年以下有期徒刑。

2.《中华人民共和国仲裁法》

第58条　当事人提出证据证明裁决有下列情形之一的，可以向仲裁委员会所在地的中级人民法院申请撤销裁决：……

（六）仲裁员在仲裁该案时有索贿受贿，徇私舞弊，枉法裁决行为的……

人民法院经组成合议庭审查核实裁决有前款规定情形之一的，应当裁定撤销。

人民法院认定该裁决违背社会公共利益的，应当裁定撤销。

【理论分析】

1. 本案中赵某的行为构成了"枉法仲裁罪"，"枉法仲裁罪"的主体是特殊主体，即"依法承担仲裁职责的人员"，除了仲裁员、仲裁秘书外，还应当包括参与具体纠纷仲裁的仲裁委员会主任、秘书长、核稿人、专家委员会成员等，这不同于"枉法裁判罪"的犯罪主体"司法工作人员"。该罪的客观构成要件是行为人"故意"违背事实和法律作枉法裁决，且"情节严重"，一般包括枉法仲裁致使公民、法人或者其他组织重大财产损失，枉法仲裁引起当事人及其家属自杀、伤残、精神失常，伪造有关材料、证据以及造成企业倒闭、群众上访等影响社会稳定的严重后果等情形。

2. 本案中仅追究仲裁员的刑事责任还不够，还应依据《仲裁法》第58条撤销涉案仲裁裁决。显然，本案中开发商赵某操纵虚假仲裁的最终目的是办理产权证，仲裁只是规避正常办证手续不合规的非法手段。手续严重不全的"违规房"，在开发商和仲裁员的相互勾结下，经过一场场虚假仲裁，凭借仲裁调解书竟然能成功办理产权证，显然是违反法律法规，也有悖于公序良俗。在其中起到决定性作用的就是仲裁员的枉法裁判行为。枉法仲裁对社会的危害性巨大，严重损害仲裁公信力，除了向枉法仲裁员亮起刑法之剑，保证仲裁的公正性外，还应震慑和打击那些怀有侥幸心理、企图通过枉法仲裁谋取私利的不法分子，不能让违法者获利。

【思考题】

仲裁员与申请仲裁的当事人之间的法理关系，是确定仲裁员在仲裁活动中权利和义务关系的基本依据，也是仲裁伦理的依据。随着社会的发展，传统的仲裁员与当事人之间的关系、传统仲裁员法律地位的理论已经不能满足时代的需要。阅读上面的材料，结合我国劳动仲裁、经济仲裁、海事仲裁制度等，请思考仲裁员的法律地位有哪些值得讨论的问题？

CHAPTER 8 第八章
司法职业责任

本章知识要点

(1) 建立司法职业责任规范的意义有哪些？(2) 我国现行的司法责任制度的具体规定有哪些？(3) 未来我国司法责任制度的改革和完善路径。

司法责任制度是对司法官职业行为的必要保障和规制，是法官、检察官等司法工作人员在从事司法活动时所应遵守的行为准则。司法责任制度对于加强司法人员的廉洁自律、预防司法腐败、促进社会公平正义等方面，具有不可替代的现实意义。

第一节 司法责任制度的意义

司法工作人员在行使司法权时代表的是国家公权力，体现的是国家整体意志，因此，应当把扫除司法制度中的沉疴弊病、树立国家司法公信力作为党的工作重心之一。党的十八届三中全会审议通过了《中共中央关于全面深化改革若干重大问题的决定》，重点对深化司法体制改革进行了整体部署。[1] 党的十八届四中全会提出全面推进依法治国，建设中国特色社会主义法治体系。近年来，在一系列相关政策的引领下，我国的各项司法责任制度正逐渐得到完善。

目前，在构建社会主义法治国家的进程中，人们对于司法公正的需要比以往更加迫切，因而司法责任制度具有十分重要的理论意义和现实意义。从理论上来说，既要保证法官、检察官等司法工作人员处理案件的独立性，又要对其职业行为进行必要的约束和规制，从而维护司法制度的高效、良性运转，实现司法的真正价值。然而在现实中，我国司法制度中关于司法责任的规定仍显薄弱，相关条文繁杂、凌乱，缺乏体系性和科学性，不具有较强的可操作性，因而尽快完善司法责任制对于推进我国法治国家的建设来说刻不容缓。

---

[1] 楚向红. 党的十八大以来依法治国的新进展、新特点、新成就 [J]. 学习论坛, 2017, 33 (11)：28-32.

一、我国历史上司法责任制度的借鉴意义

我国是一个有着五千年悠久文明历史的国家,在五千年的历史长河中,各朝各代逐渐形成了独具特色的中华法系。中华法系通过以法治官来实现封建王朝的稳定发展和社会的长治久安,这也体现了中国古代政治法律文化中伦理法的特点。如何实现专制政权的稳固和王朝的繁荣安定,是中国历朝历代的君主们首要考虑的问题。最终,他们选择了专制政权中一个重要的权力媒介——官,并通过建立起完善的官员选任、考课、监察等一整套制度来加强对官吏的管理。在我国古代,各级官吏执政驭民的主要工作之一便是进行司法审判及其相关活动,因而司法效果的良善与否,不仅关系到所辖地方的稳定,更关乎整个王朝的长治久安。因此,统治者们历来非常重视对司法官吏的管理。为防止司法官枉法徇私,保证司法官吏依法审判,历代都通过立法对官吏的司法责任进行了明确规定。❶ 可以说,中国古代治官之法的核心内容就是司法责任制度的建立和完善,它标志着中国古代官员管理制度和法律体系的不断进步。司法官责任制度以中国传统文化为土壤,包含着中华法文化的精神,成为了中华法文化的重要组成部分。

从背景而言,我国古代司法官责任制度是在神权法思想逐渐走向衰弱、法律世俗化的进程中产生的。儒家的伦理道德观念、官箴文化与宗教思想进行有机结合,并与司法责任制度的制定与运行相融合后,形成了中华法系的这一特有内容。在当今建设社会主义法治社会的过程中,我们应当在吸收法治先进国家的经验的基础上,本着"取其精华,去其糟粕"的原则,从我国传统法律文化中提取有益的内容。❷

二、西方法治国家司法责任制度的借鉴意义

综观西方法治国家的司法责任制度,在维护司法官独立审理案件,保障司法公平,实现法治民主等方面都发挥着不可替代的重要作用。在保障司法官独立处理案件的过程中,既充分给予其相应的自由空间,又在其上方悬起一把达摩克利斯剑,时刻提醒司法官保持职务廉洁性,严格按照法律规定的方式行使职权。总的来说,西方法治国家的司法责任制度对于我国的借鉴意义主要有以下几方面。

第一,司法责任制度在保证司法独立方面发挥着至关重要的功能。西方发达国家大多在宪法中明确规定司法官独立行使职权,其职务行为只需对法律负责。这在制度上形成了一道保护司法独立的有力屏障,使司法官在行使职权时能够排除来自政党、政治等外界因素的干扰和阻碍。

第二,司法责任制度对于促进司法官廉洁自律具有重要作用。司法责任制度如同孙悟空头上的紧箍咒,时刻警示着司法官在处理案件时,应当通过自己对案件事实的

---

❶ 曹丽. 中国古代法官责任制的借鉴意义 [J]. 西华师范大学学报(哲学社会科学版),2005(05):76-80.
❷ 齐春艳. 论中国传统政治文化与当代廉政文化建设 [J]. 辽宁教育行政学院学报,2009,26(03):1-3.

掌握和相关法律规定的理解，作出公正的裁判，助力社会公平正义的实现。❶ 司法活动是一种相对封闭的职业活动，在这一过程中，司法官拥有着不小的权力，如果不严格按照司法职业的特性进行活动，便容易出现以权谋私的情况。因而，为了促使司法官廉洁自律，在国家赋予司法官相应权力的同时，有必要对其权力进行适度干预，保证权力在合法的范围内运行。

第三，必须从外部对司法官的行为进行监督。从西方国家的经验来看，对司法官履行职务行为的监督不能局限于内部监督，而应通过一系列的外部制度构建，形成一种强有力的制约机制，才能做到有效监督。

第四，司法责任制度应当与司法惩戒制度相互配合。司法活动有其一系列特殊的职业特点，司法官在履行职务行为的过程当中，可能由于受到各种因素的影响而出现违法事由，在对其进行处罚时，要根据不同情形分别作出判断。司法责任制度是从法律层面对司法官违法行为的处理，而司法惩戒制度是从纪律层面对司法官违纪行为的惩戒，二者相互配合，能够共同编织起预防司法官违法违纪的大网，筑成司法官认真履行职务行为的防线。

三、在我国建立司法责任制度的意义

在我国，由于某些部门对具体案件的审判、检察工作存在干预情况，影响了司法官责任制度的实行。在司法机关内部，由于存在着职责划分不清、权力边界不明的状况，也影响了有效实行司法官责任制度。这导致长期以来一些司法官的责任观念淡薄，在司法活动中出现违法乱纪、玩忽职守的现象，致使办案质量低劣，法律得不到正确的实施，形成恶性循环。这不仅有悖执法活动的严肃性，易抹杀广大司法官的工作积极性，而且易滋生官僚主义，危害社会公平正义。因此，为了在司法工作中坚持有法必依、执法必严、违法必究的法治方针，逐渐形成高效、充满主动性的司法工作氛围，有必要建立起一整套责权相称的司法官责任制度。

司法官在司法活动中如果出现任何徇私枉法、玩忽职守等违法违纪行为，都会直接损害法律权威，破坏法制建设。情节严重的违法行为，可能触犯刑法，构成犯罪。为了严肃法纪，树立司法工作的权威性，必须对司法官违法乱纪、玩忽职守的行为进行追究。具体而言，建立司法责任制度具有以下几方面的重要意义。

第一，有利于增强司法官在办案过程中的责任感和使命感。司法责任制度的目的之一，就是使司法官能够真正掌握独立的司法权力，在司法机关内部真正形成一种激励机制和自治机制。❷ 通过建立司法官责任制度，对司法官在司法工作中的过错行为予以追究，这对增强广大司法官的工作责任感具有重要意义，有利于司法官排除干扰、

---

❶ 温刚，童玉海. 法官能动司法之法理思辨——以规则之治局限性的克服为视角［J］. 山东审判，2008（03）：58-62.

❷ 蒋晓焜，陈公照. 关于建立健全司法责任制的若干思考［J］. 湖北科技学院学报，2015，35（06）：61-63.

秉公执法。过去的历史反复证明，司法官随意行使权力而不受监督，会造成司法的黑暗腐败。因此，司法责任制度对于规范司法官的司法行为、加强对司法活动的监督，都有着不可替代的作用。

第二，有利于制约和规范司法独立。司法独立的目的在于实现司法公正、进而维护社会正义。在现代法治国家，独立司法权往往具有任意性，因而需要对其进行有效的制约和监督。对于司法官在司法活动中的违法违纪行为，应当有针对性地从不同侧面进行预防和惩治。特别需要注意的是，司法官的独立司法是相对的，不存在完全独立的权力，因而不能以影响司法独立为借口不对司法官进行必要的监督。

第三，有助于保护广大人民的合法权益。人民的合法权益能否切实得到保护，很大程度上取决于司法机关的司法行为是否合法、高效。司法责任制度从制度层面保证了司法机关职业活动的合法性，使得人民的合法权益免于遭受违法司法行为的侵害。当人民的合法权益受到违法司法行为的侵害时，司法责任制度能够为其提供一条有效的救济途径。

第四，有助于建立一支高素质的司法官队伍。司法公正是司法制度的基石，而司法公正的实现依靠的是司法官的司法活动。司法人员素质的高低不仅直接影响着法律实施的效果，而且对于维护司法公正具有至关重要的意义，因而建立一支高素质的司法官队伍是实现司法公正的必要前提。[1] 从这个角度来说，只有建立完善的司法责任制度，才能打造出一支爱岗敬业、清正廉洁、有高度责任感和使命感的司法官队伍。

第五，有助于树立司法权威。司法权威是现代法治社会的必备要素之一，是建设法治中国的必然要求，事关人民生活幸福和社会长治久安。建立司法责任制度，能够有效保障司法活动的合法性，保证司法充分发挥其应有功能，提高司法公信力。

第二节 司法责任制度的现状

我国历史上规范司法官的司法责任制度由来已久，这些制度对于规范司法官的行为、防止司法不公现象的出现、维护专制统治的稳定和封建王朝的长治久安都起到了一定的作用。中华人民共和国成立后，以革命根据地时期的法律为基础，逐渐建立了崭新的社会主义法律制度。社会主义法律制度的建立是中国法治史上具有里程碑意义的重大事件，这标志着崭新的法治理念开始深入人心，人民开始真正成为自己的主人。

改革开放以来，随着各项建设中国特色社会主义法治国家治国方略的逐步实施，我国加强了对司法官行使职权的要求。近些年，从全国人民代表大会及其常务委员会到最高人民法院、最高人民检察院，再到地方各级人民法院、人民检察院，都相继制定了多部关于加强司法官廉洁自律、促进司法权高效运作的规章措施。

---

[1] 游劝荣. 司法成本及其节约与控制 [J]. 福州大学学报（哲学社会科学版），2006（03）：72-75.

从立法方面来看,《法官法》《检察官法》《中华人民共和国国家赔偿法》《人民法院审判纪律处分办法(试行)》《检察人员纪律处分条例(试行)》等多部法律法规中都有涉及司法官责任制度的规定。这些规定对于保障司法官依法独立行使职权、促进司法活动的公平公正起到了重要作用。但是目前看来,法律条文中对司法责任的相关规定过于实体化,缺乏具体的程序性规则,导致可操作性不强。同时,相关规定没有按照司法官的职责对其责任进行明确划分,导致难以适应构建法治国家对司法官的要求。

在不完善的司法责任体制下,不仅司法的公正性会受到广泛质疑,司法的公信力也会随之受到损害。例如以下几点突出问题。

(1) 只注重外部监督,忽略了司法建设。现阶段,在加强外部权力监督制约时,对司法运行规律的遵循不到位,对司法建设规律的尊重仍然欠缺,使改革措施产生了一系列负面效应。强调外部监督,导致外部干预司法的情况较为严重;同时,司法自身建设不足,导致身处一线的司法工作人员积极性不高、责任感不强,司法机关难以做到依法独立行使职权。另外,在司法机关内部,司法行政化趋势愈发明显,使得一些司法工作背离了司法活动的规律。法官审理案件时,应当遵循审判独立原则、独立公正地进行审判活动,但是在实践中,由于司法趋向行政化,审判员与法院领导存在纵向行政关系,使其难以真正实现独立审判。对检察机关来说,诉讼职权与监督职权未能适当分离,会导致诉讼机制紊乱,加剧诉讼机制的不平衡,一旦诉讼构造失衡,法院审判的中立性也会受到影响。

(2) 立法存在不足。我国关于司法官员责任的法律规定主要存在于《国家赔偿法》第15条、第16条,《法官法》第30条和最高人民法院以及各级人民法院的规定中,如最高人民法院近年来颁布的《人民法院工作人员处分条例》《人民法院审判人员违法审判责任追究办法(试行)》等文件。这些文件从整体上来说内容过于空洞,缺乏体系性和可操作性,不仅不利于法制建设的顺利开展,也容易造成民众对司法活动的不信任。

(3) 司法工作人员职业素养有待增强。司法官的职业素养会直接影响到公民的合法权益,如果运用浅薄的法律知识来审理、判决案件,就有可能增加错误判决的发生,进而导致司法责任问题日益加剧。现阶段,一部分司法工作人员的专业知识、专业技能仍有不小的提升空间,职业素养仍有待增强。

(4) 错案追究制的合理性存疑。错案追究制是司法机关为解决司法腐败问题而推出的一种内部监督机制,其重点在于自我监督、自我约束,目的是加强对司法活动的监督、保证办案质量。但是,这一制度从诞生之日起就成为了一把"双刃剑",因为其自身存在的诸多问题而一直饱受各方质疑。在操作上具有随意化和简单化的趋向,难以发挥出其真正作用,对于司法官来说,无法显著增强严肃执法意识、提高业务素养。同时,不仅不能起到保障司法公正的作用,甚至由于缺乏公正性而带来了一定的负面影响,因而废止的呼声不断。

第三节　司法责任制度的改革路径和措施

为实现司法官依法独立处理案件、维护司法公正，我国作出了许多努力，构建了一系列相关制度，包括主审法官制、主诉检察官制、错案追究制等。但是，这些制度尚难以满足社会对司法的需求，使得构建司法责任制度成为新时代司法领域的一项重要目标。完善司法责任制度应坚持的主要路径有以下几方面。

一、坚持司法独立

司法官责任制度的基础是保障司法机关依法独立行使司法权。我国《宪法》规定："人民法院依照法律规定独立行使审判权，不受行政机关、社会团体和个人的干涉。""人民检察院依照法律规定独立行使检察权，不受行政机关、社会团体和个人的干涉。"据此，任何机关和个人都必须尊重法院的审判权和检察院的检察权，不得干涉和影响司法活动。司法官依法独立行使司法权是司法活动的基本原则之一，是建立司法官责任制度的基础。[1] 要实现司法独立，需要如下几条措施。

（一）完善司法经费保障制度

长期以来，我国的司法经费来源主要是通过各级财政部门核拨预算内、预算外经费的方式实现的。这种体制确实起到了一定的积极意义，一定程度上保证了司法机关具有稳定的经费来源。然而在这种体制下，司法经费主要来源于同级财政，因而难以摆脱地方行政机关对司法机关的控制力和影响力。同时，由于财政上的牵绊，司法实践中出现了"司法地方化"的倾向，这也是司法机关难以完全做到独立、公正司法的主要原因。司法机关的经费来源依赖于地方政府，看地方政府的脸色行事，就不可避免。

为摆脱上述负面影响，有必要在司法改革的进程中进一步完善司法经费保障制度。只有建立新型的、适应现代法治要求的经费保障制度，才能够从根本上免除司法人员的后顾之忧，保证司法独立和公正地实现。现行制度的处理方式是把法院和检察院置于地方行政权力的控制之下，不仅法官和检察官由地方任命，而且法院和检察院的经费由地方财政部门控制，可以说司法机关的一切活动都不免受到来自地方的限制。在这样的体制下工作、生活的司法官，如何真正做到独立司法呢？有些国家的做法是将司法经费与地方政府分离，单独列入国家预算，从而排除地方行政机关对司法工作施加影响力，杜绝地方主义的产生。我们可以借鉴这些国家的相关做法，采取措施保障

---

[1] 孟军.司法改革背景下中国司法责任制度转向——法官司法责任追究的正当化［J］.湖湘论坛，2016，29（01）：75-79.

司法经费的稳定充裕，从而有效地维护司法独立。

（二）实施司法官地区回避制度

司法官地区回避制度，即司法官籍贯回避制度，是指不允许司法官在原籍或与原籍接壤的地区任职的制度，目的是避免在司法官履行职务过程中出现徇私枉法等违法违纪情况。从本质上讲，地区回避和任职回避、公务回避一样，属于回避制度的一种，共同构成了回避制度的主要内容。从我国目前的法律规定来看，适用于司法官的回避制度有任职回避和公务回避两种，暂时没有涉及对司法官的地区回避制度。任职回避和公务回避在实践中的确能够发挥重要作用，但为了进一步减少司法不公的可能性，保证司法官处于超脱的地位，在继续完善现有两大制度的同时，我国仍应建立完善的司法官回避制度。

中华人民共和国成立至今，由于干部人事制度的不完善，国家机关中长期存在亲缘化现象，这种状况在全国具有普遍性，甚至有些地方在干部任职上的亲缘化现象还十分严重。在这样的背景之下，司法部门也不可避免地出现了干部亲缘化现象。尤其是身处基层的司法官，多数都是在他们的出生地供职，导致本地法官的数量与法院的审级呈现明显的反比关系。在基层法院，法官中本地人的比例很高，甚至有些基层法院的法官几乎是清一色的本地人。检察院的情况也相类似。司法官在生活中不可避免地与本地亲朋有着千丝万缕的联系，虽然在出生地任职的司法官在工作中有一些优势，比如熟悉本地风土人情、适应周围环境的条件等，一定程度上便于开展工作，但不可否认的是，这种广泛的社会关系网络对司法官履行职权、开展工作可能会带来更大的负面影响。[1] 因为通常来讲，司法官在原籍生活的时间越长，他所从事的司法工作中涉及亲友的可能性就越大，对于司法活动的干扰程度自然也会相应增大。在我国乡村地区，仍然广泛存在着与地域密切联系的带有浓厚封建色彩的家族观念、宗族观念和本土观念，这些观念的存在，会对在原籍任职的司法官产生不小的影响。即使司法官在处理案件的过程中能够保持中立无偏的态度，不徇私情、做到秉公执法，也难免会让人对由其作出处理的案件的公正性产生怀疑。

从以上分析可以看出，有必要建立司法官地区回避制度，以阻断司法官在办案过程中徇私枉法的可能性。建立司法官地区回避制度，是司法活动在外观上具备公正性的基础条件之一，不仅有助于司法官保持工作与生活之间的必要距离，杜绝司法官利用职权徇私枉法的可能性，同时也加强了对司法官自身廉洁性的监督。总之，要采取多种措施，建立有效制度，帮助司法官轻装上阵，减少司法官处理案件时外部力量的掣肘和干扰，使司法官能够保持清正廉洁，依法履行职务、秉公办案。

---

[1] 陈文兴. 司法公正与制度选择［M］. 北京：中国人民公安大学出版社，2006.

(三) 司法去除行政化

司法去除行政化的重点是贯彻落实审判独立原则，使法官依据对案件事实的审理和对法律条文的理解来审判案件，做到"审者判，判者审"。司法官实行责任终身制的对象应当不仅包括审判具体案件的法官，还包括审判委员会的委员，使其谨慎行使自己的权力。同时，倡导法院领导将权力下放，在非必要的情况下不参与具体案件的审判活动。若遇特殊情况，则需要法官与审判委员会的委员共同负连带责任。为使司法责任的观念深入法官心中，还要大力加强相关宣传教育工作。

(四) 完善司法人员任职保障制度

司法官任职保障制度是指司法官一经任职，非因法定事由、非经法定程序，不得随意被更换，不受免职、撤职、调任、停职、降职、降薪等处分，只有满足一定条件时依据法定程序，才能予以弹劾、撤职等。法官的身份保障制度最早创立于英国，后来多个国家都相继确立了这一制度。及至今日，该制度已经成为一项确保司法官依法独立办案的基本制度。从世界各国的经验来看，在建立了完善的司法官任职保障制度的国家里，司法官在工作上能够有国家强有力的人事权力支持，在生活上能够有良好的物质待遇，从而免除了后顾之忧，这对于维护法制体系的稳固、保障司法公平等方面都大有裨益。

我国长期以来强调司法官的执法义务，却鲜少关注他们的任职保障，各级党委、立法机关、行政机关和司法机关对司法官的处分和调任都存在较大随意性。因此，有必要借鉴其他国家的有益经验，并结合我国目前的实际情况，建立起完善的司法官保障制度，以免除司法官在工作中的后顾之忧，尽可能实现依法独立、公正办案。主要有以下几方面的措施。

第一，确立司法官任职终身制。凡经司法机关正式任命的司法官，非因法定事由、非经法定程序不得被撤职。这一制度的目的是保证司法官能够不受任何干预，只依据法律规定、案件事实以及自己的理性和良知对案件做出处理。如果没有司法官终身制等任职保障，就难以实现真正意义上的司法独立。

第二，建立合理的司法官特权制度。若要保证司法官能够独立、公正地处理案件，就需要赋予司法官一定程度的特殊权力，如"司法豁免权"。当然，这种特权的行使必须规定在合理限度内。如果司法官在司法工作中存在违法违纪行为，毫无疑问应当承担相应的责任。此外，还应当给予司法官相对宽松的工作环境，保证司法官能够更好地独立履行其职责。

第三，建立完善司法官弹劾制度。在建立健全司法官任职保障制度和特权制度的同时，对于出现违法违纪行为的司法官，通过弹劾制度来对其进行职务罢免。在建立司法官弹劾制度时，首先，应明确弹劾的具体理由，即出现什么样的情形才能启动弹劾程序。弹劾理由应当是明确、具体的，不能对其进行随意解释。当没有出现法定理由时，任何单位和个人都无权弹劾司法官。其次，对司法官的弹劾应当依据公平合法的程序和专门的规则，以充分保障被弹劾人的合法权益。

二、完善立法，制定相关法律法规

我国长期以来不同程度地存在着违法办案、枉法裁判等司法问题，其中一个重要原因是一直没有把司法责任制度化、法律化。❶ 我国现行立法将有关司法责任的规定分散于《宪法》《刑法》《民法通则》《刑事诉讼法》《民事诉讼法》《国家赔偿法》《法官法》《检察官法》等法律以及最高人民法院、最高人民检察院制定发布的若干司法解释中，没有形成一个完整的体系。对此，有必要加快实现司法责任制度的法律化，尽快由最高立法机关颁布《司法官责任法》，对有关司法责任制度的问题作出规定，以克服现行立法和司法实践中较为严重的司法随意化现象。

2015年9月21日，最高人民法院发布《关于完善人民法院司法责任制的若干意见》（以下简称《意见》）。《意见》规定了法官的违法审判责任，即法官在审判工作中，如果出现故意违反法律法规的，或者因重大过失导致裁判错误并造成严重后果的，应当依法承担违法审判责任。《意见》明确了违法审判责任必须追责的七种情形：第一，审理案件时有贪污受贿、徇私舞弊、枉法裁判行为的；第二，违反规定私自办案或者制造虚假案件的；第三，涂改、隐匿、伪造、偷换和故意损毁证据材料的，或者因重大过失丢失、损毁证据材料并造成严重后果的；第四，向合议庭、审判委员会汇报案情时隐瞒主要证据、重要情节和故意提供虚假材料的，或者因重大过失遗漏主要证据、重要情节导致裁判错误并造成严重后果的；第五，制作诉讼文书时，故意违背合议庭评议结果、审判委员会决定的，或者因重大过失导致裁判文书主文错误并造成严重后果的；第六，违反法律规定，对不符合减刑、假释条件的罪犯裁定减刑、假释的，或者因重大过失对不符合减刑、假释条件的罪犯裁定减刑、假释并造成严重后果的；第七，其他故意违背法定程序、证据规则和法律明确规定违法审判的，或者因重大过失导致裁判结果错误并造成严重后果的。

《意见》同时明确了不得作为错案进行责任追究的几种情形，包括对法律、法规、规章、司法解释具体条文的理解和认识不一致，在专业认知范围内能够予以合理说明的，以及对案件基本事实的判断存在争议或者疑问，根据证据规则能够予以合理说明的等。另外，对独任制、合议制、审判委员会讨论案件时不同主体之间承担的审判责任，《意见》也作出了具体规定。

三、加强司法人员的选任与培训

对于司法官的考核，应当从专业技能与道德素养两方面着手，只有完全符合规定标准的被考核者才能被录用。同时，应当对司法官与一般公务员进行差别管理，由省

---

❶ 易海辉. 略论唐代司法官责任制度及其现实借鉴［J］. 乐山师范学院学报，2006（04）：54-58.

级政府直接对司法官人才进行管理,注重对司法官的职业道德教育,提高法官和检察官的职业待遇,增加其职业责任感和荣誉感,以减少其贪污腐败的可能。具体措施如下。

(一) 完善司法人员选任制度,提高司法人员的素质

司法选任制度是指审查司法官任职资格、选拔合格司法官的制度。司法人员肩负着重要的职责,身系社会公平正义,最基本的职业道德就是维护法律的尊严,最基本的功能就是准确地运用法律解决纠纷。只有高素质的司法人员,才能适应现代法治建设的需要,也只有高素质的司法人员,才能适应构建社会主义和谐社会的需要。可以说,司法官从业者作为一个整体,其生命力与法律存在密切关联。因此,国家在赋予司法官权力的同时,必须同时对他们提出严格的要求,以此来保证司法官队伍的专业化、精英化。

(二) 完善司法人员培训制度,保证司法人员业务水平不断提高

完善司法人员的培训制度的目的主要是通过培训使司法官提升专业技能,提高工作效率,满足司法工作的实际需要。我国过去对司法官所进行的培训,在很大程度上仍然只是一种"补课",主要是为过去那些没有接受过系统法律专业训练或没有接受过正规高等法律专业教育的司法官提供一个学习机会。[1] 这种培训制度与我国培养高层次、高素质司法官队伍的目标还相距甚远。

针对目前司法官培训中出现的问题和不足,应尽快加强和完善司法官培训制度。第一,将提高办案能力作为培训目标。为全面培养司法官的法律应用能力和专业技能,提高职业素养,应当把培育人格健全、品德高尚、专业知识丰富的优秀司法官作为司法官培训的主要目标。第二,在培训内容方面,应注重对法律实际运用技能的培训。重点加强法律思维能力、分析能力和推理能力的训练,同时设置一些涉及现代经济知识、科技知识和其他方面知识的内容,能够帮助司法官建立起丰富、牢固的知识结构。第三,建立全国统一的司法官培训制度。司法官任职培训的主要目的是打好理论基础,增加从业经验,培养法律通才。统一的司法官培训有助于保证培训质量达到预期目标,这也是很多国家在司法官培训方面的成功经验。

四、建立司法官责任认定机制

对案件的判断和认识不应当成为司法官受到追究的理由,只有出现了违反法律、职业道德和职业纪律的行为,才应当受到追究。这种责任追究机制必须建立在科学的基础上,对司法官行为过错的认定应当从严掌握。[2] 如果因能力所限或认识错误而导致

---

[1] 陈文兴. 司法公正与制度选择 [M]. 北京:中国人民公安大学出版社,2006.
[2] 马进保. 建立法官过错责任追究机制研究 [J]. 江西师范大学学报,2005 (01):47-51.

出现裁判不当，主观上不存在故意或重大过失，那么只属于工作失误，不需要承担法律责任。只有当司法官是出于故意或重大过失而造成严重错误时，才应当受到追究。具体来说，故意造成案件错误处理的，无论出于何种动机，都应追究责任；对于构成犯罪的，还应追究其刑事责任。为落实司法官责任认定机制，可设立法官、检察官惩戒委员会，由其行使对违法违纪法官、检察官的惩戒权。为保证惩戒权实施的公正性，惩戒委员会应设置在地市级层面以上，坚持"高一级"负责原则，保证责任追究落到实处。可以通过借鉴我国古代关于司法官责任制度的经验规则，结合现代法治社会司法的特点，创新责任追究机制。

案例研习与阅读思考

案例一　法官周某辉因受贿、枉法裁判罪获刑[1]

【基本案情】

2016年至2021年，周某辉在任辽宁本溪中院民事审判二庭副庭长期间，利用职务之便，在案件审理方面为他人提供帮助，非法收受王某、冯某等4名案件当事人、代理人所送好处费共计人民币5.7万元；此外，他还因与初某有私交，故意违背事实和法律作出枉法裁判，致使上诉人刘某被本溪市明山区法院执行财产634万余元。荒唐的是，周某辉供述称，其作出枉法裁判的理由是"碍于之前收过初某的大米，和初某有社会交往，而且若判决对初某不利，初某会举报，不想得罪初某"。

最终，周某辉及该案一审审判员双双落马，其枉法裁判的借款纠纷案经再审后已发回重审。凤城法院作出一审判决，周某辉犯受贿罪，判处拘役六个月，并处罚金人民币10万元；犯民事枉法裁判罪，判处有期徒刑两年四个月，决定执行有期徒刑两年四个月，并处罚金人民币10万元。周某辉违法所得人民币5.7万元依法予以没收，上缴国库。

涉案法官周某辉，在担任本溪市中级人民法院法官期间，利用职务便利，为他人提供帮助，收取他人钱财的行为构成受贿罪。在审理某民事上诉案件中，违背事实和法律枉法裁判，致使上诉人蒙受600余万元财产损失，构成枉法裁判罪，教训不可谓不深刻。

---

[1] （2023）辽0682刑初29号，见北大法宝，https://www.pkulaw.com/pfnl/08df102e7c10f206d6884d5bac8127e768ff556de563838bbdfb.html。

【主要法律问题】

1. 本案中法官周某辉利用职务便利为他人提供帮助，收取"好处费"是否构成犯罪？

2. 本案法官周某辉因之前收过初某大米，便罔顾事实，枉法裁判，构成枉法裁判罪。这个教训说明法官与审判人员应如何在实际审判工作中保持中立公正？

【主要法律依据】

1.《中华人民共和国刑法》

第385条第1款 国家工作人员利用职务上的便利，索取他人财物的，或者非法收受他人财物，为他人谋取利益的，是受贿罪。

第399条第2款 在民事、行政审判活动中故意违背事实和法律作枉法裁判，情节严重的，处五年以下有期徒刑或者拘役；情节特别严重的，处五年以上十年以下有期徒刑。

2.《法官职业道德基本准则》

第15条 树立正确的权力观、地位观、利益观，坚持自重、自省、自警、自励，坚守廉洁底线，依法正确行使审判权、执行权，杜绝以权谋私、贪赃枉法行为。

【理论分析】

1. 本案中，被告人周某辉身为司法机关工作人员，利用职务上的便利，名为给朋友帮忙，实为给他人谋取利益，非法收受他人财物，数额较大，其行为已构成受贿罪。这说明作为国家司法工作者，一定要在平时注意交友交往分寸，不能利用审判工作者的身份谋取不正当利益，坚持自重、自省、自警、自励。

2. 周某辉身为国家司法机关工作人员，在民事审判活动中，发现原判决认定事实错误，未依法改判、撤销或变更，而是故意违背事实和法律作出枉法裁判，致使公民财产损失，情节严重，其行为已构成民事枉法裁判罪，受到依法惩处。这个教训说明，司法工作者应树立正确的权力观、地位观、利益观，严格遵守廉洁司法规定，不接受案件当事人及相关人员的请客送礼，依法正确行使审判权、执行权，才能杜绝以权谋私、贪赃枉法的行为。如果法官接受了一方当事人给予的恩惠，哪怕是如本案所说的大米，也势必会对这一方当事人加以偏袒，这样的话案件就再也无法得到公正的审判了。所以法官职业伦理要求法官超然中立，不偏袒任何一方当事人，更不能用手中的公权力作为权力寻租的对象。

案例二 检察院反贪局局长受贿案[1]

【基本案情】

本案法院查明基本案情为，2000年9月底，被告人刘某利用其任贵州省人民检察院反贪污贿赂局局长的职务，在初查贵州省新华书店原总经理王某某（另案处理）举报的龚某某等人涉嫌经济犯罪的案件过程中，收受王某某所送存有人民币179548.86元的牡丹灵通卡一张的受贿事实如下。

2000年6至7月，贵州省新华书店原总经理王某某找到时任贵州省人民检察院反贪局局长的被告人刘某，告知其与龚某某有矛盾，要求刘某调查龚某某的经济问题，被告人刘某叫王某某收集有关材料后再找他。2000年9月6日和15日，王某某按刘某的要求安排书店工作人员将举报龚某某问题的材料分别寄给被告人刘某以及贵州省人民检察院纪检部门和贵州省人民检察院反贪局副局长倪某某。2000年9月的一天，王某某告诉李某某因刘某装修房子需要钱，王某某打算把在李某某处保管的王某某的一张存有人民币179548.86元的牡丹灵通卡（户名为李某某）送给刘某。王某某和被告人刘某一同到李某某办公室，王某某将其存放在李某某处的牡丹灵通卡交给了刘某。同年10月23日，被告人刘某违反《人民检察院刑事诉讼规则》的相关规定，不将举报材料移交举报中心，便在王某某举报龚某某经济问题的材料上签署"经某某副检察长汇报，同意由我局初查，由倪某某牵头组成办案组"的意见，并安排副局长倪某某牵头组成专案组初查此案。

被告人刘某接受王某某送的牡丹灵通卡后，分多次从卡上支取现金累计10万余元。2003年2月17日，贵州省纪委从被告人刘某之姐处将牡丹灵通卡查获，卡上尚余人民币76222.46元。

本案法院最终判决如下：1. 被告人刘某犯受贿罪，判处有期徒刑13年，并处没收个人财产人民币10万元；2. 已追回的赃款人民币544146.54元、美元2000元依法没收，上缴国库；3. 赃款人民币45402.32元，依法继续追缴。

【主要法律问题】

本案中，涉案检察官在接受他人的贿赂后，帮助行贿者构陷他人，妄图使他人遭受牢狱之灾。这种行为应受何种惩处？

---

[1] 北大法宝. 刘国庆受贿案，https://www.pkulaw.com/pfnl/a25051f3312b07f3ceef2d3544c907a3e640c5d7f0e63121bdfb.html?keyword=%E5%88%98%E5%9B%BD%E5%BA%86%E5%8F%97%E8%B4%BF.

【主要法律依据】

《中华人民共和国刑法》

第385条 国家工作人员利用职务上的便利，索取他人财物的，或者非法收受他人财物，为他人谋取利益的，是受贿罪。

国家工作人员在经济往来中，违反国家规定，收受各种名义的回扣、手续费，归个人所有的，以受贿论处。

第386条 对犯受贿罪的，根据受贿所得数额及情节，依照本法第三百八十三条的规定处罚。索贿的从重处罚。

【理论分析】

我国《检察官职业道德基本规范》明确规定了检察官的廉洁义务。检察官应当廉洁自持，有"无欲则刚"的思想境界，这一要求必然要考验检察官的人性修为，所以廉洁义务自然成为检察官职业伦理的基本要求。检察官能做到不因检察官的职权、身份获取不正当的私利，在态度与行为上落实廉洁义务的要求，自然能赢得人民的敬重，也能提高民众对检察官执法的信任度。

本案涉案检察官接受他人的贿赂后，帮助行贿者构陷他人，妄图使他人遭受牢狱之灾。其行为是较典型的以权谋私、以案牟利的行为。这种行为与检察官的廉洁义务背道而驰，完全突破了检察官职业伦理的底线，同时也构成受贿罪、徇私枉法罪，将会受到刑事惩罚。

【思考题】

1. 假如，检察官李某明确拒绝了犯罪嫌疑人家属的贿赂请求，但案件审判结果出来后，犯罪嫌疑人家属认为李某还是在其案件中"帮忙"，才会获得比预想要轻的判决结果。于是，犯罪嫌疑人家属将一笔数目不少的钱以"还债"的名义趁李某不在家的时候送到李某家里，李某之妻不明所以就收下了这笔钱。请问，李某应怎样做？

2. 假如，检察官张某和犯罪嫌疑人王某平素有着经济上的纠纷，两人还因此去法院打过官司。后来在一起刑事案件中，王某也牵涉进去。检察官张某告诉王某，如果能将他们之间的经济纠纷"妥善解决"，他会设法对王某作"不起诉"处理。张某的行为是否违反了检察官职业伦理？该如何处罚？

3. 我国现今制度框架内谁有权监督检察官的廉洁性？我国对于检察官廉洁性的监督机制存在哪些不足以及有哪些值得改进的地方？

CHAPTER 9 第九章
法律职业伦理的养成

> **本章知识要点**
>
> （1）什么是法律职业伦理的内化？（2）法律职业伦理内化的主要内容有哪些？（3）法律职业伦理内化养成的影响因素和具体途径有哪些？

对于法律职业本身而言，法律职业伦理的价值毋庸置疑，可以说没有法律职业伦理道德的支撑，就不会有现代的法律职业。而法律职业伦理的形成有赖于法律职业成员的自觉遵守，这就需要研究探索法律职业伦理的内化问题，也就是法律职业伦理的养成。只有将法律职业伦理内化于心，才能让法律职业成员外化于行。本章将讨论法律职业伦理内化的因素，探寻法律职业伦理养成的路径和条件。

第一节 法律职业伦理的内化

法律职业是一个需要高度自治的职业，这种自治不能立基于外部的强制，而需要成员的道德自觉。在这个意义上，法律职业的自治是一种道德意义上的自治，需要法律职业成员将法律职业伦理内化为职业者的品德和自觉意识，才能形成稳定的道德行为，做到道德意识与道德行为的统一才可以形成道德自治。

一、道德内化的含义

中国传统上的"崇德修身"其实就有道德内化的意思。到了现代，道德内化主要是社会学、心理学使用的概念。法国著名社会学家涂尔干（E. Durkheim）较早提出了道德内化，他认为，生活在集体中的个人，最主要的道德实践就是对该集体的各种不言而喻的或以文字清晰表达的规范的遵从，这是群体内个体的义务……把规范的外在性转变为内在性。[1] 这一思想后来被很多心理学家采用并拓宽，形成了很多心理学关于

---

[1] 赵锋. 涂尔干的两个道德理论及其社会学问题[J]. 社会科学研究，2021（03）：116-129.

道德内化的学说,如苏联心理学家维戈茨基把道德内化视为道德心理形成的过程,美国心理学家布鲁姆提出道德内化"五种水平"理论,即道德内化要依次经历接受、反应、评价、概念化、性格化等阶段。国内学者对这一问题的关注始于 20 世纪 80 年代。马永庆把道德内化看作是人们有意识地把外在道德要求转化为个体道德律令,由此养成的"道德行为习惯和道德品质"。❶ 著名伦理学家唐凯麟认为,道德内化的实质是个体道德素质的形成过程,也就是个体通过参加社会实践,学习、选择、认同社会道德并转化为个体持续而"内在的行为准则和价值目标"。❷

从上面可以大体归纳道德内化其实就是一个将某种社会准则逐渐变成个体价值一部分的过程,表现为主体与外在规范或准则、要求相互作用的过程,通过主体的能动反映——认知、体验与认同,实现主体内在的心理变化,构建品德心理结构的过程。道德内化具有这样几个特点:(1)道德内化是个人品德养成的重要途径;(2)个体的主体性在道德内化过程中发挥着主要作用;(3)道德内化并不是独立的活动,它与社会道德规范、教育引导关联密切;(4)道德内化的过程、类型、层次多样,具有鲜明的差异性。总而言之,道德内化是个体基于自觉的道德意识,对社会道德规范学习、选择、吸收,进而转化为自身道德素养的过程,个人品德的高低是道德内化实现程度的体现。

二、法律职业伦理的内化含义

法律职业伦理的内化,就是指法律职业伦理对法律职业者的道德约束由他律转为自律的过程。这一过程使法律职业伦理道德规范成为法律职业者道德意识的组成部分。与一般的道德内化一样,法律职业伦理的内化也同样受到法律职业者自身内外因素的影响。实际生活中,不同法律职业者因其自身的内外因素不同,在法律职业伦理道德内化的过程中表现出不同的状态,这也使得理论上不算复杂的法律职业伦理内化问题,在教学和实际过程中并不简单。

一般而言,法律职业伦理内化的过程表现为,法律职业者个体对于法律职业伦理的认识过程,从表层的认知达到深层价值观念认同,进而形成自觉,由强迫性遵守的消极情感转为自觉遵守的积极情感,表现为从他律转为自律。法律职业者的职业道德内化一旦形成,就会在思想和行为达到完全一致的状态。

三、法律职业伦理的内化条件

法律职业伦理的内化作为道德内化的一部分,与个体的道德心理、外部的道德规范、教育水平等社会条件等多种因素有关。正如伦理学家西季威克所说,行为主体的

---

❶ 马永庆. 道德修养是内化与外化的统一 [J]. 山东师大学报(社会科学版), 1991(03):58-61.
❷ 唐凯麟. 伦理学 [M]. 北京:高等教育出版社, 2001:161.

"我"不可能认为"应当"去做某件我自己无力去做的事。❶ 这就是说，个体的品德包括职业道德，不是凭空产生的，法律职业道德内化作为法律职业个体职业道德形成的过程需要相关条件支撑，这些条件按照不同的标准有多种划分方式。按照主体标准可以分为：职业主体的自身因素、社会条件；按照社会发展状况可以分为：经济条件、制度文化条件、政治条件；按照心理环境可以分为：认知条件、情感条件、意志条件等。大体可以把这样一些条件概括为两类，一类是外部条件，诸如社会道德规范体系的合理性、德育方法的科学性、教育者的示范性、社会风尚的淳良性等。像个体道德意识的自觉、道德情感的强弱、道德需要的大小、道德意志的坚定、道德转化能力的高低等都包括在内部条件之列。法律职业道德内化也和道德内化一样，是一系列相关条件和因素共同作用而完成的。影响法律职业道德内化的因素和形成的条件不仅多种多样，而且每一种因素和其他因素，各种条件之间是相互关联并彼此发挥作用的。法律职业道德内化的内部条件和外部条件共同作用于职业道德内化的过程，这是二者统一性的表现。同时，也要看到二者在法律职业道德内化过程中的作用并不相同，内部条件是促成法律职业道德内化的内在根据，外部条件是法律职业道德内化的必备因素并通过内部条件发挥作用。可见，法律职业道德内化过程中，外部条件非常重要，但内部条件才是法律职业道德内化实现的关键所在，因为外部条件只有通过对内部施加影响，才会作用于职业主体的行为。

四、法律职业伦理的内化阶段

道德内化的形成是指影响道德内化的内、外部条件形成的结构以及彼此相互作用、互相联动的过程。有学者把这一过程分为三大环节，一是公民通过接受教育和自觉学习，在思想和心理上对社会道德规范产生认知并逐步认同，进而掌握这样一些知识；二是公民在道德生活实践中，特别是在化解道德冲突过程中，通过对比，产生相应的道德判断和选择能力；三是公民在道德实践过程中做出由内而外、发自内心、自觉自愿的道德行为。❷ 这一说法认为道德内化的环节或是机制依次要经历道德认知、道德选择和道德行为三阶段。道德内化本质上是道德规范"内化于心"的过程，弄清楚这一过程也就对道德内化的形成有了一定的了解。说到底，内化是一种心理过程，道德内化过程不过是心理发生机制在道德领域的反映。正如著名教育家、伦理学家蔡元培所说："人之成德也，必先有识别善恶之力"，也就是说一定的道德认知是"人之成德"的基本前提；"既识别之矣，而无所好恶于其间，则必无实行之期"，说明养成道德情感是"人之成德"的进一步要求；"既识别其为善而笃好之矣，而或犹豫畏葸，不敢决行，则德又无自而成"，❸ 这里强调的是道德意志对于"人之成德"的重要价值。蔡元

---

❶ 西季威克. 伦理学方法［M］. 北京：中国社会科学出版社，1993：56.
❷ 许启贤. 认真研究道德内化的特点和规律［J］. 高校理论战线，2003（10）：18.
❸ 蔡元培. 蔡元培全集（第二卷）［M］. 北京：中华书局，1984：253.

培先生强调"造于德者也",智、情、意三者皆不可偏废。可见,道德内化涉及知—情—意三个阶段,它的形成机制也就是道德认知、道德情感、道德意志三大环节的形成与演变过程。道德内化的第一个环节是道德认知,没有一定的道德知识基础,道德内化缺乏必要前提。正如毛泽东所说,做任何事,如不懂它的情形、性质以及与他物的联系,也就是说不掌握事物的规律、解决问题的方法,"就不能做好那件事"。❶ 道德内化也一样,掌握一定的道德知识是一个基本前提,哲学家苏格拉底之所以说"美德即知识"正是出于这个理。道德认知是道德内化的第一环节和必要条件,随着道德认知水平的不断提高,道德内化向道德情感提出了要求。伦理学家弗里德里希·包尔生认为每个人都易于感受道德情感的滋润,同时渴望与其他心灵进行情感交流,"并得到它们对于这些情感的反映"。❷ 道德情感是道德内化过程中的必要条件,道德情感的强弱是做出道德行为的关键影响因素,但到此环节,道德内化尚未全部完成。道德意志才是道德内化的最后一个环节,没有坚定的道德意志,道德内化仍然存在缺陷。正如恩格斯所说:"如果不谈所谓自由意志……就不能很好地议论道德和法的问题。"❸ 道德意志的形成意味着道德内化的完成,坚定的道德意志是个人品德培养的充要条件。当然,这三个环节并非"字典式排列",而是存在多种可能性的"非线性关系"。总之,个体运用"主体性力量",通过调动影响道德内化的内、外部条件,形成相应的道德认知、道德情感和道德意志,并且三者相互作用,彼此交融的过程就是道德内化的过程。其中道德认知是前提,道德情感是关键,道德意志是核心,道德行为是外在表现。

同样,法律职业伦理内化的过程也可以分为四个阶段:

首先是法律职业主体对于法律职业伦理的认知,法律职业者有一个对法律职业学习了解的过程,了解法律职业道德与法律职业特性的内在关联,思考如何折中平衡社会对法律职业道德重要性的泛化理解。

第二个阶段是法律职业主体通过职业体验形成道德情感。在这个过程中,法律职业者或者准法律职业者通过实习、初期执业,形成一种对法律职业的热情向往,产生法律职业是一种神圣、崇高、受人尊敬的积极道德情感,当然这种情感也会受到现实的冷酷冲击,这个时候,其他有经验的法律职业者对新加入者的引导就非常关键,比如,实践中,法学专业毕业生若在见习阶段遇到道德水平较高的前辈法官、律师等就会增强对法律职业的信心,进一步体验到法律职业是社会不可或缺的价值,发挥着维护社会正义和社会秩序的重要作用,就会更加自觉地加强内化。当然,实践中也有初入行的法律职业者遇到道德水平较低的法律职业者的情况,这就有可能降低初入行者的道德内化水平,甚至是使初入行者产生负面情感体验的情况。所以,初入行者选择

---

❶ 毛泽东. 毛泽东选集(第二卷)[M]. 北京:人民出版社,1991:171.
❷ 弗里德里希·包尔生. 伦理学体系[M]. 何怀宏,廖申白,译. 北京:中国社会科学出版社,1988:510.
❸ 马克思,恩格斯. 马克思恩格斯文集(第九卷)[M]. 中共中央马克思恩格斯列宁斯大林著作编译局,译. 北京:人民出版社,2009:119.

好的、职业道德水平高的职业引路者非常重要。

第三个阶段是法律职业伦理内化认同和形成坚定的道德意志。在这个过程中，法律职业者逐渐形成对法律职业伦理、法律职业的感性和理性的认识，形成对法律职业伦理精神的认同，进而形成坚定的道德意志。这个过程可能经历遵守法律职业伦理带来的外部尊重和快感，也可能经历违反法律职业伦理受到惩戒的痛苦，经历几次这样的过程后，一旦形成对于法律职业的认同，就会形成坚定的道德意志，感到遵守法律职业伦理道德规范是一件应当的和愉快的事情。

第四个阶段是内化于心至外化于行的阶段，在这个阶段法律职业伦理要求已经变成法律职业人的内在品格，并通过稳定的外部行为表现出来。到了这个阶段，法律职业伦理的规范要求对于法律职业者而言，不再是一种外部的约束，法律职业者的行为已经不需要依靠职业惩戒保持，而形成了一种习惯，一种道德上的自觉，遵守法律职业伦理成为法律职业者的自觉行为。尽管实践中，能够到达这种境界的人数有限，但是，作为法律职业伦理的内化来说，所有的努力都是为了向这个目标不断迈进。对于形成内在品格这个目标来说，法律职业伦理内化的过程更可能是一个需要终身努力的过程。

第二节 法律职业伦理内化的内容

从法律职业伦理道德内化的过程看，第一个环节是道德认知，没有一定的道德知识基础，道德内化就缺乏必要前提。哲学家苏格拉底所说"美德即知识"就是从这个意义上讲的。这点对于我国法律职业伦理道德课程目标设定和内容设计都有很大的启示。讨论法律职业道德教育的意义，从根本上说就是要明确法律职业道德的重要性，就是要让法律职业伦理课程教学立足于现代法治社会中法律职业品质特性、从法律职业与法律职业道德的内在关联的角度对后者的意义予以解说。就法律职业道德教育而言，如果在法律职业道德重要性的认识上不贯彻一种"内在视角"，不能揭示法律职业特性与法律职业道德之间的内在关联，使法律从业者发自内心地感受到职业道德对于其事业的重要性，那么，就不可能使他们形成内在的道德确信，并基于道德认同在自己的行为中表现出道德自觉，当然也不大可能形成高尚的道德品格。

一、法律职业与法律职业伦理之间的内在关联

中国近代著名法学教育家孙晓楼曾说，法律人才"一定要有法律学问，才可以认识并且改善法律；一定要有社会的常识，才可以合于时宜地运用法律；一定要有法律的道德，才有资格来执行法律"。❶ 今天看来，这样的认识深刻揭示了法律职业与法律

---

❶ 孙晓楼. 法律教育[M]. 北京：中国政法大学出版社，1997：12-13.

职业伦理道德之间的内在关联。法律职业，作为一种特殊品质的职业，在一个奉行法治的社会中，其作用能够充分发挥，有赖于法律职业者的努力和奉献。法律职业的特殊品性与其他社会职业一样，需要四个有机联系的内在要素。

第一是法律职业者通过长期学习和训练掌握专门的法律知识和技能，能够胜任普通人无法胜任而又必须面对的纠纷解决和正义维护。

第二是法律职业者愿意运用自己的专门知识和技能为实现社会幸福服务。法律职业者不应该是唯名利是从的市侩，而应该是社会正义的追求者、社会制度的"工程师"。法律职业应该是一个对社会、对人生负责、尽职的群体。为社会服务，应该成为法律职业的核心理念，成为法律职业最根本的价值追求。在法律职业的精神境界中，应该特别强调的是利他主义的伦理性。在现代法治社会中，法律职业甚至被作为制衡庸俗的商业文明和喧嚣的平民政治的"法律贵族"或"学识贵族"，并因此而由国家彰显其地位。

第三是法律职业与其他专门职业一样，是一个自主、自律的职业群体。在现代社会，大凡专门职业，都会实行不同程度的自我管理，并拥有各种重要的自主、自律手段。诸如确定职业准入的条件、制定职业伦理规则、规定收费标准、进行纪律惩戒等，都应该在不同程度上属于法律等专门职业自主决定的范围。法律等专门职业的自我管理，也是社会赋予的特权。这种特权的基础是在社会和专门职业之间达成的一种"历史交易"：职业者以自己的专业知识和技能为社会服务，而社会则向他们回馈以相应的荣誉、地位、便利等各种只有职业者才享有的"特权"。在法治和法律职业之间显然存在一种"共生"关系：法治以法律职业为运作的载体，法律职业则维护法治并从中获得成就。

第四是法律职业与其他专门职业一样，是一个为社会所尊重的群体。在现代社会，法律等专门职业往往具有很高的社会地位，之所以如此，是因为：它们所拥有的为社会生活所必需的专门知识和技能，使它们握有影响社会的强大力量；它们所追求的以增进社会福祉为己任的理想，使它们具有高尚的职业情操；而专门的知识技能与为社会服务的职业精神的结合，又使它们在社会中享有令人羡慕的自治"特权"。

理想的法律职业所必须具备的上述品质，应该成为我们判断法律职业是否能够承担法治重任的标准，也是我们对现有的法律职业进行专门职业化的改造包括职业道德建设的理论指引。

二、法律职业道德伦理教育的意义

从根本上，法律职业伦理道德教育的意义，就是明确法律职业伦理道德的重要性。众所周知，道德是一种关于是非、善恶的判断，是一种诉诸于人的良知和内心确信才能真正发挥作用的东西；道德实践包括道德教育则是一种内化于心（道德认同）、外化于行（道德行为）的活动。

法律职业道德对于法律职业的重要性，用简单的一句话来概括就是：法律职业道德是法律职业的一个基本的构成要素。具体说来，现代法治社会中的法律职业必须具备四种有机联系的品质特性，即掌握专门的法律知识和技能、致力于社会福祉、实现自我管理以及享有良好的社会地位。法律职业道德之所以重要，从"内在视角"来看，就在于它与法律职业的这些品质密切联系。法律职业道德是法律知识和技能的基本组成部分，是为社会服务的职业精神的具体体现，是法律职业实现自我管理的一个基本途径，是法律职业享有良好社会地位的有效保证。

首先，法律职业道德是法律知识和技能的基本内容。从事法律职业必须掌握专门的法律知识和技能，这种知识和技能是一种"习得的艺术"，其中就包括法律职业道德的内容。法律职业道德是法律职业者在自己的职业活动中应该遵循的判断是非、善恶的准则。要成为一名法律职业者，其先决条件之一就是要通过专门的教育培训和资格考试，掌握基本的职业道德知识和技能。对法律职业道德的认知，为从事法律职业活动所必需，它应该属于法律职业者必须具备的最低限度的能力的要求。法律职业者必须知道自己的责任，知道一个社会的法律事务应该如何来完成。具体地说，他应该知道道德是关于是非、善恶的判断，它不同于美丑、真假、神圣和世俗、称职和不称职等价值判断；知道决定职业行为对错、好坏的标准，以及证明职业行为和道德主张为正当的适当理由；知道职业上的"善"为何物，其依据何在；知道在面临道德争议时如何形成自己的立场，将不同的道德理由整合为连贯一致的形态，以及解决道德争议的办法是什么。

其次，法律职业道德是职业精神的具体体现。从事法律职业必须具备职业精神，而法律职业精神的核心，就是致力于社会福祉、用自己的专长为社会服务。在这种精神中，特别强调的是利他主义的伦理性。它所遵循的不只是"赚钱的要求"，也不以赚钱多少来衡量、评价职业成就的高低。这样一种克己利他的属性，恰恰也是道德评价的精髓所在。道德评价从根本上说是一种利他的评价，追求的是有利于他人和群体，有利于国家、民族和社会，并在此前提下定位自我利益的实现。法律职业道德也不例外。法律职业道德在处理职业与社会、职业个人与职业整体以及职业个人与其他利益主体的关系方面所提出的各种要求，都体现了服务于社会的利他主义职业精神的要求。从动态实现的角度看，法律职业者之所以能够以自己掌握的专业知识和技能为社会服务，关键是因为在这种专业知识和技能中所包含的职业道德成分，发挥了定向规制的作用。

再次，法律职业道德是职业自治的实施途径。法律职业是一个自主自律的职业群体，它通过各种途径或手段实现自我管理，其中最重要的就是制定和实施职业道德准则。法律职业自治，是一种道德意义上的自治；它要为社会所允诺，就必须以造福社会为前提，而不能是反社会、反道德的结党营私、党同伐异。因此，组成法律职业，意味着其组织要自主地为从业者制定专门的"伦理法典"，并通过非正式的同行压力，通过限制进入职业组织，通过审查、处分甚至清除那些严重违反职业道德准则的人，维护和实现职业自治。

最后，法律职业道德是良好社会地位的有效保证。法治社会中的法律职业是一个享有很高社会地位的社会精英团体，而这种地位的一个重要保证，则是其职业道德。一个职业的社会地位的高低，取决于其是否拥有以及在多大程度上拥有社会公信和社会尊重，而这在很大程度上又取决于社会对它的道德评价。法律职业道德不仅使法律职业具有足够的职业道德内涵，而且还因为这种职业道德所贯穿的服务于社会的精神，而使它同时具有充分的社会道德内涵。正是这种充足的道德内涵，才有效地支撑和巩固了法律职业的社会地位。

三、法律职业道德伦理教育的内容

法律职业道德与法律职业者的法律活动相联系，是社会整个道德体系的一个有机而特殊的组成部分。对法律职业道德的认知，以对法律职业品质特性的认识为前提。就两者的关系而言，如上所述，法律职业道德是法律职业的一个构成性因素——缺乏对法律职业道德的认知，就算不上法律职业的一员；没有法律职业道德的支撑，就构不成一个健全的法律职业。

关于法律职业道德本身的认知，除了注意它与法律职业者的职业活动相联系外，还应该特别强调道德认知的一般规律在法律职业道德领域的运用。就此说来，相应的教育内容框架可具体分解为以下四个层次。

第一，对道德评价的认知：善的存在。何为道德评价？这是道德认知中最初始的问题。道德评价是关于是非、善恶的评价；法律职业道德评价则是存在于法律职业者的职业活动中的有关是非、善恶的评价。从道德的观点看问题，不同于从其他的观点看问题；追问道德上的是与非、善与恶，并不是追问认识论上的真与假、审美上的美与丑、经济上的节俭与浪费、政治上的有利与不利，以及法律上的合法与非法等，尽管在同样一个事物上可以交叉重叠着不同的评价。道德教育就是要使人们在辨认道德评价的独特性的基础上，认识到自己行为所应该承担的道德责任。这种道德自觉，是要求人们包括职业者负责任地做事的第一步。

第二，对道德准则的认知：善的含义。何谓道德上的善？道德上的善具体表现为社会所承认和遵从的一整套道德准则。不了解这些道德准则，就不能把握道德上的善的具体含义，并在道德上判断一个人的品行的好坏。就法律职业而言，由于法律职业道德是其构成要素，并具体表现为各种职业道德准则，因此，法律职业者如果违反了职业道德准则，就会失去同行和他人的尊重，甚至受到职业纪律的惩戒；一旦因为违反职业道德准则而被认为丧失了职业道德性，则会被清除出职业队伍。

第三，对道德根据的认知：善的理由。一种行为何以为善？当我们基于一定的道德准则提出某种道德要求时，就需要说明其理由。道德教育在道德根据认知方面的任务，就是要为分析各种道德论点提供工具。在这里，我们会发现一些最基本的逻辑原则和/或经验原则在起作用，它们构成了社会制度的根基，构成了道德判断的基本理念。正如医生必须知道什么是健康、工程师必须知道什么是安全，法律家则必须知道什么是正义，否则就无法成功地扮演其社会角色。

第四，对道德冲突和道德理论的认知：善的实现。如何解决道德冲突？这是道德实现的关键。实际上，道德冲突就是不同道德理由的冲突。要解决道德冲突，就需要将不同的道德理由整合为连贯一致的形态，形成道德理论。道德理论帮助我们清楚地认识道德冲突的特性、道德用语的含义，以及道德论点的说服力大小，从而使我们能够选择最为正确的立场解决道德冲突。因此，道德教育在道德冲突认知方面的任务，就是要借助道德理论为解决道德冲突提供经验和各种可选择的方案。❶ 这样才不至于在纷繁复杂的社会中迷失自我和忘记初心。

第三节 法律职业伦理内化的影响因素

道德活动是人类特有的实践方式，受社会发展的影响，法律职业伦理道德活动也是如此。法律职业者道德品格的形成固然离不开主体自身，但是也同时受所在的社会的影响。法律职业伦理的内化形成过程，受到社会政治、经济、文化状况的影响是毋庸置疑的。当然这些影响因素有积极正面的，也有消极负面的。认识这些因素有助于我们争取对待并尽力改善外部社会的影响因素。从宏观方面看，法律职业伦理的内化形成受社会环境的影响、受社会舆论的催化、受法律制度运行的影响；从微观方面看，法律职业伦理的内化，受道德榜样的激励、受道德情境的制约。

一、社会环境的影响

社会环境是由经济环境、政治环境、文化环境（习俗）所构成的整体，三者之间既相互依赖、相互渗透，又相互独立。根据马克思主义的观点，经济环境构成了社会的物质基础，它的性质和变化决定了其他社会环境的性质和变化。经济环境、政治环境、文化环境的变化会给社会道德，包括职业道德带来长期的影响，当然这种影响有正面的也有负面的，这是个人和组织都难以改变的。

（一）经济环境的影响

中国春秋时期的管子就曾揭示了社会经济对于社会道德的影响，"仓廪实而知礼节、衣食足而知荣辱。"❷ 社会经济对于人们思想道德素质的影响是决定性的，具体表现为至少三个方面：一是经济关系、经济制度是人的思想道德形成和发展的基础，人的道德素质归根到底是当时的社会经济状况的产物。二是对于物质利益的追求是人的思想道德素质发展的内在动力。利益对推动实现社会道德理想有着巨大的推动力。对

---

❶ 张志铭. 法律职业道德教育的基本认知［J］. 国家检察官学院学报，2011，19（03）：12-16.
❷ 司马迁. 史记·管晏列传［M］. 北京：华文出版社，2010：233.

此列宁曾指出:"如果你善于把理想和经济斗争参加者的利益密切结合起来……那么,最崇高的理想也是一文不值的。"❶ 三是科技进步和物质生成是人们道德思想形成和发展的物质条件。同样,法律职业伦理道德的内化也一样受上述三个方面经济环境的影响。

实际生活中暴露出的一些司法腐败案件,主要原因就是司法人员为了经济利益拿公正做了交易,在谴责这些腐败者的同时,也应注意看到一个不争的事实,那就是实现司法公正,必须有经济投入,要使司法人员有一定的经济基础,使之"不想腐"。一般而言,对于司法投入越多,司法的公正就越好,反之亦然。

(二) 政治环境的影响

法律与政治之间的关系密不可分,政治环境直接对人的思想道德素质产生影响和导向作用。邓小平同志曾指出:"制度好可以使坏人无法任意横行,制度不好可以使好人无法充分做好事,甚至会走向反面。"❷ 政治环境对人们的道德素质所起的导向作用主要是:第一,国家对人民的思想道德形成和发展具有支配作用;第二,政治制度、政治活动、政治设施对人的思想道德的形成和发展直接产生教育作用;第三,政治环境保证着思想道德形成和发展的方向。

在我国,自党的十五大提出依法治国的基本方略,到党的十八大提出全面依法治国,坚持依法治国、依法执政、依法行政共同推进,坚持法治国家、法治政府、法治社会一体建设,实现科学立法、严格执法、公正司法、全民守法,促进国家治理体系和治理能力现代化,这也必然会促进和强化法律职业伦理的内化。

(三) 文化习俗的熏染

社会文化环境主要表现为文化习俗,马克思曾指出:"人们自己创造自己的历史,但是他们并不是随心所欲地创造……而是在直接碰到的、既定的、从过去承继下来的条件下创造。"❸ 风俗习惯是人们创造历史的前提条件。风俗习惯对于个体道德的影响是潜移默化的,有学者就观察到,在一种社会习俗中成长的个体或群体,经过长期熏陶,他们明白什么该做,什么不该做,什么是不道德的,尽管不一定能够说出理由。我国《民法典》规定了善良风俗的条款,《德国民法典》《葡萄牙民法典》和英国的普通法也规定了同样的条款,"违反公序良俗的法律行为无效",可以说风俗对于人们道德的形成影响巨大,有时候甚至超越了法律。

---

❶ 列宁. 列宁全集(第一卷)[M]. 中共中央马克思恩格斯列宁斯大林著作编译局,译. 北京:人民出版社,1984:153.

❷ 列宁. 列宁全集(第一卷)[M]. 中共中央马克思恩格斯列宁斯大林著作编译局,译. 北京:人民出版社,1984:153.

❸ 马克思,恩格斯. 马克思恩格斯文集(第二卷)[M]. 中共中央马克思恩格斯列宁斯大林著作编译局,译. 北京:人民出版社,2009:470.

风俗具有教化功能，中国古代的统治者就十分重视风俗的教化功能。从风俗的起源看，风俗作为一个民族集体形成的行为规范，其形成之初就带有强烈的道德色彩。而道德也是由风俗演化而来，将风俗中部分行为系统化规范化。在传统社会，风俗和道德是同一的，在现代社会，由于文化多元，风俗和道德产生了分野，特别是职业道德与传统风俗有着更大的区别。比如无罪推定、疑罪从无就与我国传统的风俗不尽一致。应当注意在法律职业伦理的内化过程中吸收传统习俗的正面成分，妥善处理法律职业伦理与传统习俗的冲突。比如传统习俗中有"欠债还钱"，但是在司法诉讼中，过了诉讼时效的债权就丧失了胜诉权，这就会引起法律职业伦理与传统习俗的冲突，如果处理不当就会影响法律的权威。这就需要法律职业者，坚守法治底线，在执业过程中继承、吸收传统习俗的优良成分，抵制陋习，顺应时代发展的潮流。

二、社会舆论的催化

在人类道德生活的进程中，社会舆论一直扮演着重要角色，以一种无形的力量维系着道德机制的运行与发展。中国俗语中的"众口铄金、众怒难犯、三人成虎"等成语，均说明社会舆论作为一种强大的道德力量对个体道德形成的影响力。马克思在讨论古代人类社会的秩序时曾指出："它所依赖的惩罚性制裁部分是舆论，部分是迷信。"[1] 社会舆论一直是维护公序良俗的强大力量，无论是传统社会还是当代社会，社会舆论对公共秩序和社会风尚的影响有时会超过法律。赫胥黎就揭示出这样的社会现象，"在许多情况下，人们所以这样做不那样做，并非出自对法律的畏惧，而是出自对同伴舆论的畏惧。"[2]

社会舆论对于个体道德的影响主要是通过道德评价实现的。具体而言，社会舆论的道德评价主要有三种情况，分别是"道德回应、道德反思和道德赏罚"，通过这三种方式激发、强化或者改变个体的道德价值取向。

首先，通过道德回应，社会舆论用一种看不见的力量维护和确保道德秩序的正常运行。道德舆论场通过形成对舆论对象作出价值认同或者态度一致、观点明确的互动，回应道德舆论，这种回应无形中强化了道德舆论的影响。比如我国的学雷锋日活动以及对于类似利他行为的舆论回应就强化了雷锋这种利他行为的正当性。

其次，社会舆论以"道德反思"的方式强化某种道德价值。道德进步如同文明进步一样是一种螺旋式的发展，道德反思是其中的重要环节。作为一种道德强化机制，道德反思主要通过社会舆论进行讨论和反思，过程是通过表达不同的观点进行辩论来达到反思和形成道德共识。比如前些年的南京"彭宇案"、广东"小悦悦案"，2017年的"郑州电梯劝阻吸烟案"等，经过公众的自觉反思推动了社会道德的进步，也强化

---

[1] 马克思，恩格斯. 马克思恩格斯全集（第四十五卷）[M]. 中共中央马克思恩格斯列宁斯大林著作编译局，译. 北京：人民出版社，1985：667.

[2] 唐凯麟. 伦理学 [M]. 北京：高等教育出版社，2001：201.

了个体的道德内化。

最后，社会舆论以"道德赏罚"的方式加固或者改变个体的道德价值取向。社会舆论的"道德赏罚"契合了人们普遍的求荣誉、拒耻辱的心理。通过激发荣誉感或者耻辱感这种社会心理，促使人们作出道德舆论褒奖的向善行为，阻止人们作出道德舆论谴责的不道德的行为。社会舆论的"道德赏罚"方式不仅可以借助人们的荣辱心理直接作用于个人的道德内化，也可以营造一种健康、良好的社会风尚，间接影响个体的道德价值取向。

三、法律运行的作用

法律职业者法律职业伦理内化的过程还跟法律制度是否完备、相关法律制度是否运行良好有关。法律职业者以法律为业，是法律制度的载体，法律制度的运行情况直接影响着法律职业者法律职业道德伦理的内化速度和程度。

法律制度运行的情况主要包括两个维度，一是完备、二是正当。尽管经过改革开放四十多年的努力和法治建设的不断深入，我们已经取得了显著的法治建设成果，但是在一些方面还存在不足，需要不断完善，法律制度环境也存在一些问题，比如法律职业的准入制度、法律职业者的社会地位以及法律职业的职业保障等，都对法律职业者的伦理道德内化有不同程度的影响。

四、道德榜样的激励

中国传统儒家的观念，特别强调君子德性对民众道德的影响，提倡所谓"君子德风"，也就是今天所说的道德榜样。虽然俗语中"榜样的力量是无穷的"有夸张的成分，但是道德榜样的引领示范作用却是公认的。"道德榜样"不仅仅限于道德楷模，也指那些"最应该成为道德榜样的人"，就是掌握社会资源、对社会负有重大责任和影响的人。而法律职业者至少属于后者。

"道德榜样"对社会成员的道德引领和道德示范作用是显著正向的，之所以如此，是基于伦理学中的"个体道德分化律"和"道德趋高律"，这里的"个体道德分化律"主要是指道德发展的个体差异性，个体的道德具有高低层次之分，"道德趋高律"是指道德个体的向善性，道德个体总是希望跻身更高的道德层次。[1] 伦理学的这两个规律结合起来表明，道德榜样具有崇高的道德理想和高尚的道德人格，代表社会成员向善的追求，能够吸引社会成员崇拜和敬仰；道德榜样的善行义举是对社会道德规范和道德原则的生动诠释，能够吸引社会成员学习、模仿。现实生活中的带头者、身体力行者对他人的影响就是例子，比如全国模范法官宋鱼水、周春梅就起到了榜样的作用。

道德榜样对于个体道德内化的影响又可以分为直接影响和间接影响，直接影响的方式是道德示范，间接影响的作用中介是道德风气，前者表现为行为示范，后者表现

---

[1] 李建华. 道德秩序 [M]. 长沙：湖南人民出版社，2008：98.

为精神激励。美国心理学家班杜拉（Albert Bandura）研究发现，"大部分的人类行为通过对榜样的观察而习得；即一个人通过观察他人知道了新的行动应该怎样做。"❶ 这就是班杜拉的"榜样示范理论"。根据他的研究，榜样示范的形式包括"行动的和言语的示范""象征性示范""抽象性和参照性示范""参与性示范""创造性示范""抑制或延迟性示范"。就道德教育而言，"抽象性和参照性示范""参与性示范""创造性示范"都非常重要。"抽象性示范"是指个体对于道德榜样的借鉴是从榜样行为背后抽象出的"方向"作为道德判断的标准；"创造性示范"是指个体对道德榜样的模仿不再停留于复制模仿，而是对不同榜样行为重新组合，创造出新的特征模仿；"延迟性示范"是指个体在观察到榜样行为后，并没有即刻产生模仿的意图或行为，而是在之后的某个恰当时机作出相应的模仿行为。关于精神激励，是指道德榜样通过自己的德行引导社会风气，从而间接激励个体的道德意愿。

"潜在的道德榜样"不同于"道德榜样"的地方就是，前者不一定具有后者的道德境界和道德品格，但是其身份特征显著，对社会或个体均有重大影响，比如领导干部。孟子所说的"上有好者，下必甚焉"就是指的这种"潜在道德榜样"。俗语说的"兵熊熊一个，将熊熊一窝"也是这个道理。作为掌握国家审判权、检察监督权的司法职业者，其所处的地位无疑属于"潜在的道德榜样"，其职业道德水准不仅影响个案，更会影响社会。《孟子·离娄上》就有这样的警示："是以唯仁者宜在高位，不仁者而在高位，是播恶于众也。"这也说明，司法职业者必须德才兼备，以德为先。

五、道德情境的制约

以美国实用主义学者杜威为代表的实用伦理学认为，"人只能根据具体的情境去解决道德问题，不应该根据一般的道德原则。"❷ 杜威认为，个体的道德行为选择总是和特定的道德情境相关联，脱离具体的情境而孤立、抽象地谈论道德问题是没有任何意义的，他不相信永恒道德的存在，认为只有基于道德情境的分析才能对个体的道德行为进行合理的解释。受杜威理论的影响，美国的神学伦理学家约瑟夫·弗莱彻创立了"境遇伦理学"，主张人们在做出道德决断时应以"道德境遇"为出发点，同时尊重"道德原则"的"探照灯"作用，根据道德情境的事实决定执行或者抛弃道德原则。❸ 虽然上述两种理论有把道德视为获取当下利益权宜之计的局限，但是它们对于"道德情境"的深入分析和部分观点是可以肯定的。在实际生活中，的确存在着特定情境下，个体道德意愿被道德情境所激发，并促使个体选择向善的道德行为；在有些道德冲突的情境下，个体道德意愿屈服于道德情境的可能性会更大一些，比如法官、检察官对于亲朋故旧的案子，往往会网开一面，这就是司法制度回避的原因。

---

❶ 班杜拉. 社会学习心理学［M］. 郭占基，周国韬，译. 长春：吉林教育出版社，1988：22.
❷ 杜威. 确定性的寻求：关于知行关系的研究［M］. 傅统先，译. 上海：上海人民出版社，2005：13.
❸ 汪堂家. 哲学的追问［M］. 上海：复旦大学出版社，2012：260.

根据道德情境理论,在没有利益冲突的道德情境下,道德原则的"探照灯"作用显著,个体道德意愿通常会被情境所激发,个体道德意愿行为与激发的方向一致;在有利益冲突的道德情境下,出于维护自身利益的需要,道德原则会随情境变通或抑制。

当然也有例外,道德境界较高、品格高尚的模范或者英雄往往不会因利益冲突放弃道德原则,而是表现出大义,这就跟个体的道德内化的程度和达到的层次有关,所以不断地提高法律职业道德修养,是一个需要长期养成的过程。

第四节 法律职业伦理内化的养成途径

作为守护社会正义的职业群体,法律职业者自然身负社会较高的道德期望。如何使法律职业者成为社会期望的追求社会正义、献身法治事业的具有较高职业道德的法治人才,是一个十分复杂的社会过程,不是单纯的教育可以造就,也不是通过学习就可以完成,需要经历一个复杂的养成过程。根据美国心理学家雷斯特(J. Rest)的研究,特定道德行为的养成可以分为四种成分:解释道德情境、作出道德判断、进行道德抉择和履行道德计划。他认为,形成道德自觉,不仅受个体的认识和情感影响,更主要的是由个体的道德意向和道德动机决定。忽视个体的道德意愿和道德动机,就不可能真正理解个体的道德行为。[1] 由此可以看出,法律职业伦理的养成,需要注意采用和挖掘各种有助于形成符合法律职业伦理要求的道德意向和道德动机的途径和方法。不同途径和方法,影响着法律职业道德内化和养成的水平。

一、法律职业道德意愿的自我修养

法律职业道德的自我修养,简单说就是法律职业成员在道德意识和道德行为方面,自觉按照社会和法律职业的道德要求进行自我教育、自我反省和自我提高的行为活动,目的是达到相应的道德情操和道德境界。自我修养是一种自律自尊的方法,法律职业个体通过不断的自我修养,在法律职业道德实践活动中磨砺意志、反省反思,达到较高的道德境界生成和发展所需的主观条件。具体而言,法律职业道德的自我修养主要有以下方面。

(一) 树立崇德向善的理想追求

法律职业道德的目标与社会道德存在一致,都是以崇德向善作为道德理想追求,最终都导向理想人格和理想的社会道德状况。它们是道德追求的最高境界。人之所以为人,就是因为"始终对未来怀着憧憬期望,因而总是在那里'追寻自己的家园'。这种超越现实、追求理想的精神也是人的本性,而且应该说还是人之为人、人之区别于

---

[1] 伍新春. 高等教育心理学[M]. 北京:高等教育出版社,1998:292.

动物更为根本的规定。"❶ 由于人有意识和精神，明白自己在做什么，也能懂得自己行为具有何种意义，并且有一种自我不断生化的理想潜质。心理学家马斯洛研究发现，人类需求具有五个层次，具有底部向上的结构，这五个需求层次自下往上分别为生理（食物和衣物）、安全（工作保障）、社交（友谊）、尊重、自我实现。马斯洛认为需求层次越低，力量越大，潜力越大。随着需求层次的上升，需求的力量相应越弱。高级需求出现之前，必须先满足低级需求。在从动物到人的进化中，高级需求出现得比较晚，婴儿有生理需求和安全需求，但自我实现需求在成人后出现；所有生物都需要食物和水分，但是只有人类才有自我实现的需求。❷ 而自我实现，往往意味着人类个体并不仅仅满足于吃饱穿暖、安全、有朋友之层次，还会继续自我超越，追求更高的价值目标，如为他人服务、科学等。哲学家冯友兰将人生境界分为四个组成部分，"本天然的'自然境界'；讲求实际利害的'功利境界'；正其义，不谋其利的'道德境界'；超越世俗、自通大全的'天地境界'"。❸ 人生最高境界就是入世与出世结合，讲究"内圣外王"。这也可以理解为中国文化背景下人的价值的自我实现。与传统儒家的"修德"，成为"君子"，进而成贤成圣的理念是相通的。

马克思主义者提倡为人类幸福而奉献的精神追求。马克思在他的中学毕业论文中写道，"如果我们选择了最能为人类福利而劳动的职业，那么，重担就不能把我们压倒，因为这是为大家献身；那时我们所感到的就不是可怜的、有限的、自私的乐趣，我们的幸福将属于千百万人……。"❹ 马克思青年时期树立的"为人类福利而劳动"至今仍然激励马克思主义者的德性追求。可以说，树立崇德向善的理想追求是无数先贤哲人对人们精神生活的目标指引，至今仍具有现实意义。

（二）强化正心诚意的道德自省

中国传统儒家强调慎独、克己自省、正心、诚意的道德自律方法，认为追求至善之德和个体人格完善，需修正身心、正心诚意、与道合、与德应，这样具有完善品格的人才能导人以善、德化众人。《礼记·中庸》中有言："君子戒慎乎其所不睹，恐惧乎其所不闻，莫见乎隐，莫显乎微，故君子慎其独也。"意思是，道德高尚的"君子"在别人看不见的时候，总是非常谨慎的，在别人听不到的时候总是十分警惕的，从最隐蔽处最能看出人的品质，从最细微处最能显示人的品德，所以"君子"越是独自一人，没有监督时，越要小心谨慎，不做违背道德的事。慎独强调的是一种严格的自律精神，不在人前显表而加、不在人后内里而减，表里如一。儒家在强调慎独这种对于内心的自律的同时，也注重自省，曾子"吾日三省吾身"的观点和《荀子·劝学》中

---

❶ 贺来. 现实生活世界：乌托邦精神的现实根基 [M]. 长春：吉林教育出版社，1998.
❷ 彭聃龄. 普通心理学 [M]. 北京：北京师范大学出版社，2003：7-12.
❸ 冯友兰. 中国哲学简史 [M]. 天津：天津社会科学院出版社，2005：295.
❹ 马克思，恩格斯. 马克思恩格斯全集（第四十卷）[M]. 中共中央马克思恩格斯列宁斯大林著作编译局，译. 北京：人民出版社，1982：7.

的"君子博学而日参省乎己,则知明而行无过矣",都强调每天要反复自省,才能取得行为无错的积极效果。尤其是遇到险阻时,反复学习,反躬自省。诚意慎独、反躬自省不仅是一种道德修养的方法,也是一种道德的境界。

法律职业的特性决定了法律职业者的很多执业活动,是在个体独处时完成的,这就对法律职业者提出了挑战。无论是执业活动在公开场合还是私密的场所,都能够在独处时,作出与有人在场监督时一样的道德行为,这是法律职业者伦理道德修养内化到一定程度才会达到的境界,当然也是社会对法律职业者的期望。同时,法律职业者也需要经常自省,在遇到利益冲突的情况下,能够按照法律职业伦理规范办事,不以善小而不为,不以恶小而为之。时时处处保持谦虚谨慎、自律自省,培养自我管理、自我约束的能力和习惯。

(三) 重视沉毅坚定的意志磨练

意志是道德的根本,良好的意志品质关系着个体道德是否坚定可靠。只有形成坚定的意志,坚定的精神信仰,才能恪守道德原则,保持道德品行。《孟子·尽心上》有言:"人之有德慧术知者,恒存乎疢疾。独孤臣孽子,其操心也危,其虑患也深,故达。"意思是说,有德行、智慧、谋略、见识的人,常常是因为他生活在患难之中。只有那些孤臣和庶子,他们虑事深远,所以通达事理。其说明的道理就是人类的德行、智慧、学术,才能起源于忧患意识,也就是说,人类在残酷的生存环境下,不断地去认识事物,透过诸多现象,从中发现本质特征,进而发现规律、掌握规律、利用规律。孤臣和庶子是被朝廷、家族边缘化的一族,他们的生存艰难异乎常人,为了应对来自习惯势力的挑战,他们往往具有与众不同的意志,蕴藏惊人的能力。孟子主张人性本善,但是外物会改变人的本性,感官之欲会减损人的善心,因此,要寡欲节制,磨砺意志,才能恪守本性。践行节制美德,能够自我控制是意志坚定精神健康的表现。明代大儒王阳明说的"破心中贼"就是要节制欲望、磨砺意志。

古希腊哲人柏拉图也将意志列为灵魂中较好的部分,"有节制的人"就是"一个人的较好的部分统治着他较坏的部分。"[1] 亚里士多德认为,"有自制力的人服从理性,在他明知欲望是不好的时候,就不再追随。"[2] 相反,弱自制力(意志力)的人则被情感和欲望驱使。德国学者包尔生认为道德的主要目的在于培养和塑造理性意志,使之成为全部行动的调节原则,称这种有德性的美德为自我控制。[3] 其实也就是坚定的道德意志。如果说情感欲望是流,行为是果,那么节制情感欲望之流,就会有行为的善之果。

(四) 养成与人为善的行为习惯

道德习惯对于个体道德的发展和道德意愿的形成有着重要作用,早期的道德行为

---

[1] 柏拉图. 理想国 [M]. 郭斌和,张竹明,译. 北京:商务印书馆,1986:15.
[2] 亚里士多德. 亚里士多德全集(第八卷)[M]. 苗力田,主编. 北京:中国人民大学出版社,1994:139.
[3] 弗里德里希·包尔生. 伦理学体系 [M]. 何怀宏,廖申白,译. 北京:中国社会科学出版社,1988:412.

习惯往往会对个体的道德发展产生长远、深刻的影响。古代传说的孟母三迁，就是孟母为了培养孟子年少时的行为习惯，使其不受不良习气的影响，而多次搬家的故事。俄国学者苏霍姆林斯基将道德习惯视为道德基础，认为"有了道德习惯，社会觉悟和社会道德准则才成为一个人的精神财富。"❶ 道德内化的形成可以看作内得于己、外得于人的过程逐步形成的稳定向善的意愿，在面临道德情境冲突，需要个体做出道德选择时，能够不假思索地自觉行善。这在观念层面体现为对善的追求和向往，在行为层面就体现为与人为善的行为习惯。

与人为善，就是与人交往的时候，从善良的愿望出发，采用友好的行动，争取美好的结果。养成与人为善的行为习惯就是要在日常的道德交往和道德生活中，常怀善良愿望、常行友善之举。这对于法律职业者执业更为宝贵，对当事人、对同行、审判时的无罪推定、实现执业的目标法律的公正，都可以说是与人为善。

（五）躬行扬善利他的公益实践

古希腊大家亚里士多德将道德视为"实践活动"，是人们以"善"为价值的生活实践。他进一步解释道，"品质来自相应的活动，通过公正的行为变成公正的人，通过节制的行为成为节制的人。"❷ 只有内化于实践的善才称得上真正意义上的美德，道德实践，尤其是躬行扬善利他的公益实践，才被视为激发自我道德意愿的重要途径，也就是说，人们向善的道德意愿、追求美德的意向，是在习得并实践美德的过程中逐步生成、发展、不断巩固的。

公益实践是一种利他、自主、自愿的道德实践活动，以人们的道德意愿为前提。个体的道德意愿由理念化为现实，需要个体参与公益实践。法律职业与其他专门职业一样，必须在自己的旗帜上写上为社会服务的大字。尽管专门职业者所掌握的专门知识和技能是他们取之不尽的力量源泉，但是这种潜在的力量要转变为现实，取决于社会对他们的信任，而社会信任的基础，则是他们愿意运用自己的专门知识和技能为实现社会幸福服务。法律职业者不应该是唯名利是从的市侩，而应该是社会正义的追求者、社会制度的"工程师"。法律职业应该是一个对社会、对人生负责、尽职的群体。为社会服务，应该成为法律职业的核心理念，成为法律职业最根本的价值追求。在法律职业的精神境界中，应该特别强调的是利他主义的伦理性。在现代法治社会中，法律职业甚至被作为制衡庸俗的商业文明和喧嚣的平民政治的"法律贵族"或"学识贵族"，并因此而由国家彰显其地位。法律职业者的公益实践包括法律援助、免费的法律咨询、法律顾问等。

二、法律职业伦理养成的教育引导

法律职业伦理教育就是要培育法律职业者的道德意愿，提高法律职业伦理水平。

---

❶ 苏霍姆林斯基. 苏霍姆林斯基选集［M］. 蔡汀，王义高，祖晶，主编. 北京：教育科学出版社，2001：644.
❷ 亚里士多德. 尼各马可伦理学［M］. 邓安庆，译. 北京：人民出版社，2010：84.

法律职业伦理教育的目的不是要使学生记忆职业道德的条文，而是通过对法律职业伦理的学习，深刻理解法律职业精神和职业理念，形成对职业道德善恶的认知，知道职业道德"善"的含义，明白判断道德善恶的标准，掌握解决道德冲突的方法，为形成高尚的道德人格提供教育引导。

（一）教育目标上坚持"知行转化"

法律职业伦理教育的总目标是培养具有社会正义追求、批判性价值认识能力、促进社会长远进步的社会主义法治建设的人才。在促进法科院校学生形成一定的职业道德认知的同时，又要促进个体基于职业道德认知将道德意愿转化为道德行为。这就是常讲的"知行转化"，最终达到知行合一的理想道德境界。

中国古代就特别重视道德培育的有效性，荀子特别提倡"君子之学"和相应的有效教育，他在《荀子·劝学》中指出，"君子之学也，入乎耳，箸乎心，布乎四体，行乎动静；端而言，蠕而动，一可以为法则。小人之学也，入乎耳，出乎口。口耳之间则四寸耳，曷足以美七尺之躯哉？"荀子认为学习分为君子之学和小人之学，君子学习入耳入心，从而使自己的言行都符合道德原则，成为他人的楷模，而小人之学是入耳、出口，不会以所学道德原则规范自己的行为和举止。实际上，促使个体在知行转化中实现道德意愿的升华，才是真正有效的职业道德教育。"知而不言，言而不行"会导致道德意愿培育实际效果不佳。因此，我们的法律职业伦理教育不能过分强调社会期望和具体职业道德规则的传授，而应同时重视受教育者内心追求与道德实践的浸炼，为职业伦理道德内化创造条件。

（二）教育内容上坚持知识讲授与案例教学并重

美国学者弗兰克纳指出，"如果他的思想完全是被灌输进来的；如果他在精神上和心理上完全是被动的；……那么，无论以怎样的道德手段影响行为都是无效的；无论内在的还是外在的道德制约，都不能指望取得预期的效果。"[1] 教学实践和生活实际经验也证明，纯粹知识灌输式的道德教育是没有实际效果的，因此，在法律职业伦理教育教学活动中，应该坚持知识讲授与案例教学并重，通过实际生活中发生的活生生的案例，模拟特定的道德情境，让学生做出道德判断和行为选择，以强化个体道德认知的内化。

在社会生活的现实中，不大容易存在和道德教条中一模一样的纯粹的"善"，个体需要在社会现实中面对善恶，才能认识到职业道德准则中的"应当"与道德现实"本真"之间的差异，这就需要通过活生生的案例教学提高道德的"实践能力"，克服理论与现实的脱离问题。通过使用现实发生的案例进行教学，就是要把道德伦理理论讲授与道德实践结合起来，在特定的社会现实和职业环境下引导学生在实际生活和职业模

---

[1] 弗兰克纳. 伦理学［M］. 关键，译. 上海：上海三联书店，1987：154.

拟环境中体悟道德真知，培育知行合一的道德个体。

（三）教育方法上坚持教育与自我教育并举

法律职业伦理最理想的状态是法律职业个体形成职业道德的自觉或者道德意愿。道德意愿的生成和发展需要特定的主观条件，比如道德认知能力、道德共情能力、道德感知能力和道德自控能力，涉及个体道德的知、情、意、行等方面。这些条件都不是个体与生俱来的，均需要经过自我教育和教育引导才能逐步习得。自我教育是道德意愿培育的起点，是个体提升道德境界，实现道德自觉、道德自律的重要途径；个体通过自我教育实现道德自律，进而确证教育引导的有效性。教育引导是一种由外而内的道德意愿培育方式，但是对于提升个体道德认知、道德判断，促进个体德性的提升、道德意愿的达成意义重大，为自我道德教育和修养提供了方向性的指导。

所以有实际效果的法律职业道德伦理教育，必须坚持教育和自我教育并重的方式，外在的教育引导也是为了催生个体的向善意愿。以往的道德培育对于教育引导的重视程度超过了对自我教育的关注，一个明显的表现是把教育对象视为心灵空白、被动接受灌输和塑造的教育客体，忽视了个体在其德性发展方面的积极性和能动性。其实，从道德向善意愿生成的机制看，"自我"是道德意愿的起点，完善的"自我"意识是处理人与他人、人与社会关系的基础；从道德培育的作用发挥看，"自我"是道德教育的起点，道德教育、包括法律职业伦理教育是否有效，取决于道德教育的目标与个体自身的道德向往和道德追求的一致性。苏霍姆林斯基指出，"只有能够激发学生进行自我教育的教育，才是真正的教育"。[1] 只有有效形成学生的自我教育，才能解决学生走出校门后被社会自由的空气熏染得不知所措的问题。自我修养是道德意愿、道德自觉发展形成的必经途径，只有个体经历了自我认识、自我约束、自我评价等一系列自我修养的过程，才能保证道德意愿在认知内化、情感内化和行为内化等方面的内源性和长久性动力，才能真正在个体内心生发向善的道德意愿。法律职业伦理道德教育应该是知性和德性统一的过程，激发受教育者由内而外的向善意愿，终究需要落实一系列教育和自我教育活动，尤其是自我的内省修养。

三、法律职业环境育人的向善营造

法律职业整体状况以及法律职业相关的制度运行情况构成了法律职业伦理形成和发展的职业环境，法律职业的相关机构有责任促进法律职业环境的发展和建设，特别是要尽力营造向善的法律职业环境氛围，使每一个法律职业者在法律职业共同体内部受到良好道德风气的熏陶，激发法律职业者个体的道德荣誉和道德向善意愿。这些措施包括但不限于：

---

[1] 苏霍姆林斯基. 给教师的建议（修订本）[M]. 杜殿坤，编译. 北京：教育科学出版社，2001：350.

1. 改善并加快法律职业的职业化建设

在强化法律职业者知识和技能水平发展的同时,把好职业道德关。对参加法律职业资格考试的未来法律职业者进行道德测评,对已经进入法律职业队伍的人员进行经常性的职业道德考评,改变目前实际工作中,法律职业道德评价与考评标准过低、执行中走过场的情况。

2. 建立和完善法律职业制度评价体系

如前所述,法律职业能够成为一个与医生、工程师一样的职业的一个重要条件是,能够进行自我管理,是一个自律、自主的职业群体。现代社会的专门职业,都会实行不同程度的自我管理,并拥有各种自律、自主的手段。诸如确定职业准入的条件、制定职业伦理规则、规定收费标准、进行纪律惩戒等,都应该在不同程度上属于法律等专门职业自主决定的范围。法律等专门职业的自我管理,首先是社会分工的结果,是专业特性的要求。由于法律等专门职业需要专门的知识和技能,普通人根本无法就专业领域内的事项作出合理的判断。对于专业领域的事项,只有通过专业内部的同行评议,通过专业从事者的自主判断,才能保证有适当的安排和处理。这里的同行评议,除了专业技能之外,主要就是职业道德评价。

从一般意义上,职业道德评价主要发挥以下四个主要功能。一是引导。通过职业内的道德评价,能够使职业成员认识到哪些是不符合法律职业道德的行为,应予否定,哪些是符合法律职业道德的行为,应予肯定,从而引导法律职业成员的道德意愿向着职业伦理倡导的方向发展。二是诊断。通过职业内部的道德评价,及时发现法律职业队伍内部存在的问题,通过对这些存在的职业道德方面问题的分析,有针对性地采取措施。三是强化。通过肯定性评价强化已有的法律职业成员的积极道德情感体验,化解职业成员产生的消极情绪,从而降低不良情绪再次发生的概率。四是调节。法律职业内部的职业道德评价,在传递过程中会对职业内部相关机构起到目标调整、方法改进的作用,促使这些机构进行相应的调节。

应该看到,实践中法律职业内部的职业道德评价,多是自发的内部或者外部评价,没有建立有力的评价机制,实际产生的效果也十分有限。这方面应该着力从教育、心理、行业自我管理的角度,完善评价体系、建立有效评价机制。

3. 激发法律职业者的集体荣誉感

从心理学的角度,人在集体活动中,比较容易激发出利他的道德意愿进而形成利他的道德行为。之所以如此,在于集体成员对于集体的认同与集体荣誉情感。所有的道德规范,可以说都是利他规范,出于集体荣誉和被集体接受和尊重的心理,个体在集体活动中容易变得高尚起来,而这种高尚的行为和由此得到的高尚评价又强化了个体的道德意识和向善的道德意愿。因此,法律职业机构应该有意识地举办一些与业务相结合的集体活动,激发参加者的道德荣誉感、集体认同感,要比说教有效得多。当然这方面有过比较成功的案例,比如律师辩论大赛、专业研讨会议、演讲比赛等,如果再辅以媒体宣传,效果可能更好。

4. 宣扬嘉奖职业道德楷模

人们常说榜样的力量是无穷的,这确实有心理学的依据,如前所述,人们的道德意愿培育主要靠习得。所以树立一些法律职业道德楷模,能够直接或间接地对其他职业成员形成影响。其实,现实生活中,法律职业者中有不少兢兢业业、无私奉献、道德高尚的职业道德模范,这就需要我们及时发现,大力宣传嘉奖,形成对他人的积极引导和正面影响带动。

5. 监督惩处违规违纪

对于少数违反法律职业伦理准则、违反职业规定和职业纪律者,应当坚决予以惩戒处罚,绝不能姑息迁就。这样才能形成正向激励,取得社会信任。当然,法律职业还可以拓宽社会监督渠道,主动接受社会监督,不断净化职业群体。

总之,法律职业者之所以要接受严格的法律职业道德伦理的约束,就在于法律职业本身发展的需要,就在于法律职业所承载的维护社会公正、社会秩序、平等公平的社会期待,法律职业者有义务承担这种责任,也有责任维护好自己的职业形象。

案例研习与阅读思考

案例一　判决与"以理服人":一份判决书[1]

【基本案情】

威尔士学生对威尔士语是非常热爱的,他们对于向威尔士广播的节目用英语而不用威尔士语非常不满,于是进行游行抗议。他们来到伦敦,闯入了法庭……

下面是判决书的部分摘录:

上星期三,正是一周以前,高等法院的一名法官劳顿也在这个地方审理了一个案件,是发生在一名海军军官和一些出版商之间的诽谤案,陪审团参加了审理。无疑这是一个重要的案件,但是与今天的目的相比较,它也许是最不重要的。这不碍事,因为那个事件本身确实是严重的。现在这个案件是一群青年学生,有男的,也有女的,闯入了法庭。这显然是事先安排好的。他们从阿伯利斯瓦斯大学远道而来,跨进审判庭律师席,拥入公共走廊,高呼口号,散发小册子,而且还唱歌,破坏了审讯。法官不得不休庭,直到把学生驱逐出去才恢复了秩序。当法官返回法庭的时候,3 个学生被带到法庭受审。法官以蔑视法庭罪判处每人 3 个月监禁,其他人在法庭再次开庭以前继续拘留。之后又有 19 个学生被带到法庭。法官挨个问他们是否准备认错。其中 8 人

---

[1] 丹宁勋爵. 法律的正当程序 [M]. 李克强, 杨百揆, 刘庸安, 译. 北京:法律出版社, 1999:5—10.

同意认错。法官判处每人50镑罚金,并要他们具结保证守法。另外11人不肯认错。他们说,他们认不认错是个原则问题,所以不能随便答应。法官便以蔑视法庭罪判处每人3个月监禁。在用这种办法对这些年轻人作出判决时,法官行使了一种延续几个世纪的审判权。早在二百年以前,威尔莫特法官在一篇起草好了的但从未发表过的意见书中就对这种权力作了很好的说明。他说:"判处当面蔑视法庭的人以罚金和监禁,对每一个法院来说都是必要的。"这是在《王国政府诉阿尔蒙案》中说的。"当面蔑视法庭"这个术语听起来有些古怪老气,但它的重要意义在于强调:在所有必须维护法律和秩序的地方,法院是最需要法律和秩序的。司法过程必须不受干扰或干涉。冲击司法正常进行就是冲击我们社会的基础。为了维持法律和秩序,法官有权并且必须有权立即处置那些破坏司法正常进行的人。这是一个很大的权力,一个不经审判当即监禁某人的权力,然而它是必需的。的确,甚至直到最近为止,对法官行使这种权力都是不允许上诉的。以往没有防止法官错误地或不明智地行使这种审判权的保障办法,1960年这种情况得到了纠正,现在可以到上诉法院进行上诉了,在适当场合还可以从本院上诉到上议院。因为有了这些保障办法,这种审判权才得以保留并应该保留下来。11名年轻人行使了这种上诉的权利。我们把其他所有案件放到一边,先来受理此案。这是因为我们关心他们的自由权利。我们的法律把臣民的自由权利看得比什么都重要。所以我要赞扬这种做法,正是据此,沃特金·鲍威尔先生为学生们提出了上诉。他们做的和我们以前所听到的任何辩护一样。我们也得到检察总长的很多帮助,他不是作为公诉人,而是作为法庭之友来到这儿的。他提出了一切有关的注意事项,对我们很有裨益……因此,我认为,高等法院的一名法官根据普通法仍然享有对蔑视法庭的刑事罪犯即刻判处监禁的权力。这种权力至少不受1967年法令各条款的影响。普通法上的这些权力原封不动。这些权力是:判以罚款和监禁;作出即刻判决或延缓执行;在作出判决以前将某人先行监禁;勒令某人规规矩矩遵守法律;勒令某人一经传讯即须到庭受审。这些权力使法官事实上可以采取延缓执行的做法。在这方面的现代制定法通过以前,我经常听到一些法官在审理一般犯罪时按照普通法说:"我勒令你一经传讯立即到庭受审。你听着,假如你再找麻烦,那么你就要为这次犯罪而被判刑。我提醒你,如果你错过这次机会,你要坐6个月的牢,就要受到这样的惩罚。"这就是普通法的缓刑办法,它也可以用于蔑视法庭罪。现在我来谈谈沃特金先生即鲍威尔先生所说的第三点。他说对学生的判决过分了。而我认为,不论从发布判决的时候,还是从以后发生的情况来看都不算过分,这是对审理某一与学生毫无关系的案件的司法过程的蓄意干涉,法官必须表明(向每一个地方的所有学生表明)这种事情是不可宽恕的。如果学生愿意,可以让他们为自己所信奉的事业举行示威,只要他们喜欢,也可以让他们提出抗议,但必须依照合法方式进行,而不能非法进行。他们冲击了这块土地上(指英格兰,也指威尔士)的司法过程,就是冲击了社会本身的根基,就是破坏了保护他们的东西。仅仅由于维护了法律和秩序,他们才有幸成为学生,能在平静的环境中学习和生活。所以要让他们维护法律,而不是贬低它。但是现在应怎样做呢?由于法官在上星期三作出了判决，法律才得到了维护。他已表明法律和秩序必须受到维护，而且也将受到维护。然而就本上诉案来说，情况发生了变化。那些学生不再公然在这里反抗法律了。他们向本院提出上诉就是尊重法律的表现。他们已经服刑一周。我认为继续把他们关在里面没什么必要了。这些年轻人不是普通刑事罪犯。他们没有使用暴力、没有进行侮辱或采取不道德的行为，相反，有许多做法还是值得我们赞赏的。学生们想要尽力维护威尔士语言，他们有理由为它骄傲。它是诗一般的语言，是诗人和歌手的语言，听起来远比我们粗鲁的英格兰语音悦耳。就其权威性来说，在威尔士，它和英格兰语言应当具有同等的地位。学生们的错误——而且是一种严重的错误——在于他们走到了极端。

但是，正如已经做的那样，我想我们能够而且应当宽恕他们，我们允许他们回到学堂，回到父母身边，继续完成被他们的错误中断的美好的学业，他们还必须保证今后必须遵纪守法。最后我还得再说一点，如有需要，本院有权传讯他们，只要有必要，法院将毫不犹豫地召回他们，把他们送进监狱，执行劳顿法官对他们判处的刑罚的保留部分。以我的同事即将发表的意见为条件，我愿提议今天就释放他们，但他们一定要规规矩矩、遵纪守法：今后12个月内一有传讯，他们必须立即到庭受审。

【提示与问题】

一份判决书如何能够做到让人口服心服？

【理论分析】

这个判决很好地说明了维护法律和秩序的重要性，将法治精神提高到至上的境地。这样一种情感体验，尤其是判决书感人至深的论述，比起千百次地重复"法律的使命或者法律职业的使命是维护法律和秩序"这样的抽象教化，作用不知要强烈多少倍。我们认为，这样一份判决，不仅可以使被判决的人心服口服地认识到自己行为的性质和行为的后果，受到一次法律至上文化的深刻教育，同时，或者更为重要的是，对于法官自己，他必须具备法律至上的信念才可能写出如此有说服力的判决，而且，通过这样的反复论述的过程，他自己也会更加坚定维护法律秩序的信念。对于其他法律职业者如律师或者对于准法律职业者来讲，这份判决无疑是一份非常好的培养法律信仰的教育事例。阅读这样的判决可以深刻地感知法律、秩序对于一个国家、一个民族甚或对于一个人的重要性，可以深刻地感知法律职业维护法律秩序的使命以及如何行使这种使命。

其实，这样的一份判决书本身已经可以说明很多问题了，似乎任何评价都是多余的了。可以想见的是，形成这样的判决书和阅读这样的判决书，对法律职业者的伦理一定是有影响的。阅读上述材料，谈谈你个人的看法。

案例二　法律教育之目的[1]——燕树棠

我们为什么要办法律教育？造就什么样的法律人才？我们中国对于这个问题的解答，不但今昔不同，即就现在而论，也不一致。因为这个问题的解答，即是法律教育通行之途径；所以这个问题究竟应该如何解答，值得我们予以相当之注意。

我们中国在前清时代——在维新以前的时候——实在无所谓法律教育。国家及社会均崇尚"礼教"，鄙视法律。"礼教"是当时支配社会的主要工具；法律却居于次要的地位。但我们中国的旧律已经脱离了幼稚的状态，其规则之复杂早已需要专门之研究而构成了专门的知识。所以有清一代，维新以前的法律教育不能说完全不存在，那个时候的法律教育，是在国家各机关中办理诉讼案件的那一部分人员私人之手。那一部分人叫做"刑名师爷"。先生是"师父"，学生是"学徒"。教授之方法只限于法律专门名词之用法，及律文意义之讲解。他们那种教育之目的，只是期望把他们的"徒弟"们造成咬文嚼字地办理诉讼案件的"刑名师爷"而已。这样的法律教育，可以说是单纯的职业教育，以取得法律专门知识而能谋生为目的。

到了满清末年的时候，所谓"维新"，主张"变法"——改革国家政治组织，改良旧有的法律，相信国家制度及法律一经变更，国家就可以强，人民就可以富，外侮就可以除。自前清末年，以至民国初年，一般人士，无论是君主立宪派，也无论是国民革命派，都怀抱这种的迷信。在这个期间，去到东西洋留学的学生，十之八九是学习法政；国内公立及私立的法政学校遍于全国。那些学校里边的功课，所需要的是法律，并不问什么法律。

例如，教授宪法，有的教授日本明治天皇所颁布的宪法，有的教授英国戴西（Dicey）氏所著的英国宪法；又如，教授刑法，有的把日本刚田博士的刑法讲义奉为金科玉律，有的把美国哈佛大学毕鲁（Beale）教授所著的刑法成案选读作为教授蓝本。诸如此类，教员只要有法律教，学生只要有法律学，就算满足了法律教育之需要。当时受过这种法律教育之人，出路很广——可以在立法机关当议员，可以在行政机关为官吏，可以在司法机关当法官，最低就者也可以当律师。法政学校一时上市，大有人满之患。一般人对于法律的态度大反从前鄙视的眼光，而承认法律是支配社会的重要工具，同时承认法律任务是社会的任务，法律事业是公益事业，法律教育是训练社会服务人才之教育。那么，法律教育之目的是在训练社会服务的人才，不是在造就个人谋生的能力，大家的视点已经是与从前大不相同了。

民国成立以后，十余年之间，学习法政的人们充满了国家的各机关；在朝在野的政客，以及乡间无业的高等流氓，也以学习法政之人为最多。多年来官场之贪污，政

---

[1] 引自燕树棠：《法律教育之目的》，原载于《清华法学》2006年03期，有改动。

治之勾结，许多造乱之源，常归咎于"文法"。并且社会秩序日益纷乱也可以证明法律之无用和无力。一般人从前对于法律事业之奢望，渐变而为失望了。去年中央政府明令限制"文法"的政策，无论好坏，无论赞成与反对，自有社会的背景存在。现在政府当局对于法律教育，亦并未宣示特别的教育宗旨，只是与别种专门知识同样的视为专门知识之训练而已。即现在从事法律教育的专家亦多抛弃从前对于法律事业那种奢望——因为国家的基本的法律，如刑法、民法、民事诉讼法、刑事诉讼法等等的法典，陆续颁布，他们以为名词的解释和章句的说明，这样的使学生取得专门知识，能应付各项的考试，亦就算法律教育之成功，无需再有他求。

但另有一部分从事法律教育之人，承认现代的法律是支配社会主要的工具而不能机械地使用，尤其是现代社会状况正在急剧变化的时候，法律更不能机械地使用，所以主张，法律教育于训练所得专门知识而外，尚需有别种的东西以为调剂。那种调剂的东西，我们至今还没有一个总括的名词来表明，我们姑且杜撰一个名词，叫做"法律头脑"。一个人受过法律教育之后，必须具有"法律头脑"，才能对于法律为适当之运用；无论为立法人员、司法人员、行政人员，也无论为律师，也无论经营特别的事业，才能有相当的把握而不致有大错。

所谓"法律头脑"是指什么说呢？以我们想象所及的，可以说必须具有五个条件：

第一，须要有社会的常识。世界各国的法律都包含有许多的寻常用语所不用的专门名词。我们中国现在的法律，一大部分是由东、西洋输入的舶来品，寻常所不经见的名词更多。假若教员先生故神其说，罗列些专门名词，讲解一个法律问题，真可以使学生侧耳静听，莫测高深。其实，法律问题都是人事问题，都是关于人干的事情的问题——油、盐、酱、醋的问题；抽烟、吃饭、饮酒的问题；住房耕田的问题；买卖借贷的问题；结婚生子的问题；死亡分配财产的问题，铜元钞票的问题；骂人、打人、杀伤人的问题；偷鸡摸鸭子的问题。大而国家大事，小而孩童的争吵，都是人干的事情。从这些事情里所发生的法律问题，我们若从浅处看，从易处看，法律并不是什么艰深而难于了解的东西。假设我们依据对社会的经验和观察而研究法律，我们了解法律的程度一定增进不少。所谓社会常识即指对于社会人情之了解。我们中国旧思想把"国法""人情"并列并重，其中大有真理在！

第二.须要有剖辨的能力。一般人批评事体，议论是非，判断曲直，往往囫囵吞枣，依据一句概括的成语或列举一个简单的例子，就敢轻下断语，其中不知道耽误了多少的事，冤枉了多少的人。从事法律职业的人评判和处决事情的机会更多，虽有法律可以依据，若是缺乏相当程度之剖辨能力，就不能找到问题之根本，就不能为适当之处置。对于人事之剖辨犹如对于物体之分析——一个大机器在表面上看不清楚，若拆开为机件，就可以知其构造；一个小药丸在表面上看不出是什么东西，若用化学的方法分析，就可知道它所包含的原质；人事也是如此，其内情虽复杂，若剖辨起来，也不难知道人与人彼此关系之构成的元素。分析是科学方法，是科学精神，学习法律的人若是得不到剖辨的能力，若是不注意培养自己剖辨的习惯和精神，那就是等于没有受过法律的训练。

第三，须要有远大的思想。研究法律系研究人生的琐事。法律所支配所干涉的事体都是人与人之间常发生争端的事体。从事法律职业的人，直接处理那些争端，常常与坏事接触，常常与坏人接触，往往于不知不觉之中，熏陶渐染，淹埋于坏人坏事之中，以致堕落而不能自拔者，所在皆是。西洋在罗马的时代，即以法律为伟大的事业，有的法学家以仁爱讲法律，有的以法律为艺术为文学。到了近代以公道正义讲法律，以自由讲法律。最近美国著名的法学家，如霍姆斯、卡多佐等亦盛言：教授法律应以"伟大"的方法，应以"想像"的方法，应以"客观"的方法，教授法律。他们的意思是说应该提高学生的精神，超拔主观的影响，使入于理想的境界。辨理俗事的任务而有超俗的思想，此乃法律教育不可少之要件。

第四，须要有历史的眼光。法律问题是社会问题之一种。社会问题是社会整个的问题。不明社会的过去，无以明了社会的现在，更无以推测社会的将来。学习法律必须取得相当程度的历史知识，才能了解法律问题在社会问题中所占之位置，才能对于其所要解决之问题作适当之解决。学习法律的人必须能够把眼光放大，才能把问题认识清楚。近年来法学的发达，历史的知识供给很多的帮助，其效果业已影响实际法律之适用。

我们以为，一个学习法律的人，于取得法律专门知识而外，他的学力的造诣必须得到了上边所说的那样的"法律头脑"的程度，他才能可以说是一个"用之不竭"的法律人才。

"法律头脑"在中文里边没有这个名词，与西文中，如英文之 Legal mind，如法文之 espirit Judique，意义相似，而不尽同，即英、法文中这两个名词也没有确定的意义；无论如何，它的意义的要点是说于学习法规之外必须得到一种法学的精神，才算是完成了法律教育。学习法律的人必须取得这样的精神，他所学的机械的知识，才能变化而成为了解的认识；他的机械的法律知识才有了生机，有了动力，才可以说是死知识变为活知识，死法律变为活法律。

假设我们承认这种精神教育之必要，我们必须承认在可能范围之内尽量扩充普通知识之训练，尤其是社会科学之训练。知识丰富，眼界宽大，自己的信仰力自然随着增加。我们要想实现法律教育这种目的，必须将现在各学校法律学系之功课加以变更。查现在法律课程之中，"成本大套"的法律功课，如民法、刑法、民事诉讼法、刑事诉讼法等课目，占用时间太多，应该减少。社会科学的功课，如政治学、经济学、社会学、政治思想史、经济思想史，以及伦理、心理、逻辑、哲学各项科目，应该与法律并重，作为必修的科目，以便使学生对于整个社会，全部的人生问题，得到相当的认识。近年来，我们中国及欧陆、英美各国的法律教育都感觉到有这样改革的必要，亦都有这样改革的趋势，但都没有具体的改革的计划。兹特揭明问题，希望国内法律专家予以教正。

【提示与问题】

法律人才的标准是什么?

【理论分析】

上述材料节选自法学教育家燕树棠先生写于1935年的《法学杂志》"法律教育专号",至今已近九十年,现在重读这些文字仍然觉得十分亲切。燕树棠先生1914年毕业于北洋大学,1920年获得耶鲁大学法律博士学位。1921年回国后先后任教于北京大学、武汉大学,1931年受聘担任清华大学法律系主任。燕先生对于法律人才培养的看法,今天仍能给予后人很大的启迪。

燕树棠认为,法律教育的目的在于培养具有"法律头脑"的人才。"法律头脑"有五方面的条件:第一是须有社会常识,因为法律是处理社会世俗的问题,从国家大事到小孩争吵,所以,除了要对国法了解之外,还要对社会人情等社会经验熟悉了解;第二是要有分析辨别能力,能够使用法律思维对案件事实问题进行法律权利义务方面的认定和归结;第三要有远大理想,培养提高学生的精神,使其不受审理的案件中的奸邪纷争所影响,而是将法律视为伟大事业,追求公正、仁爱、自由;第四要有历史眼光,了解法律所处理社会问题的由来,根据历史知识作出适当的解决之策;第五是获取法律专门知识之外,具备上述四方面的知识能力。经过这样的训练培养,才算拥有"法律头脑"的法律人才。

【思考题】

通过本课的学习,你是否认识到法律职业伦理对于法律人才培养具有十分重要的价值?结合上述文章,谈谈你个人的看法。

参考书目

[1] 马克思,恩格斯. 马克思恩格斯选集(第二卷)[M]. 中共中央马克思恩格斯列宁斯大林著作编译局,译. 北京:人民出版社,1965.

[2] 马克思,恩格斯. 马克思恩格斯全集(第四卷)[M]. 中共中央马克思恩格斯列宁斯大林著作编译局,译. 北京:人民出版社,1965.

[3] 马克思,恩格斯. 马克思恩格斯全集(第四十卷)[M]. 中共中央马克思恩格斯列宁斯大林著作编译局,译. 北京:人民出版社,1982.

[4] 马克思,恩格斯. 马克思恩格斯全集(第四十五卷)[M]. 中共中央马克思恩格斯列宁斯大林著作编译局,译. 北京:人民出版社,1985.

[5] 马克思,恩格斯. 马克思恩格斯文集(第二卷)[M]. 中共中央马克思恩格斯列宁斯大林著作编译局,译. 北京:人民出版社,2009.

[6] 马克思,恩格斯. 马克思恩格斯文集(第九卷)[M]. 中共中央马克思恩格斯列宁斯大林著作编译局,译. 北京:人民出版社,2009.

[7] 列宁. 列宁全集(第一卷)[M]. 中共中央马克思恩格斯列宁斯大林著作编译局,译. 北京:人民出版社,1984.

[8] 毛泽东. 毛泽东选集(第二卷)[M]. 北京:人民出版社,1991.

[9] 埃尔曼. 比较法律文化[M]. 贺卫方,高鸿钧,译. 北京:生活·读书·新知三联书店,1990.

[10] 爱弥尔·涂尔干. 职业伦理与公民道德[M]. 渠东,付德根. 上海:上海人民出版社,2001.

[11] 柏拉图. 理想国[M]. 郭斌和,张竹明,译. 北京:商务印书馆,1986.

[12] 班杜拉. 社会学习心理学[M]. 郭占基,周国韬,译. 长春:吉林教育出版社,1988.

[13] 北京律师协会. 境外律师业规范汇编[M]. 北京:中国政法大学出版社,2012.

[14] 布莱恩·甘乃迪. 美国法律伦理[M]. 郭乃嘉,译. 台北:商周出版社,2005.

[15] 蔡元培. 蔡元培全集(第二卷)[M]. 北京:中华书局,1984.

[16] 陈文兴. 司法公正与制度选择[M]. 北京:中国人民公安大学出版社,2006.

[17] 陈宜,李本森. 律师职业行为规则论[M]. 北京:北京大学出版社,2006.

[18] 程滔. 辩护律师的诉讼权利研究[M]. 北京:中国人民公安大学出版社,2006.

[19] 戴维·M.沃克. 牛津法律大辞典[M]. 北京社会与科技发展研究组织,译. 北京:

光明日报出版社，1988.
[20] 丹宁勋爵. 法律的训诫[M]. 杨百揆，等译. 北京：法律出版社，2000.
[21] 丹宁勋爵. 法律的正当程序[M]. 李克强，杨百揆，刘庸安，译. 北京：法律出版社，1999.
[22] 德沃金. 法律帝国[M]. 李常青，译. 北京：中国大百科全书出版社，1996.
[23] 杜威. 确定性的寻求：关于知行关系的研究[M]. 傅统先，译. 上海：上海人民出版社，2005.
[24] 斐迪南·滕尼斯. 共同体与社会[M]. 林荣远，译. 北京：商务印书馆，1999.
[25] 冯象. 木腿正义[M]. 北京：北京大学出版社，2007.
[26] 冯友兰. 中国哲学简史[M]. 天津：天津社会科学院出版社，2005.
[27] 弗兰克纳. 伦理学[M]. 关键，译. 上海：上海三联书店，1987.
[28] 弗里德里希·包尔生. 伦理学体系[M]. 何怀宏，廖申白，译. 北京：中国社会科学出版社，1988.
[29] 郭哲. 法律职业伦理教程[M]. 北京：高等教育出版社，2018.
[30] 贺来. 现实生活世界：乌托邦精神的现实根基[M]. 长春：吉林教育出版社，1998.
[31] 季卫东. 法治秩序的建构[M]. 北京：中国政法大学出版社，1999.
[32] 江伟. 仲裁法[M]. 北京：中国人民大学出版社，2009.
[33] 克尔. 法律职业伦理——原理、案例与教学[M]. 许身健，译. 北京：北京大学出版社，2021.
[34] 孔子. 论语·子路篇[M]. 北京：中华书局，2016.
[35] 李本森. 法律职业道德概论[M]. 北京：高等教育出版社，2003.
[36] 李本森. 法律职业伦理[M]. 3版. 北京：北京大学出版社，2020.
[37] 李本森. 法律职业伦理[M]. 北京：北京大学出版社，2008.
[38] 李本森. 法律职业伦理[M]. 北京：北京大学出版社，2016.
[39] 李建华. 道德秩序[M]. 长沙：湖南人民出版社，2008.
[40] 刘同君. 守法伦理的理论逻辑[M]. 济南：山东人民出版社，2005.
[41] 罗伯特·N.威尔金. 法律职业的精神[M]. 王俊峰，译. 北京：北京大学出版社，2013.
[42] 罗杰·科特威尔. 法律社会学导论[M]. 潘大松，译. 北京：华夏出版社，1989.
[43] 马融. 忠经[M]. 北京：中国华侨出版社，2002.
[44] 马长山. 法律职业伦理[M]. 北京：人民出版社，2020：111.
[45] 玛格丽特·克尔. 法律职业伦理——原理、案例与教学[M]. 许身健，译. 北京：北京大学出版社，2021.
[46] 麦金泰尔. 现代性冲突中的伦理学：论欲望、实践推理和叙事[M]. 北京：中国人民大学出版社，2022.
[47] 美国律师协会职业行为示范规则2004[M]. 王进喜，译. 北京：中国人民公安大学出版社，2005.

[48] 培根. 培根论文集［M］. 水天同, 译. 北京: 商务印书馆, 1983.

[49] 彭聃龄. 普通心理学［M］. 北京: 北京师范大学出版社, 2003.

[50] 强以华. 西方伦理十二讲［M］. 重庆: 重庆出版社, 2008.

[51] 裘索. 日本国律师制度［M］. 上海: 上海社会科学院出版社, 1999.

[52] 司马迁. 史记·管晏列传［M］. 北京: 华文出版社, 2010.

[53] 斯宾诺莎. 斯宾诺莎文集（第4卷）（伦理学）［M］. 北京: 商务印书馆, 2022.

[54] 苏国勋. 理性化及其限制——韦伯思想引论［M］. 上海: 上海人民出版社, 1988.

[55] 苏霍姆林斯基. 给教师的建议（修订本）［M］. 杜殿坤, 编译. 北京: 教育科学出版社, 2001.

[56] 苏霍姆林斯基. 苏霍姆林斯基选集［M］. 蔡汀, 王义高, 祖晶, 主编. 北京: 教育科学出版社, 2001.

[57] 孙晓楼. 法律教育［M］. 北京: 中国政法大学出版社, 1997.

[58] 唐凯麟. 伦理学［M］. 北京: 高等教育出版社, 2001.

[59] 涂尔干. 职业道德与公民道德［M］. 上海人民出版社, 2001.

[60] 托克维尔. 论美国民主［M］. 董果良, 译. 北京: 商务印书馆, 1989.

[61] 汪堂家. 哲学的追问［M］. 上海: 复旦大学出版社, 2012.

[62] 王进喜. 美国律师职业行为规则理论与实践［M］. 北京: 中国人民公安大学出版社, 2005.

[63] 伍新春. 高等教育心理学［M］. 北京: 高等教育出版社, 1998.

[64] 西季威克. 伦理学方法［M］. 北京: 中国社会科学出版社, 1993.

[65] 许身健. 法律职业伦理: 原理与案例［M］. 北京: 北京大学出版社, 2020.

[66] 许身健. 法律职业伦理［M］. 北京: 北京大学出版社, 2014.

[67] 许身健. 法律职业伦理案例教程［M］. 北京: 北京大学出版社, 2015.

[68] 荀况. 荀子［M］. 上海: 上海古籍出版社, 2014.

[69] 亚里士多德. 尼各马可伦理学［M］. 邓安庆, 译. 北京: 人民出版社, 2010.

[70] 亚里士多德. 尼各马可伦理学［M］. 廖申白, 译. 北京: 商务印书馆, 2003.

[71] 亚里士多德. 亚里士多德全集（第8卷）［M］. 苗力田, 主编. 北京: 中国人民大学出版社, 1994.

[72] 杨兆龙. 中国法学教育之弱点及其补救之方略［M］. 北京: 中国政法大学出版社, 2004.

[73] 袁钢. 法律职业伦理案例研究指导［M］. 北京: 中国政法大学出版社, 2019.

[74] 张文显. 法律职业共同体研究［M］. 北京: 法律出版社, 2003.

[75] Roscoe Pound. The Lawyer from Antiquity to Modern Time: With particular reference to the development of bar associations in the United States［M］. St. Paul: West Pub. Co, 1953.

[76] Robert H. Aronson, et al. Problemes, Cases and Materials in Professional Responsibility［M］. St. Paul: West Publishing Company, 1985.